Ausflug an den Niederrhein und nach Belgien im Jahr 1828

4.–

(8)

Johanna Schopenhauer

Ausflug an den Niederrhein und nach Belgien im Jahr 1828

Kommentiert
und mit einem Nachwort versehen
von Karl Bernd Heppe
und Annette Fimpeler

Reimar Hobbing Verlag

Johanna Schopenhauers Reisebericht erschien erstmals im Jahre 1831 in Leipzig unter dem Titel »Ausflug an den Niederrhein und nach Belgien im Jahr 1828. 1. Teil«

CIP-Kurztitelaufnahme der Deutschen Bibliothek

Schopenhauer, Johanna:
Ausflug an den Niederrhein und nach Belgien im Jahr 1828 / Johanna Schopenhauer. Kommentiert u. mit e. Nachw. vers. von Karl Bernd Heppe u. Annette Fimpeler. – Essen: Hobbing

NE: Heppe, Karl Bernd [Hrsg.]
(1987).
ISBN 3-920460-32-4

ISBN: 3-920460-32-4

Druck: Bercker, Graphischer Betrieb GmbH, Kevelaer

Inhalt

Rückblick

Mit verdoppelter Eile rauscht die Zeit im Alter an uns vorüber, Tage werden zu Wochen, zu Monaten, zu Jahren, ehe wir uns dessen versehen, während in der Kindheit die zwischen zwei Sonntagen liegenden Wochentage, die wir sehnsuchtsvoll zählen, sich uns zu einer kleinen Ewigkeit ausdehnen, bis endlich der erwünschte Freudentag wieder herankommt, an welchem wir geputzt und schulfrei uns in kindischem Wohlleben festlich ergötzen dürfen.

Aber auch in anderer Hinsicht verdoppelt im Alter sich uns das Leben; auf eine Weise, die gewissermaßen für den Verlust uns entschädigt, den wir durch die größere Eile, mit der die Zeit uns fortreißt, scheinbar erleiden; denn das längst Vergangene wird beim leichtesten Anlaß in Erinnerungen uns wieder wach, deren lebensreiche und mannichfaltige Gebilde die langweilige Oede der Gegenwart uns freundlich verhüllen.

Dieses fühlte ich recht lebhaft, als ich beim Antritt dieser Reise, von Weimar aus, in Erfurt einfuhr und auf dem holprigen Steinpflaster der schönsten und breitesten Straße dieser großen Stadt mich langsam hinschleppen lassen mußte. Was ich um mich her erblickte, eignete sich eben nicht dazu, mir das kleinste Interesse abzugewinnen; einige Bauerwagen, hin und wieder ein Paar Soldaten, Dienstmädchen, Bettler, bedächtigen Schrittes ihren Geschäften nachgehende Bürger, die vereinzelt in der sehr breiten Straße, der Anger genannt, sich dem Auge fast verloren, konnten höchstens nur beweisen, daß die weitläuftige Stadt nicht völlig verödet und unbewohnt dastehe, deren Bauart noch überall Spuren des regungsvollen, reichbewegten Lebens verräth, das in früheren Zeiten sie zu einer der ersten in Deutschland erhob.

Schon war ich im Begriff, über die unbarmherzigen Stöße recht ungeduldig zu werden, die ich in meinem sonst ganz bequemen Wagen auf dem unerlaubt schlechten Pflaster alle Augenblicke erhielt, als mir, ich weiß nicht mehr durch welchen äußern Anlaß, meine Phantasie zu Hülfe kam und mich um zwanzig Jahre zurück, in eine von uns schon mehr als halb vergessene Zeit versetzte, deren man aber, nun die auf ihr ruhende Schmach von uns abgewälzt ist, wohl gedenken mag; Bilder der Vergangenheit zogen an mir vorbei, über die ich jede gegenwärtige Unannehmlichkeit vergaß, und die mich noch viele Stunden weit über Erfurt hinaus begleiteten.

Gerade vor zwanzig Jahren, im Jahre 1808, welch ein buntes unermeßliches lebensreiches Gewühl drängte in diesem nämlichen, jetzt so verödeten Raum sich zusammen, als der damals allmächtige Wille jenes Wunderbaren, der nun auch schon seit

Jahren auf der Felseninsel St. Helena vom seltsamsten Lebenstraume ausruht, Kaiser und Könige, und was jene ereignißreiche Zeit an großen bedeutenden Männern nur zählte, wie durch ein Zauberwort sich hier zu versammeln berief!

Welch einen Anblick gewährte damals diese nämliche Straße, wie rasselten die Räder der vier- und sechsspännigen prachtvollen Equipagen zwischen alle den vielen Tausenden hin, die, von unwiderstehlicher Schaulust gefesselt, in steter Gefahr, von den vorübereilenden Wagen zerschmettert zu werden, vom Morgen bis zum Abend hier standen und zu den jetzt so spärlich bewohnten Häusern hinaufschauten, in der Hoffnung, irgend ein gekröntes oder sonst hochberühmtes Haupt, oder wohl gar den damaligen unumschränkten Gebieter der Welt an den Fenstern derselben zu erblicken. Bürger und Bauern, Fremde aus allen Ländern, Hofherren in reichgestickten Galakleidern, deren bis dahin veraltete, jetzt wieder neu aufgefrischte From der jüngeren Welt fast lächerlich auffiel, während sie die älteren Frauen an die schönen Tage ihrer Jugendzeit erinnerte, polnische Juden, vornehme Staatsmänner und Officiere, mit Orden und Sternen bedeckt, Bürgerfrauen, elegant geputzte Damen, Lastträger, Bauerweiber mit ihren Körben auf dem Rücken wogten hier im wunderlichsten Gemisch durcheinander und wurden von dem zu Fuß und zu Pferde mit klingendem Spiel zum Exerciren ausziehenden französischen Militair ängstlich zusammengepreßt. Der ganze Anger, so lang und breit er auch ist, die Häuser, ja die große Stadt selbst waren viel zu enge, um alle die Tausende von Fremden bequem zu fassen, die in jenen Tagen aus der Nähe und Ferne in dem sonst so stillen Erfurt sich zusammendrängten. Die vornehmsten und angesehensten Einwohner der Stadt waren rücksichtslos aus Küche und Keller, sogar aus ihren eignen Zimmern in die ihrer Bedienten vertrieben, um dem Gefolge des französischen Kaisers Platz zu machen; die Besitzer kleinerer Häuser in abgelegneren Straßen freuten sich hingegen der goldenen Ernte, die ganz unerwartet ihnen zufiel, und hätten sich gern mit den lieben Ihrigen in ein Mausloch zusammengschmiegt, um nur recht viele Zimmer an die zahllosen Fremden zu vermiethen, die täglich von allen Seiten herbeiströmten. Alle Gasthöfe waren längst überfüllt und kein Unterkommen in denselben mehr zu finden.

Napoleon hatte die berühmtesten Schauspieler von Paris nach Erfurt entboten: Talma, die berühmte aber unschöne Duchesnois, die bezaubernde Mars, die schöne George, die reizende Bourgoing zeigten sich wöchentlich mehrere Male zur Unterhaltung der hohen Versammlung in ihren beliebtesten Rollen. Ein kleines, in einem ehemaligen Jesuiterkloster vorgefundenes Theater war in aller Geschwindigkeit mit französischer Behendigkeit und französischer Eleganz zu diesem Zwecke eingerichtet worden. Und so war denn der Anblick aller dieser gekrönten Häupter, dieser weltberühmten Männer, deren Namen man unzählige Male in allen Zeitungen gelesen, von denen in minder bewegten Zeiten jeder einzelne, wo er auch immer sich zeigte, die allgemeinste Aufmerksamkeit erregen mußte, dieser war es nicht allein, was alle diese Fremden nach Erfurt zog.

Billets zu den Seitenlogen wurden bei jeder Vorstellung an fremde und einheimische Damen vertheilt; aber zu dem Besitz eines solchen zu gelangen, war selbst für die in der Nähe wohnenden Damen von Weimar nicht leicht. Es gehörte dazu langes vielfältiges Correspondiren mit unsern im Gefolge des Großherzogs von Weimar in Erfurt anwesenden Freunden, viel Bemühungen von Seiten dieser, viel Protectionen, vom Kammerdiener an bis zu dem Herrn von Champagny hinauf, ehe ich und einige meiner Freundinnen so glücklich waren, die erfoderlichen Billets zu einer Vorstellung des Trauerspiels Oedipe zu erlangen, bei welcher Talma und die seit einem halben Jahrhundert als tragische Königin berühmte Raucourt in den Hauptrollen auftreten sollten.

In mehrere Wagen vertheilt, fuhren wir erwartungsvoll nach Erfurt, lauter Frauen; denn an männliche Begleitung war für uns in jener Zeit nicht zu denken: politisches Interesse, Schaulust, oder auch die mit ihrer Stellung im Dienste des Großherzogs von Weimar verbundene Pflicht hatte alle unsere männlichen Bekannten längst fortgezogen. Glücklich kamen wir an, legten wohlgezählt unsre Billets in dem uns auf einige Stunden abgetretenen Zimmer nieder und versuchten auszugehen; aber das furchtbare Gedränge in den Straßen trieb uns bald wieder zurück; in steter Gefahr, überritten oder überfahren zu werden, sahen wir gar nichts, weil es eben zu viel zu sehen gab.

Welch ein Schrecken ergriff uns, als wir nun unsre Billets zur Hand nahmen, um uns recht frühzeitig in das Theater zu begeben! in hinreichender Anzahl für uns alle hatten wir sie zurückgelassen, und jetzt, wir mochten sie überzählen, so oft wir wollten, immer waren deren zwei zu wenig. Starr vor Entsetzen blickten wir verstummend einander an; daß zwei von uns für ihre Freundinnen sich opfern und im einsamen Zimmer zurückbleiben mußten, war klar wie der Tag. Es war ein furchtbarer, großer Moment, die Zeit drängte, jede von uns fühlte in ihrem Herzen das Erhabene einer solchen unerhört edelmüthigen That; aber jede war auch geneigt, die Ehre der Ausführung derselben der geliebten Freundin zu überlassen. Vergebens wurde jeder Winkel des Zimmers durchsucht, die Billets waren und blieben verschwunden; vermuthlich hatte, mit Hülfe eines Hauptschlüssels, einer der Aufwärter im Hause sich ihrer bemächtigt, um sie unter der Hand zu verkaufen, denn es wurde damals ein bedeutender Handel mit solchen Billets getrieben, und Fremde, die ganz ohne alle Connexionen nach Erfurt kamen, bezahlten sie oft mit mehr als einem Louisdor.

»Hätten wir nur ein Paar Officiere!« seufzte endlich die jüngste unter uns, die während des Congresses schon einmal in Erfurt gewesen war: »ein Officier mit einem Orden ist hier im Theater eben so gut als ein Billet!« Ein hellleuchtender Hoffnungsstrahl drang mit diesen Worten in unsre sorgenerfüllten Gemüther; ein Paar Ritter, wie wir sie bedurften, um uns bedrängte Damen aus dieser Noth zu erlösen, waren unter unsern in Erfurt eben anwesenden Bekannten bald aufzufinden, und so zogen wir denn mit erleichtertem Herzen und fröhlichen Muthes, mit und ohne Billet, am Arm unserer Beschützer dem Theater zu, kamen ziemlich wohlbehalten durch das es umwogende Gedränge, wurden oben an der Treppe von grimmigaussehenden Gardisten empfangen und ohne Weiteres in mehrere Logen des noch fast ganz leeren Hauses vertheilt.

Mir und noch zweien von uns wurde die vordere Reihe einer Loge, ganz nahe an der Bühne, zu Theil, von der wir das Parquet deutlich übersehen konnten. Wir priesen dankbar unser seltenes Glück, indem wir recht bequem uns zurechtsetzten, aber unsre Freude währte nicht lange. Die Seitenlogen füllten sich nach und nach bis zum Uebermaaß, auch die Thüre der unsrigen wurde aufgerissen; »comment,« rief zürnend der über uns die Aufsicht führende Gardist oder Gendarme, ich weiß nicht recht, was er eigentlich war, aber grimmig und militairisch genug sah er aus: »comment, trois femmes sur trois chaises? il-y-a là bien de la place pour six,« und damit schob er noch zwei Damen zwischen uns ein, in denen wir zum Glück zwei Bekannte aus der Umgegend von Weimar fanden.

Alle Logen, und auch die unsrige, füllten sich immer mehr, wir wurden unbarmherzig zusammengepreßt, so daß wir uns kaum noch regen konnten, die Hitze war zum Ohnmächtigwerden, doch dazu hatte jetzt keine von uns Zeit; die hohe Bedeutsamkeit des großen Schaupsiels, das allmälig im Parquete sich vor uns entwickelte, nahm Geist und Sinne dermaßen gefangen, daß wir darüber das Unbequeme unserer Stellung völlig vergaßen.

Nahe vor der Bühne waren im Parquet zwei Fauteuils für die beiden Kaiser, und neben diese zu beiden Seiten gewöhnliche Stühle für die Könige und regierenden Fürsten gestellt. Der Raum hinter denselben begann nun sich zu beleben. In Galakleidern, mit Orden und Sternen überdeckt, traten berühmte Staatsmänner und Generale, aus fast allen europäischen Ländern, in das Parquet, lauter Männer, deren damals auf allen Zungen schwebende Namen schon jetzt größtentheils der Geschichte anheimgefallen sind. Die von Gold starrenden Uniformen, der nicht zu verhehlende Uebermuth, welcher sowohl in jeder ihrer Bewegungen, als in ihren lebhaften, größtentheils sehr markierten Gesichtszügen sich deutlich aussprach, zeichnete die Franzosen vor den ernsteren prunklosen Deutschen merklich aus. Berthier, Soult, Caulincourt, Savary, Lannes, Duroc und noch viele Andere von gleicher Bedeutsamkeit standen da in dichten Reihen; der Abglanz der Herrlichkeit ihres Kaisers verklärte auf eine ganz eigenthümliche Weise das Gesicht eines jeden unter ihnen, und mitten unter diesen Stand Göthe, mit dem vollen Ausdruck unerborgter stiller Hoheit und Würde in den edlen Zügen, und neben ihm Wieland's ehrwürdige Gestalt. Der Großherzog von Weimar, der, ihre Nähe ungern entbehrend, Beide zu sich nach Erfurt geladen, der geistreiche, von seiner Zeit zu wenig anerkannte Herzog von Gotha, mehrere deutsche Fürsten und königlichen Häusern nahverwandte Prinzen gesellten sich zu jenen Beiden und bildeten einen Kreis um sie her, wie ihn die Welt sobald nicht wiedersehen wird.

Draußen wurde die Trommel gerührt; der Kaiser kommt! ging es flüsternd durch die Reihen in dem übervollen Hause. »Bêtes que vous êtes, que faites vous, ce n'est qu'un roi,« donnerte die zürnende Stimme des commandirenden Officiers, und ein deutscher König trat ins Parquet, noch drei folgten ihm nach und nach, die Könige von Sachsen, von Baiern, von Würtemberg traten still und prunklos herein, der weit später ihnen folgende König von Westfalen überstrahlte sie alle im schimmernden Glanze der reichen Stickerei und der Juwelen. Auch Kaiser Alexander erschien in ernster hoher Majestät; die große Loge dem Theater gegenüber erglänzte im blendendsten Schimmer; in der Mitte derselben thronte die Königin von Westfalen, mit Diamanten übersäet, neben ihr leuchtete wie ein Stern die Großherzogin von Baden, die schöne Stephanie, durch Anmuth und Grazie den blendenden Glanz des reichen Schmuckes bei weitem überstrahlend, den sie trug. Einige zum Besuch gekommene deutsche Fürstinnen saßen jenen Beiden zur Seite, den Hintergrund der Loge füllten die zum Hofstaat gehörenden Damen und Herren. Das geblendete Auge vermochte kaum den von ihr ausgehenden Gold- und Juwelenschimmer zu ertragen.

Auch Talleyrand zeigte sich jetzt in der dem vordern Theil des Parquets dicht zur Seite angebrachten kleinen Parterreloge, die für ihn eingerichtet worden war, weil seine misgestalteten Füße ihm nicht erlaubten, lange zu stehen. Kaiser und Könige standen vor der Brüstung derselben, um sich mit dem ganz bequem Dasitzenden zu unterhalten. Alles war versammelt, nur er allein, der alle diese Großen und Hohen hiehergeladen, fehlte noch und ließ lange auf sich warten.

Endlich wirbelten draußen die Trommeln mit verdoppeltem Getose, Aller Augen wandten dem Eintritt sich zu, in stiller, fast ängstlicher Erwartung. Die wunderbarste, unbegreiflichste Erscheinung jener wunderbaren, unbegreiflichen Zeit zeigte sich endlich, Schmucklos wie immer, fast zu einfach, in seiner gewöhnlichen Kleidung, wie man in jedem Bilderladen ihn abgebildet sieht, begrüßte Napoleon ziemlich obenhin die anwesenden Monarchen, die so lange auf ihn hatten harren müssen, und nahm zur Rechten des russischen Kaisers seinen Armstuhl ein. Seine kurze, etwas unförmlich gewordene Figur contrastirte auffallend mit Kaiser Alexanders hoher, männlichschöner Heldengestalt. Auch dieses Götterbild ist nun dahin.

Die vier Könige vertheilten sich auf ihren nicht sehr bequem scheinenden Stühlen ohne Seitenlehne, und das Schauspiel begann. Doch vergebens bot Talma alle seine Kunst auf, Jokaste-Raucourt, deren Schönheit und Talent schon vor 50 Jahren den Baron Grimm in Paris entzückte, jammerte vergebens über das gröbliche Unheil, das ihre »foibles appas« angestiftet, wir hatten nur Augen und Sinn für das Parquet dicht vor uns. Die Gendarmes an unserer Logenthüre gaben sich indessen alle Mühe, unserer vernachlässigten Erziehung nachzuhelfen und uns während der Zwischenacte zu einem schicklichen Betragen in Gegenwart des Herrn der Welt anzuhalten; »a bas la Lorgnette, l'empereur ne le vaut pas!« rief einer von ihnen, über alle hinter uns sitzende Damen sich hinbeugend, uns zu: »tenez vous droite, n'allongez pas le cou, l'empereur n'aime pas cela!« rief ein anderer. Es war viel, aber wir nahmen uns ein Beispiel an den Königen und Fürsten dicht vor uns und ertrugen geduldig die französische Impertinenz, weil wir eben für den Augenblick es nicht abändern konnten.

Gleich bei der Exposition der vielleicht hundertmal von ihm gesehenen Tragödie hatte Napoleon sich indessen in seinem Lehnstuhl recht bequem zurückgelehnt und war fest eingeschlafen. Daß dieses zu jeder

Stunde des Tages oder der Nacht von seinem bloßen Wollen abhing, ist bekannt; Augenzeugen versichern, daß er selbst mitten in einer entscheidenden Schlacht sich vorsätzlich auf eine oder ein Paar Stunden dem Schlaf ergab, um neue Kräfte zu sammeln, und immer zu der von ihm in voraus dazu bestimmten Zeit von selbst wiedererwachte. Heute aber hatte er beim Exerciren seiner Truppen sich viele Stunden lang im freien Felde ermüdet.

Den Furchtbaren, Gewaltigen so aufgelöst im sanftesten Schlummer, so ganz aller seiner, das Glück oder Unheil einer halben Welt bestimmenden Pläne vergessend zu sehen, machte auf uns einen ganz eignen ergreifenden Eindruck. Wir konnten nicht aufhören ihn mit scheuer Verwunderung zu betrachten; denn es liegt nun einmal in der menschlichen Natur, bei ausgezeichneten Menschen gerade durch das Allernatürlichste, wodurch sie Andern sich völlig gleichstellen, sich in Erstaunen versetzen zu lassen, als wäre dergleichen etwas ganz undenkbar Unerwartetes. Die dunkle Uniform des auf der andern Seite neben ihm sitzenden Kaisers von Rußland erhob auffallend Napoleons antik-schönes Profil, indem sie demselben zum Hintergrunde diente. Das tiefe, düsterglühende Auge war von den Augenliedern dicht verschleiert, die schmalen Lippen noch fester als gewöhnlich geschlossen; er lag augenscheinlich so harmlos, so wehrlos da, wie jeder andere Schlafende; und in solcher Umgebung!

Zwanzig Jahre sind seitdem an uns vorübergezogen; welch eine kurze Spanne Zeit, kaum daß sie den dritten Theil eines gewöhnlichen kurzen Menschenlebens umfaßt. Zwanzig Jahre! wie wenig scheinen sie, wenn sie durchlebt sind, und welchen gewaltigen Umschwung hat dennoch dieses Fünftel eines Seculums der Welt gegeben. Wie ist doch Alles so ganz anders in ihr geworden, als man es damals kaum zu träumen wagte. Wir Alle sollten nur recht oft den Blick rückwärts, der uns zunächstliegenden Vergangenheit zuwenden, um der Gegenwart ihr volles Recht angedeihen zu lassen und jeder Unzufriedenheit mit ihr vorzubeugen.

Aber wie furchtbar hat auch in jener Handvoll Jahren die Sichel der Zeit gemäht, und welche große Ernte ist ihr anheimgefallen!

Wo sind die Könige, die Gewaltigen, die Großen alle hin, die hier versammelt waren, wohin er selbst, der sie zusammenrief! Er schläft am meerumbrausten Felsen den langen Schlaf.

Kaiser Alexanders kurzes schönes Leben ist beendet, die Könige von Sachsen, von Baiern, von Würtemberg ruhen in ihren Marmorgräbern, nur der ehemalige König Hieronymus hat sie alle überlebt; doch wer gedenkt noch seiner? mit seinem bunten fantastischen Feenreich ist auch sein Andenken zerstoben wie ein Morgentraum.

Die Großherzogin von Baden, die schöne Stephanie, betrauert schon seit Jahren den in der Blüthe des

Lebens ihr entrissenen Gemahl; der Herzog von Gotha, der nur keinen Fürstenhut hätte tragen sollen, um durch Geist, Gemüth und Talent die Welt zu entzücken, auch er ist dahin, sein Stamm erloschen; auch Karl August von Weimar, der Unvergeßliche, lebt nur noch im Angedenken der Seinen und in der Geschichte, die seinen Namen auf die späteste Nachwelt bringen wird. Und wie viel große, bedeutende, für alle Zeiten berühmte Namen von Männern, die damals noch in rüstiger Lebenskraft hier beisammenwaren, könnten diese Todesliste noch vermehren!

Talma, dessen bedeutendes Talent damals sie alle erfreute, auch er ist seitdem von der Bühne des Lebens abgetreten. Wieland's heiterlächelndes Auge ist geschlossen, er schläft neben seinen ihm vorangegangenen Lieben, unter dem grünen Hügel in Osmannstedt, den er sich selbst zur letzten Ruhestätte erkoren, und hat die große Zeit, nach der sein Herz sich sehnte, ohne an ihre Möglichkeit zu glauben, nicht mehr erlebt. Göthe lebt uns noch, in ungebeugter Kraft, und möge ein günstiges Geschick ihn uns noch lange so erhalten!

Frankfurt. Das Pfingstfest

Im Frühlinge, zur schönen Zeit des fröhlichen Pfingstfestes, wenn die Nachtigall in Blüthenbäumen singt, und der Städter hinauszieht, um sich von dem Erwachen der Natur zu überzeugen, muß man diese altberühmte Stadt sehen, um ein recht lebendiges anschauliches Bild ihrer glücklichen Lage und des lebenslustigen Frohsinns, der Wohlhäbigkeit, des wohlerhaltenen, echt reichsstädtischen Geistes ihrer Bewohner mit sich zu Hause zu nehmen.

Die weite, von blauen Gebirgen umkränzte Ebene, in deren Mitte Frankfurt gleich einer Königin thront, ist schon an und für sich ein unabsehbar großer Garten; schattiges Gehölz, Obstbäume aller Art, deren weitsichausbreitende, hochemporstrebende Kronen der Bewohner des nördlichen Deutschlands mit Bewunderung anstaunt, Weingärten, Fruchtfelder wechseln in demselben auf das anmuthigste; die weißen mit Bäumen besetzen Chausseen, die durch ihn hin zu den vielen Städten, Flecken und Dörfern führen, welche ihn beleben, gleichen Spaziergängen, und mitten durch alle diese Herrlichkeit windet sich der schöne, still-ruhige Mainstrom mit den kleinen Schiffen und Nachen, die auf den bläulichen, silberhellen Fluthen dem vorgesetzten Ziele gefahrlos und sicher zuschweben.

Schon in ziemlicher Entfernung von der Stadt bilden die vielen Hunderte von Gärten, welche die zum Theil großen und prächtigen, immer aber netten und zierlichen Landhäuser der Bewohner von Frankfurt umgeben, einen die Stadt umschließenden Blüthenhain, der immer voller und dichter erscheint, jemehr man derselben sich nähert, bis endlich, dicht vor ihren Thoren, nur noch die Chaussee ihn von den köstlichen Anlagen trennt, die gleich einem riesengroßen, prächtig blühenden Blumenkranz Frankfurt umfrieden.

Fremde und einheimische Bäume und Gesträuche, in voller Blüthenpracht, von Nachtigallen und zahllosen Singvögeln belebt, alle Arten von Jasmin, Rosen, blühende Orangenbäume, die schönsten, zum Theil seltensten Blumen bilden diesen Kranz, umduften und umschatten die anmuthig geschlungenen Pfade, die mit sinniger Wahl angebrachten Gartenbänke, die kleinen dichtbegrünten Grasplätze, auf welchen muntere, gesunde und wohlgekleidete Kinder, unter der Aufsicht ihrer Wärterinnen, ungehindert ihr lustiges Spiel treiben. Alles, was hier wächst, erfreut durch das fröhlichste Gedeihen, kein verkümmerter Strauch, keine zwischen Leben und Sterben matt hinvegetirende Pflanze ist zu erblicken. In keinem fürstlichen Park können die reinlichen Kieswege, die teppichähnlichen Grasplätze, die netten weißangestrichenen

Zeichnung um 1830

»Schönhof« bei Frankfurt-Bockenheim

Gartenbänke besser gehalten werden als hier. Ueberall bemerkt man das friedliche Walten des Ordnung und Reinlichkeit liebenden Bürgersinnes, der diese schöne Anpflanzung schuf und als sein Eigenthum schonend beschützt. Sie steht Allen offen, dennoch wird kein Baum beschädigt, keine Blume, kein Blättchen abgebrochen, und doch erblickt man nirgends Wächter, die dazu angestellt wären, sie vor frevelnden Händen zu bewahren.

Das Pfingstfest, wie es in Frankfurt gefeiert wird, ist das fröhlichste Volksfest, im echtesten Sinne des Wortes. Von außen wird nichts hinzugethan, weder von hoher Hand angeordente Feten, noch ein Tanz, »par ordre de mufti«, auf öffentlichen Plätzen. Keine sauern Weine aussprudelnde Fontainen sind zu erblikken, kein »Arbre de cocagne«, mit Schinken und Würsten geziert, keine an hohen schlüpfrigen Mastbäumen aufgehängte, in Todesangst schreiende Gänse. Das Volk ist es, daß sich selbst dieses Fest gibt, und zwar mit einer Herzensfreudigkeit, einem innigen Wohlbehagen, die kein Kaiser oder König mit dem größten Geldaufwande hervorzuzaubern vermag.

Kaum ist die liebe Weihnachtszeit vorüber, so fängt auch Jung und Alt schon an sich auf das Pfingstfest zu freuen; um Ostern herum werden schon die Wochen, endlich sogar die Tage gezählt, die bis zu demselben noch vergehen müssen. In der Woche vor Pfingsten hat kein Kind mehr einen andern Gedanken als an das nahe Fest, kein Mitglied des in Frankfurt vorzüglich glücklichen Mittelstandes, keine Hausfrau, kein Handwerker, sogar kein Schneider und keine Modistin zu irgend etwas Anderm Zeit, als zu Vorbereitungen auf die langersehnte Freude, die alljährlich wiederkehrt und alljährlich mit dem nämlichen Entzücken empfangen wird.

Und worin besteht denn eigentlich dieses Fest? Es ist das einfachste und in gewisser Hinsicht zugleich das rührendste, das man sich denken kann, die schönste Frühlingsfeier. Die Leute ziehen hinaus ins Freie, das ist es Alles; Mann und Frau, mit Allem, was zu ihnen gehört, sogar der Säugling in der Wiege wird, wo möglich, mitgenommen, um drei Tage lang, vom Morgen bis zum Abend im Grünen der Wiederkehr der lieben schönen Sommerzeit sich zu erfreuen. Wer ein neues Kleid, ein neues Halstuch, einen neuen Hut, oder auch nur ein Paar neue Schuhe besitzt, zieht in diesen drei Tagen stattlich damit einher, und nur Wenige sind so unglücklich, nichts von allen diesen Herrlichkeiten aufweisen zu können, denn schon lange vorher wird jedes neue Kleidungsstück für dieses Fest zurückgelegt.

Aber hinausziehen muß man diese geputzten Glücklichen sehen, die frohen, zufriedenen Gesichter, und wie sie hernach, im Grünen gelagert, die, größtentheils von Hause mitgebrachten, Gaben Gottes zu genießen wissen; denn was die Familien an Speise und Trank zu verzehren denken, wird gewöhnlich in

Handkörben oder sonst zierlich eingepackt von ihnen mit hinausgetragen, und jedes Mitglied derselben nimmt gern einen Theil der freudebringenden Last auf sich. Alles dieses muß man sehen, um die hohe Freude dieses Festes zu begreifen und mitzuempfinden.

Gewöhnlich ist der milde Himmel dieses gemäßigten Klimas der Pfingstfreude günstig, aber sogar ein ziemlich derber Regenschauer vermag nicht leicht sie ganz zu Wasser zu machen. Verdorbene neue Hüte und Hauben bringen zwar für den Augenblick einiges Herzeleid, aber dieses Völkchen ist in sich zu fröhlichen Herzens und größtentheils auch zu wohlhabend, um sich auf die Dauer über solche kleine Unfälle zu betrüben, die sogar späterhin der Freude etwas Pikantes geben, wovon noch lange gesprochen wird. Mancher komische Umstand, der bei solchen Gelegenheiten nie ausbleibt, wird herzlich belacht, man findet, daß der erlittene Schaden doch nicht ganz unwiederherstellbar sei, und daß die Sache noch weit übler hätte ablaufen können. Kurz, es ist ganz Das, was die Franzosen »le bonheur allemand« nennen, indem sie behaupten, daß jeder von uns, der ein Bein bricht, hinterdrein spricht: »es ist doch ein Glück, daß ich nicht beide Beine oder gar den Hals gebrochen habe«.

Der erste Feiertag gehört zur Hälfte dem Gottesdienst, der, besonders an hohen Festen, nicht leicht versäumt wird, erst in den frühen Nachmittagsstunden zieht aus allen Thoren der Stadt die festlich geputzte fröhliche Schar hinaus, um sich in alle den zahlreichen Vergnügungsorten zu vertheilen, die in der Nähe sich ihr bieten. Alle Gärten, sowie die zu ihnen führenden Chausseen und Fußpfade wimmeln von Menschen. In den Gärten der zahlreichen Gasthöfe stößt ein Tisch an den andern, keine Bank, kein Stuhl, kein Grasplatz bleibt unbesetzt, und aus der Kleidung der Gäste leuchtet der höchste bürgerliche Wohlstand, aus ihren Gesichtern die behaglichste Zufriedenheit uns entgegen. Ueberall erschallt Musik; Geigen und Drehorgeln, Harfenmädchen und Flötenspieler klimpern und fiedeln und singen nach Herzenslust, die hin und her rennenden Kellner, die flinken Wirthshausmädchen, die Kuchenbäcker, die Obstverkäuferinnen wissen vor Geschäftigkeit nicht mehr, wo ihnen der Kopf steht, haben nicht Hände genug, um die nach Kaffee, Wein, Backwerk und Cyder verlangenden Gäste zu bedienen, nicht Beine genug, um überall hinzulaufen, wo ihre Gegenwart verlangt wird.

So vergehen die heiter genossenen Stunden; mit dem einbrechenden Abende wogt die fröhliche bunte Schar, noch dichter gedrängt als früher am Tage, den Stadtthoren wieder zu und gewährt einen unbeschreiblich erheiternden Anblick. Der frankfurter Bürger liebt Ordnung und läßt auch in der Freude sich nicht leicht zum störenden Uebermaße verlokken. Kein wüstes Geschrei beleidigt das Ohr, man sieht es hin und wieder den etwas höher gerötheten

Gesichtern wohl an, daß sie es sich haben wohlsein lassen im Grünen, aber einen eigentlich Betrunkenen wird man nicht leicht unter ihnen erblicken. Jeder eilt zufrieden seiner Wohnung zu, denn jeder hat noch außer Speise und Trank gefunden, wonach sein Herz verlangte; der Hausvater gute Freunde, mit denen er Stadtangelegenheiten und politische Welthändel erwägen konnte, die Frauen gute Freundinnen, um sich über ihre und ihrer Nachbarn häusliche Angelegenheiten mit ihnen zu berathen, die Kinder haben zwischen alle den Tischen und Bänken sich müde gejauchzt und gejagt, die junge Welt fand Gelegenheit genug, zu sehen und gesehen zu werden, und nicht selten gewährte der freundliche Zufall, daß dem Liebenden begegne sein Glück.

Am Pfingstmontage zieht, wer es nur immer möglich machen kann, nach dem unfern Hanau belegenen Wilhelmsbad hinaus; für den nicht ganz rüstigen Fußgänger macht der weitere Weg schon einen Wagen oder einen, stromaufwärts freilich sehr langsam fahrenden, Nachen nothwendig, aber man richtet sich ein, die Alten und Maroden fahren, die Jungen und Behenden gehen, und die Freude erleidet dadurch keinen Abbruch. Die weitläuftigen Anlagen des schönen Parks, die Anstalten zu ländlichen Spielen, die Kegelbahnen, das Carrousel, die Schaukeln, die man in demselben findet, bieten einen neuen Wechsel von Vergnügungen, und bei günstiger Witterung strömen mehrere Tausend von Frankfurt aus ihnen zu.

Dem Umfange und der Häuserzahl nach darf Frankfurt keineswegs zu den großen, eigentlich nur zu den größern Mittelstädten in Deutschland gezählt werden, aber daß es zu den volksreichsten gehört, wird an diesem Tage vorzüglich bemerkbar.

Die sechs bis achttausend Einwohner, die an demselben in den weiten Schattengängen von Wilhelmsbad sich zusammendrängen, werden auf den Promenaden und in den Gärten rings um Frankfurt her gar nicht vermißt, überall erblickt man die nämliche bunte und zahlreiche Menge sich bewegen, wie am vorigen Tage, selbst die Straßen innerhalb der Stadt erscheinen nicht ganz so verödet und menschenleer, wie ich bei ähnlichen Gelegenheiten sie in Berlin gesehen habe, und Abends ist sogar das Theater mit Zuschauern angefüllt.

Der dritte Feiertag, der aber auch hier in kirchlicher Hinsicht keiner mehr ist, bildet zuletzt den höchsten Lichtpunkt des schönen Festes, an welchem die Freude ihren höchsten Gipfel erreicht. Er ist die eigentliche Frühlingsfeier, denn schon am Morgen ziehen Tausende hinaus, dem nicht weit entfernten, im frisch grünenden Kleide prangenden, Walde zu, in dessen Mitte das Forsthaus, eines der besten und besuchtesten Gasthäuser in der ganzen Umgegend, liegt. Die Tische und Bänke rings um dasselbe her, so groß ihre Anzahl auch ist, vermögen heute nicht alle die herbeiströmenden Gäste zu fassen, auch werden sie den später Nachmittags Folgenden willig überlassen, denn heute gilt es ganz im Grünen, ganz in der freien Natur sich für den Tag anzusiedeln. Viele Hundert mehr oder weniger wohlbesetzte Familienzirkel bilden sich, unter jedem dazu Raum gewährenden Baum, unter jedem schattigen Busch wird offene Tafel gehalten, jeder etwas erhöhte Rasen wird zum Tisch, über den die für die Ihrigen und ihre Gäste sorgende Hausmutter ihr feinstes weißestes Tischtuch ausbreitet, ihn in lockender Ordnung mit dem Besten, was Haus und Keller zu liefern vermochten, besetzt und ihn triumphirend betrachtet, wenn es ihr gelingt, dabei einen noch vortrefflicheren Braten, einen noch größern und schönern Kuchen, noch besseres Tischgeschirr aufweisen zu können, als die Frau Nachbarinnen, die, wenn sie mit ihren Anordnungen fertig sind, herumspazieren, um, mit scharfem Blick Alles prüfend und erwägend, die der übrigen Frauen zu betrachten. Endlich lagert sich Alles zu Freude und Wohlleben, und der Wald wird zum Lustlager, im eigentlichsten Sinne des Worts. Jede häusliche Sorge ist daheim geblieben, Gläserklang und Gesang, Scherz und Lachen füllen die Luft, Alles ist Leben und Freude, die Kinder jauchzen, die Vögel singen, Trompeten, Geigen und alle erdenklichen Instrumente schmettern und klingen im Gebüsch, bis jeder Rasenplatz zum Tanzplatz wird, auf welchem die Jugend im lustigen Walzer sich dreht.

In der Abendkühle kommt die vornehmere Welt in ihren, eine langsam sich fortbewegende lange Reihe bildenden, Equipagen angefahren, um die Volksfreude mit anzusehen, und sie hat Recht. Der Anblick der von zehn bis zwölftausend wohlgekleideten fröhlichen Menschen belebten, von der Abendsonne vergoldeten hohen Laubgewölbe ist wohl der Mühe werth, sich eine Stunde lang im langsamsten Schritt durch die den Wald durchkreuzgenden Fahrwege hinschleppen zu lassen, und das Vergnügen, Bekannte zu sehen und von ihnen gesehen zu werden, genießt man noch obendrein. Aus jedem Gebüsch leuchten rosige Wangen, helle glänzende Augen, glückliche Gesichter hervor, die Tanzenden, die Ruhenden, die Gehenden bilden die malerischten Gruppen von der Welt; heitere, lebendige, mitunter auch humoristische, wie man sie immer sich nur wünschen kann; jeder Genremaler, auch wohl Karikaturenzeichner, der mit seiner Mappe unterm Arm an diesem Tage hierher wandert, kann versichert sein, sie Abends mit den interessantesten Skizzen bereichert zurücktragen zu können, nur möchte ich ihm rathen, es so einzurichten, daß Niemand gewahr werde, was er eigentlich treibt.

Mit dem sinkenden Tage endet abermals die allgemeine Lust und überhaupt das ganze Fest; doch die Erinnerung an die genossenen Freuden wirkt noch zu lebhaft, um sogleich in das gewohnte Gleis der Lebensbahn wieder zurückkehren zu können; manche stillere Nachfeier wird noch gehalten, bis mit dem Eintritt der neuen Woche die gewohnte häusliche

Ordnung in ihre vollen althergebrachten Rechte wieder eintritt.

Tages Arbeit, Abends Gäste,
Saure Wochen, frohe Feste,

ist und bleibt das Losungswort dieser glücklichen Bürger.

Unglaublich ist es, wie durch neue Bauten das Innere der Stadt Frankfurt alljährlich sich verschönert; schon jetzt darf sie theilweise zu den schönsten Städten in Deutschland sich zählen, ohne dadurch die sie vorzüglich charakterisirende alterthümliche Würde ganz zu verlieren. Die im reichsstädtischen Sinn mit solider Pracht errichteten alten wohlerhaltenen Gebäude thun den neuern, größtentheils in gefälligem einfachen Styl erbauten, keinen Abbruch, und leiden auch keinen durch sie. Das Ganze gewinnt dadurch eine gewisse belebende Mannichfaltigkeit, die man in neuen, nach Maaß und Schnur regelrecht angelegten, Städten vermißt, und die gewiß Niemand durch die jetzt vorherrschende Modernität völlig verdrängt sehen möchte.

Der hier weit mehr, als man es von einer Handelsstadt erwarten sollte, verbreitete Sinn für die Kunst erfreut mich immer von Neuem, so oft ich Frankfurt wiedersehe. Auch außer dem Städel'schen Kunstinstitut besitzt diese Stadt einen in viele Hände verstreuten Schatz von Gemälden, werthvollen Kupferstichen, Handzeichnungen berühmter Meister, die, wenn sie alle auf einem Punkt zusammengebracht wären, eine

Galerie bilden würden, wie, Berlin, Dresden und München ausgenommen, nur wenige Residenzen in Deutschland sie aufweisen können.

Die Welt weiß wenig von diesen Kunstschätzen; nicht weil die Eigenthümer derselben sie nicht zu würdigen verständen, oder ihr erkauftes oder ererbtes Anrecht an dieselben, nach dem Beispiel der reichen Engländer, dadurch geltend zu machen suchten, daß sie engherzig dieselben für sich allein aufbewahrten. Sie hängen im Gegentheil mit oft von ihren Urgroßvätern auf sie vererbter Kunstliebe an ihren Gemälden, sie wenden zuweilen nicht unbedeutende Summen daran, noch lebenden Künstlern durch Ankauf ihrer bessern Kunstwerke die Fortsetzung ihres gelingenden Strebens zu erleichtern; aber daß sie wenig geneigt sich bezeigen, jedem schaulustigen Fremden ihr Haus und ihre eignen Wohnzimmer zu öffnen und sich dadurch in ihrer häuslichen Ordnung stören zu lassen, darf ihnen wol Niemand verdenken, der da weiß, welch eine Schar derselben täglich, ja stündlich, durch Frankfurts Thore aus- und einzieht. Dem echten Kunstkenner, wie dem wirklich warmen Kunstfreunde wird der Zugang zu diesen Schätzen nie schwer gemacht, sondern vielmehr mit der größten Freundlichkeit und wirklicher Liberalität ihm eröffnet. Nur daß sie in so viele Hände vereinzelt sind, verbirgt ihr Dasein der kunstliebenden Welt und verursacht, daß der reisende Kunstfreund oft erst dann, wenn er Frankfurt längst im Rücken hat, von ihrer Existenz etwas erfährt.

Unerachtet meiner oft wiederholten Anwesenheit in Frankfurt darf ich doch nicht behaupten, auch nur die Hälfte derselben gesehen zu haben, und doch suchte ich jede Gelegenheit dazu zu ergreifen. Die Krone von allen Gemälden, die ich hier gesehen, und wahrscheinlich von allen hier befindlichen, bleibt aber unstreitig ein großes Altargemälde von Anton van Dyk, eine Abnahme vom Kreuz, im Besitz des Herrn Senator Brentano, der für dasselbe ein eignes kapellenartiges Zimmer hat bauen lassen, in welchem nur dieses einzige Gemälde aufgestellt ist und, von oben beleuchtet, im vortheilhaftesten Lichte sich zeigt.

Die Sage geht, daß van Dyk während seines Aufenthalts in Mainz dieses Gemälde auf Bestellung des damaligen Kurfürsten für denselben angefangen hat. Als es seiner Vollendung ganz nahe war, fing man an nach dem Preise desselben sich zu erkundigen, fand den dafür geforderten zu hoch und begann Verhandlungen über denselben anknüpfen zu wollen, die den edeln Meister tief in der Seele verletzten. Gerechten Zorn in der Brust, begab er sich fort und ging in ein naheliegendes Kloster, wo er von den frommen Vätern ein Mittagsessen begehrte. Diese kannten ihn wohl und bewirtheten ihn freudig mit aller ihm gebührenden Hochachtung und Sorgsamkeit, so gut sie es nur immer vermochten. Beim Weggehen versprach der Meister ihnen dafür ein Gastgeschenk, und sandte ihnen bald darauf diese herrlichste Schöpfung seines tiefen edeln Gemüths wie seiner kunstgeübten Hand, die sie lange Zeit als ein hochgehaltenes Heiligthum bewahrten.

Später, zur Zeit der Belagerung von Mainz, wurde dieses unschätzbare Gemälde nach Wien geflüchtet, wo seitdem der jetzige Besitzer für einen vermuthlich weit höheren Preis es an sich brachte, als der gewesen ist, welchen der Meister damals von dem Kurfürsten dafür gefordert haben mag.

Noch nie hat ein Kunstwerk einen tiefern, großartigeren Eindruck auf mich gemacht als dieses; mit klarem Sinn, von frommem Ernst tief im Gemüthe ergriffen, steht man davor, aber das Wort findet keinen Ausweg aus der Brust, und es wird unmöglich, Das, was man empfindet, sogleich auszusprechen.

Im nämlichen Augenblick, in welchem der Heiland aufhörte zu athmen, ist er vom Kreuze heruntergenommen, die Glieder sind unter der kalten Hand des Todes noch nicht völlig erstarrt, die Leichenfarbe hat noch nicht über die edle Gestalt sich verbreitet, und in fast sitzender Stellung, die schönen Füße zum Bilde hinausgekehrt, scheint er, an seinen Liebling Johannes gelehnt, zu ruhen, der nicht mehr weint, weil die Natur dem grenzenlosen Schmerz keine Thräne mehr gewährt; früher vergossene scheinen einzeln und schwer noch an den müden Augenwimpern zu hängen.

Ein Knabe blickt halb verdeckt neben Johannes

hervor, wahrscheinlich um den Raum zu füllen und einen Uebergang zu der links neben ihm emporragenden kräftig schönen Gestalt des Apostel Petrus zu bilden.

Der ganze Himmel ist mit dunkeln Wolken dicht umzogen, die Sonne möchte hervorbrechen, um den todten Heiland und dessen hinter diesem, gerade in der Mitte des Gemäldes stehende Mutter klar zu umstrahlen; aber vergebens, Beide beleuchtet nur ein hellerer Schein des umdüsterten Tageslichts. Aber wo soll ich den rechten Ausdruck finden, um von der wunderbaren Erscheinung der göttlichen Mutter nur eine einigermaßen deutliche Idee zu geben, von dieser antikschönen, großartigen Gestalt, würdig die Mutter eines Gottes, die Königin aller Himmel zu sein! Sie klagt, sie weint nicht mehr, sie hat Uebermenschliches ertragen, ihr großer Schmerz über irdischen Jammer sie erhoben und höheren Wesen sie zugesellt; aber ihre geöffnet weitausgebreiteten Hände, ihr dem Himmel zugewandter Blick scheinen den Ewigen zu fragen, ob endlich nun Alles vollbracht, ob sein Zorn nun endlich versöhnt sei.

Neben dem ganz nationell, aber unbeschreiblich edel gehaltenen Joseph von Arimathia stehen links und rechts, in jugendlich-weiblichen Schmerz versunken, die beiden Marien; Joseph von Arimathia hält das Leintuch, auf welchem der außerordentlich schön gezeichnete Körper des Heilandes vom Kreuz gehoben ward, und in fast überkühn gedachter Stellung, sodaß man die Gestalt vom Rücken hinauf sieht, den Kopf zum Bilde hinausgewandt, liegt Maria Magdalena im Vordergrunde auf der Erde, zerrissen von wildem, vernichtendem Jammer küßt sie die Füße des Herrn.

Wie trefflich diese und alle Gestalten der großen herrlichen Composition gezeichnet sind, wie treu, mit wie wundervoller Zartheit, bis in die kleinsten Nuancen, das Fleisch gemalt ist, davon, wie von der Schönheit der einzelnen Glieder, der Hände, der Füße könnte man Tage lang schreiben und reden, und hätte am Ende doch nichts gesagt, was einen würdigen anschaulichen Begriff von diesem Meisterwerk zu geben vermöchte.

Ein Bild ganz anderer Art, aus einer früheren Zeit, hat mir ebenfalls große Freude gemacht, welches die Besitzer desselben, die Familie von Holzhausen, nebst mehreren trefflichen, zum Theil vom jüngern Holbein gemalten Portraiten ihrer Ahnen auf ihrer schönen, unfern der Stadt belegenen Villa gleich einem Heiligthum bewahrt. Es ist das freundlichste, anmuthigste Werk des alten Meisters Lukas von Kranach, welches ich jemals gesehen zu haben mich erinnere. Dicht umgeben von frischblühenden Kindern und ihren in ehrerbietiger Entfernung sich haltenden Müttern ist Christus auf demselben dargestellt, wie er soeben das göttlichmilde Wort ausgesprochen hat: »Lasset die Kindlein zu mir kommen, denn ihrer ist das Reich Gottes«. Eines der jüngsten derselben hat er auf den Arm genommen, die Mutter blickt gerührt, aber so recht im Herzen entzückt zu ihm auf, im anmuthigsten Gewimmel drängt die Schar der übrigen Kinder sich treuherzig an ihn heran, lauter kerngesunde Mädchen und Bübchen, mit frischen, freundlichen Gesichtern, treu und wahr wie die Natur selbst. Die schöne edle Gestalt des Heilands zeichnet dieses Gemälde vor vielen gleichzeitigen aus. Blühend in der diesem Meister eigenen Farbenpracht, mit dem ihm eigenen Fleiß auf das sorgfältigste ausgeführt, steht es da, und das Auge wird nicht müde, es zu betrachten, ohne irgend etwas Störendes zu entdecken.

Nur ein Gedanke, der aber wahrscheinlich den alten Meister beim Entwerfen dieser Composition mit besonderer Liebe begeisterte, möchte beim ersten Anblick nicht allgemeine Billigung finden, obgleich es nicht möglich ist, sich nicht dabei theilnehmend ergriffen zu fühlen. In einer Ecke des Vorgrundes, wie zu den übrigen Kindern gehörend, mit unverkennbarer Aehnlichkeit und doch durchaus kindlich gehalten, steht Martin Luther, als vier bis fünfjähriger Knabe dargestellt, und neben ihm, etwas jünger als er und mit ihm Hand in Hand, seine Katharina von Bora; in der andern Hand trägt sie ein ganz kleines Püppchen, wie ein Wickelkind geformt.

Meines Wissens hat vor und nach Lukas von Kranach noch kein Maler diese Art gleichsam rückwärts zu portraitiren versucht, obgleich es Vielen wider ihren Willen oft genug wiederfährt, der Zeit vorzugreifen und die Leute älter darzustellen als sie sind. Der alte Meister hat mit bewundernswerther Kunst es verstanden, gleichsam in der weichen Knospe die künftige Entwicklung der festen, kräftigen Züge des größten Mannes seiner Zeit klar anzudeuten; wer dieses Bild erblickt, ruft: »das ist Martin Luther!« und doch steht ein Kind vor uns, ein wahres wirkliches Kind, mit allen Eigenheiten dieses glücklichen Alters, kein Zwerg mit einem kindischen Körper und einem altklugen Gesicht.

Die innige Freundschaft, welche beide Männer bis an den Tod Martin Luther's verband, ist allbekannt, die vielen Portraite des Letztern, die von der Hand seines kunstreichen Freundes bis auf unsere Zeiten gekommen sind, beweisen die große Vorliebe, mit welcher dieser die kräftige Heldengestalt zum Gegenstande seiner Kunst sich erwählte, und wie genau er Zug vor Zug sie aufzufassen verstand. So wird es denn sehr leicht denkbar, wie der kunsterfahrene Meister in einer besonders heitern Stunde auf die Idee verfallen sein kann, ihn, den er so oft vom reifen Mannesalter an bis in spätere Jahre gemalt hatte, auch einmal so darzustellen, wie er im frühesten Alter sich ihn dachte. Die gelungene Ausführung dieses Einfalls ist allerdings bewundernswerth; darin aber, daß der Meister gerade in dieser Darstellung ihn ausführte, liegt etwas einfach Naives, etwas so Poetisches könnte man sagen, das jeden Tadel erschwert, und daß es unmöglich fällt, den Anachronismus zu rügen, aus welchem die Maler jener Zeit, vor allem aber dieser, sich ohnehin wenig zu machen pflegen.

Durchreisende Kunsthändler, in und außer der zweimal im Jahre einfallenden Meßzeit, versäumen nicht leicht, einige Tage lang durch Ausstellung ihrer mitgebrachten Gemälde die Aufmerksamkeit der Kunstfreunde zu erregen und reisen nicht selten mit erleichtertem Gepäcke und schwerer gewordenem Beutel fröhlich von dannen, denn die Gemäldeliebhaberei der wohlhabenden Frankfurter beschränkt sich nicht blos auf das Bewahren Dessen, was sie schon besitzen. Ein brüsseler Kunsthändler zeigte während meines Aufenthaltes in Frankfurt seine nur aus sieben Stücken bestehende Sammlung, aber von so ausgesuchter Schönheit, von so seltenem hohen Werth, daß sie ein ganzes Bildercabinet aufzuwiegen würdig waren. Das merkwürdigste und trefflichste unter diesen sieben Meisterwerken war das Portrait des Prälaten Fedra Inghirami, während Rafael's erster Anwesenheit in Florenz gemalt; damals, als der mächtige Genius, der seitdem die Mit- und Nachwelt in Entzücken und Bewunderung versetzte, eben zur deutlichen Klarheit in dem hohen Meister erwacht war. Das Gemälde trägt ganz den Charakter von Rafael's früherer Zeit, es ist sehr dünne gemalt, höchst einfach gedacht, im Ton etwas braungelb gehalten; aber ganz Leben, ganz Wahrheit und Natur, »wie aus dem Spiegel gestohlen,« möchte man mit dem Prinzen in »Emilia Galotti« ausrufen. Nirgends die kleinste Spur Unschönes ausgleichen oder verbergen zu wollen, und doch durch Ausdruck und Charakter unbeschreiblich anziehend; Rafael ehrte und liebte seinen älteren, welterfahrneren, weisen Freund, trotz des etwas schielenden Blicks und der Unregelmäßigkeit seiner interessanten, aber auch nicht minder auffallenden Züge, und wollte absichtlich ihn nicht anders darstellen als er war, das geht aus Allem hervor.

Die übereinandergelegten Hände bequem auf einer Brustlehne ruhend, im einfach schwarzen Rock, ein ebenfalls schwarzes Käppchen auf dem Kopf, sieht in ruhiger Beschaulichkeit der ernste, geistreiche Mann euch mit den klaren, etwas verschobenen Augen gerade ins Gesicht, man möchte fast sagen, in das Herz; denn es mag schwer gewesen sein, diesen scharfen, durchdringenden Blick etwas verborgen zu halten, was er erforschen wollte. Inghirami gehörte gewiß zu den ausgezeichneten Männern seines für Kunst und Wissenschaft so bedeutend großen Zeitalters; als er späterhin die Cardinalswürde erhalten, wählte Leo X. ihn zum päpstlichen Secretair und Bibliothekar, doch diese hohen Würden verhinderten ihn nicht, in freien Stunden der Poesie sich hinzugeben; ein ganz eigner feiner, etwas spöttischer Zug um den Mund dieses ausdrucksvollen Gesichts verräth den feinen Beobachtungsgeist, den ihm innewohnenden Humor; auch war Inghirami wirklich einer der Ersten, die in Italien als Lustspieldichter auftraten.

Noch zwei Bildnisse dieses merkwürdigen Mannes

bestätigen seine freundliche Verbindung mit dem hohen Meister und verbürgen zugleich die Echtheit dieses Gemäldes. Inghirami's Portrait, im Cardinalskleide, die Feder in der Hand, mit aufwärts gerichtetem sinnenden Blick, zwölf Jahre später von Rafael gemalt, wird zu Florenz in der Galerie des Palastes Pitti aufbewahrt, und einer der hinter dem Papste Leo stehenden Cardinäle auf Rafael's berühmtem Bilde dieses großen merkwürdigen Mannes trägt unverkennbar Inghirami's Züge.

Außer jenen beiden Portraits verdankte Cardinal Inghirami der treuen Anhänglichkeit des hohen Meisters den Besitz der Madonna della Seggiola und des Cartons zu diesem weltberühmten Gemälde. Die Familie des Cardinals lebt noch in Italien, und erst vor wenigen Jahren erkaufte der jetzige König von Baiern zwei kleine Gemälde von ihr, aus Rafael's frühester Zeit, die er seinem großen Meister Perugino nachgebildet hatte. Auch bewahrt sie ein eigenhändiges Schreiben Rafael's an seinen vornehmen Freund und Beschützer, das sie aber um keinen Preis weggeben will.

Rubens' jüngstes Kind, von seinem Vater mit anerkannter Meisterschaft, leicht, aber wie lebend auf die Leinwand hingestellt, war das zweite Bild in jener kleinen Sammlung, von dem es fast unmöglich wird, sich abzuwenden, wenn man es einmal recht ins Auge gefaßt hat. Das etwa zweijährige, kleine, runde, pausbäckige Ding in seinem Kinderstühlchen gukt so freundlich aus den klaren blauen Augen heraus und zeigt lächelnd die Perlenzähnchen, daß jede Frau, die es sieht, Lust bekommen muß, es auf den Arm zu nehmen und mit ihm ein wenig zu spielen. Die runden, mit Korallenschnuren leicht umwundenen Aermchen, die Händchen, mit ihren Grübchen darin, Alles ist so weich, so warm, das ganze Figürchen so rund, so voll, so ganz Natur, so täuschend lebendig, daß man im Anschauen die Kunst des Meisters vergessen möchte, die dieses Leben ihm einhauchte.

Beide unschätzbare Gemälde sind wenige Monate nachdem ich sie gesehen das Eigenthum des Städel'schen Kunstinstituts in Frankfurt geworden und dienen dieser an sich schon reichen Sammlung zur bleibenden Zierde. Seit der wichtige Proceß zu Gunsten desselben entschieden wurde, der die Verwaltung der, seiner Vaterstadt von dem patriotisch gesinnten, ehrwürdigen Greise Städel hinterlassenen großen Vermächtnisse einigermaßen hemmte, steht den Directoren alljährlich eine bedeutende Summe zum Ankauf von Kunstwerken zu Gebote, und mit welcher Einsicht, mit welchem Geiste sie dieselbe zu verwenden wissen, beweist der Ankauf dieser beiden Meisterwerke.

Noch ein drittes Gemälde, das in der kleinen Sammlung jenes brüsseler Kunsthändlers mich entzückte, sollte eigentlich, obgleich es von ganz anderer Art ist, von jenen beiden nicht getrennt worden sein; aber, wie ich von dem Eigenthümer desselben vernahm, war es schon damals für die reiche Sammlung des Kronprinzen der Niederlande bestimmt, wo es allerdings sich im Vaterlande noch mehr an seinem Platze befinden wird, als in Frankfurt. Es war ein Meisterwerk des in Deutschland wenig bekannten niederländischen Malers Peter de Hooghe, dessen Werke man selbst in den Niederlanden nur äußerst selten antrifft, und die sowol ihres Kunstwerthes als ihrer Seltenheit wegen dort hoch gehalten und sehr theuer bezahlt werden. Peter de Hooghe lebte etwa um die Mitte des siebzehnten Jahrhunderts. Die Darstellung der malerischen, aber zugleich auch etwas schmuzigen Unordnung einer dunkeln holländischen Bauernstube nebst den zu dieser passenden Bewohnern derselben auf zwei und vier Beinen scheint dem Ordnung und Reinlichkeit liebenden Sinn Peter de Hooghe's nicht zugesagt zu haben, obgleich die berühmtesten Meister in seinem Fache sie sich vorzugsweise erwählten. Er malte lieber die netten, zierlichen Wohnungen seiner Landsleute aus dem Bürgerstande, und ihr häusliches, ruhiges Treiben. Nie sind seine Gemälde durch viele Figuren belebt; im ersten Zimmer sieht man eine, höchstens ein Paar zierlich, aber bürgerlich gekleidete Frauen in einem großen Buche lesend, oder mit feiner Näharbeit, auch wol am Klöppelpulte beschäftigt, vielleicht auch noch ein Blumen oder Früchte herbeibringendes Kind, das eben zur Thüre hereintritt; in den Nebenzimmern erblickt man zuweilen eine mit häuslicher Arbeit beschäftigte

Magd, und durch die ganze Reihe von Zimmern hindurch, ganz im Hintergrunde, einen zur geöffneten Hausthüre von der Straße hereintretenden Nachbar, dem man sich zugesellen zu können meint, so groß ist die in diesen Gemälden vorherrschende perspectivische Täuschung. Räumlich, mit unglaublicher Wahrheit vom reinsten Tageslichte erleuchtet, liegt das Wohnzimmer im Vorgrunde vor uns, jedes Geräthe steht an seinem rechten Ort, in alterthümlicher, solider Zierlichkeit, Tische, Bänke und Stühle. Die Sonne scheint durch die runden, hellglänzenden Glasscheiben des Fensters herein, ein Flügel desselben steht offen und gewährt einen Blick ins Freie. Der mit bunten Fliesen ausgelegte Fußboden, die altmodischen, aber saubern Fenstervorhänge, der kleine Spiegel mit seinem breiten Rahmen, in welchem ein Theil des Zimmers sich abspiegelt, alles ist ganz Natur, ausgeführt mit unendlichem Fleiß, kein Schlagschättchen des kleinsten Nagels, der unbedeutendsten Verzierung am Schnitzwerk ist vergessen; eine offene Seitenthüre läßt in ein Nebenzimmer uns blicken, durch welches vielleicht in dem Augenblick eine Magd oder ein Kind geht, durch dieses Zimmer sieht man in ein zweites, zuweilen in ein drittes und viertes, oder in eine Küche, je nachdem die Localität es verlangt; eine andere Thüre im Hauptzimmer erlaubt uns, vielleicht wieder durch mehrere Kammern hindurch einen Blick auf die Hausflur und durch die geöffnete Hausthüre auf die Straße. Man steht da und sieht, und sieht, und immer höher steigt die freundliche Täuschung, bis man sich endlich beinahe schämt, fremde Leute in ihren Häusern so zudringlich zu belauschen.

Die an niederländischen, sogenannten Cabinetsstücken von ausgezeichneter Schönheit reiche Sammlung des Herrn Friedrich Wilmans ist zum Theil durch die niedlichen Küpferchen in den letzten Jahrgängen seines Taschenbuchs für Liebe und Freundschaft allbekannt. Weniger die in anderer Art sehr interessante des kunstliebenden Inspectors des Städel'schen Museums, Herrn Wendelstedt, der, wie Wilmans eben auch, Kunstfreunden den Zutritt zu seinen Schätzen gern vergönnt. Der Besitzer derselben sucht, freilich nach einem durch Verhältnisse beschränktern Maßstabe, Das zu erreichen, was in Berlin durch die große berühmte Solly'sche Sammlung wirklich erreicht ist, eine Uebersicht des Ganges, den die Kunst nahm, und zwar mit Rücksicht auf die verschiedenen Schulen von den Zeiten der griechischen Maler an bis auf Rafael und den ihm gleichzeitigen Albrecht Dürer. Die Anzahl seiner Gemälde ist nicht groß, was für den Anschauer immer ein Gewinn ist, denn wenn man zu vielerlei auf einmal sehen muß, kann man immer nur wenig betrachten; aber man findet hier einen neuen Beweis, wie Vieles und wie Werthvolles zusammengebracht werden kann, wenn man nur mit wahrem Ernst und Liebe zu sammeln beginnt.

Die beiden ältesten, in Enkaustik gemalten Bilder

dieser Sammlung stammen wahrscheinlich noch aus dem neunten oder zehnten Jahrhundert, und gewähren einen deutlichen Begriff der starren Unbeweglichkeit der alten byzantinischen Schule, besonders das erste, einen griechischen Patriarchen in ganzer Gestalt darstellend. In dem zweiten, der Tod der heiligen Jungfrau, herrscht schon mehr Leben, aber auch aller Unsinn, alle trübe Verworrenheit religiöser Begriffe, welche jene ferne, dunkle Zeit charakterisiren. Auf einem Paradebette von ovaler Form liegt der eben entseelte Leichnam, von den weinenden Jüngern umgeben; neben dem Bette steht Christus zwischen zwei großen Candelabern mit brennende Kerzen tragenden Engeln. Die eben entflohene Seele der Entschlafenen ruht schon in Gestalt eines kleinen Wickelkindes in den Armen des göttlichen Sohnes, während unten im Vorgrunde ein kleiner Engel mit dem Schwerte, und ein kleiner Teufel, der eine Art Mönchskutte angezogen hat, sich um dieselbe noch balgen. Ein aus seinen sechs zusammengeschlagenen Flügeln nur eben herausgukender Cherub schwebt über dem Ganzen und hält in beiden ausgestreckten Armen, an langen Stäben befestigt, die Sonne und den Mond, welche er zur Verherrlichung des heiligen Sterbebettes herbeigetragen hat.

Ein drittes, in Hinsicht der allegorischen Deutung an dieses anstreifendes, aber in jeder andern hoch über dasselbe sich erhebendes Meisterwerk des alten berühmten Fra Giovanni da Fiesole, der im vierzehnten Jahrhundert lebte, verdient mit ungetheilter Aufmerksamkeit betrachtet zu werden. Aus dem bewegten Meer ragen die Capitäler zweier mit den Worten Fede und Speranza bezeichneter Säulen hervor, sie tragen sieben Stufen, deren nähere Deutung sowol durch die Farbe derselben, als durch lateinische Inschriften bezeichnet ist, und eine Seele, eine liebliche, jugendliche Gestalt mit herabwallendem Haar, ist bemüht, diese Stufen zu erklimmen, um ihr Herz, das sie in der Hand trägt, der über der siebenten Stufe thronenden Mutter der ewigen Liebe darzubringen. Diese Stufe ist golden, um die höchste Vollendung anzudeuten, und neben derselben knieen der heilige Dominicus und der heilige Petrus in den Flammen der sich selbst opfernden Liebe, um für die Seele zu bitten. Die heilige Jungfrau, von einem Chor von Engeln umgeben, legt, als Zeichen der Erhörung, beiden die Hände segnend auf das Haupt. Die ganze Composition, wunderbar wie sie erscheint, hat etwas unbeschreiblich Anmuthiges; Farbe und Ausführung sind gleich bewunderswerth.

Noch muß ich eines ungemein lieblichen Bildes erwähnen, ungefähr aus der nämlichen Zeit, einer höchst anmuthigen Madonna mit dem Kinde, das spielend ihren Schleier faßt, von Fra Filippo Lippi auf Holz a tempera gemalt, dem berühmtesten Schüler des Masaccio, einem der ersten Wiederhersteller der vor ihm tiefgesunkenen Kunst. Auch ein großes Gemälde von Bellino, Tizian's altem Meister, darf ich nicht übergehen, den Albrecht Dürer während seiner Anwesenheit in Venedig noch im höchsten Greisenalter begrüßte und innigst bewunderte. Madonna thront als Königin der Himmel, das Kind im Schoße, und links und rechts, von ihren Schutzpatronen, dem heiligen Petrus und dem heiligen Paulus, eingeführt, knieen der Doge, der Großkanzler und der procuratore di San Marco vor dem Throne der in stiller Demuth mit niedergeschlagenen Augen ihre Huldigungen annehmenden Beherrscherin aller Engel.

Doch alle werthvollen Gemälde dieser Sammlung zu beschreiben, so klein im Vergleich mit andern ihre Anzahl auch ist, läßt mit dem eigentlichen Zweck dieser Blätter sich nicht vereinen. Kunstfreunde, die ihr Weg über Frankfurt führt, werden nicht leicht versäumen, sie zu besuchen, und auch Denen, welchen es nicht so gut wird, hat der gefällige Besitzer derselben durch sehr brav gezeichnete lithographirte Umrisse die Bekanntschaft mit ihnen auch aus der Ferne erleichtert, die in Frankfurt durch jede Buchhandlung zu erhalten sind.

Das Dampfschiff

Die Luft mit ihren Stürmen ungerechnet, mit Wasser und Feuer zugleich es aufnehmen? mit den beiden in ihrer Zerstörungskraft furchtbarsten Elementen? Nimmermehr! Das wäre ein Wagstück ohne Noth, während die schönste Chaussee in Deutschland auf die sicherste und angenehmste Art mich zum Ziel meiner Reise bringen kann. So sprach ich oft, und die mehresten meiner Freunde, die, wie ich eben auch, noch kein Dampfschiff gesehen, stimmten mit mir ein.

Sind doch alle Augenblicke die Zeitungen mit Nachrichten von Unglücksfällen angefüllt, die bei der Dampfschifffahrt sich zugetragen. Ja, wäre es noch die alte ehrliche Wasserdiligence von Mainz, die freilich ein wenig langsam geht; aber sie ist jetzt aus der Mode gekommen, von der Neuheit verdrängt, wie vieles an und für sich gute Alte. Sie setzt zwar ihren gewohnten Lauf noch immer rüstig genug fort, doch die Gesellschaft, die man auf ihr antrifft, ist jetzt anderer Art, als wol früher; auch soll sie, wenigstens im Aeußern, etwas gebrechlich geworden sein.

So sprach ich vor dem Antritt meiner Reise und nahm mir fest vor, bei dem Entschluß, mich nicht frevelhaft der neuen gefährlichen Erfindung anzuvertrauen, zu beharren und zu Lande nach Godesberg zu gehen. In Frankfurt kam es aber Niemand in den Sinn, daß man anders als mit dem Dampfschiff den Rhein hinunterreisen wollen könne, und es fehlte nicht viel, so hätten meine dortigen Freunde über meine von der Zerstörungskraft der beiden mächtigsten Elemente hergenommenen Gründe gegen diese Art zu reisen geradezu gelacht. Auslachen ist eine der kräftigsten Waffen gegen Vorurtheil, und Beispiel übt über Jung und Alt eine unwiderstehliche Gewalt. Täglich sah ich Freunde und Bekannte, die mehreremale blos zum Vergnügen das große Wagniß mit dem Dampfschiffe zu gehen ganz ungefährdet überstanden hatten; kommen so Viele glücklich davon, dachte ich endlich, nun so werde ich allein doch nicht bestimmt sein, mit der Geschichte meines traurigen Unterganges einen Zeitungsartikel füllen helfen zu müssen.

Das kleine frankfurter Dampfschiff, welches nach Mainz führt, war eben einer nothwendigen Reparatur wegen nicht im Gange, doch habe ich späterhin die Fahrt mit demselben versucht. Ich fand es höchst zierlich und bequem, zu einer Lustfahrt trefflich geeignet; aber schneller als zu Wagen gelangt man mit demselben nicht nach Mainz, und fällt dann sogleich beim Aussteigen, gewöhnlich in der Abenddämmerung, der Mauth in die unbarmherzigen Hände, muß halb im Dunkeln, unter freiem Himmel, von der Straßenjugend und andern zudringlichen Zuschauern auf das unverschämteste umdrängt, Koffer und Kisten öffnen lassen und läuft Gefahr, mit sinkender Nacht die halbe Stadt durchwandern zu müssen, ehe man in einem der vom Strom nicht zu weit entfernten Gasthöfe ein erträgliches Unterkommen findet, denn diese sind gewöhnlich alle von den das Dampfschiff erwartenden Reisenden überfüllt. Ich legte diesesmal den wirklich sehr angenehmen Weg von Frankfurt nach Mainz mit einem Miethwagen in kaum vier Stunden zurück. Der unbeschreiblich prächtige Anblick des Zusammenflusses der beiden mächtigen Ströme und der in der Abendsonne wunderbar leuchtenden Thürme von Mainz entzückte mich von Neuem, so oft ich ihn auch schon genossen. Die lustige Ceremonie am Mauthhause, der man nun einmal nicht entgehen kann, läßt sich im Wagen weit bequemer und ruhiger abmachen; man ist dabei wenigstens des unangenehmen Gefühls überhoben, dem neugierigen Pöbel ein Schauspiel geben zu müssen, und braucht nicht auf dem schlechten Steinpflaster von Mainz sich müde zu laufen, wenn man nicht sogleich in einem guten Gasthofe Platz finden sollte. Für mich hatten indessen meine Freunde in Mainz gesorgt, sie hatten in einem neuen großen, seit wenigen Tagen erst eröffneten Gasthofe mir Zimmer bestellt; ich habe auf der Rückreise ihn wieder besucht und kann mit gutem Gewissen allen meinen Nachfolgern auf dieser Reise den englischen Hof in jeder Hinsicht empfehlen.

Ich hätte nicht nöthig gehabt, so dringend zu bitten, daß man mich am folgenden Morgen die auf sechs Uhr pünktlich festgesetzte Abfahrt des Dampfschiffes doch ja nicht verschlafen lassen solle. In Mainz wie in Köln, und bei der Rückfahrt auch in Koblenz, ist es in den Gasthöfen den Hausknechten als strengste Pflicht auferlegt, früh Morgens an alle Thüren so lange zu pochen, bis die Schläfer erwachen. Das ganze Haus geräth schon um halb fünf Uhr in Allarm, es entsteht ein Thürenwerfen, ein Treppenlaufen, ein Rufen, ein Poltern; Reisende, denen das Dampfschiff nichts angeht, verwünschen es vergebens und legen sich in ihren Betten auf die andere Seite, an Wiedereinschlafen ist nicht zu denken.

Der Gedanke, mit seinen Plänen von der Minute abzuhängen, gibt der Stunde vor der Abfahrt etwas Beängstigendes, Unangenehmes; Alles, was man vornimmt, geschieht mit einer gewissen ängstlichen Eile, und eine Art quälender innerer Ungeduld steigert sich bis beinahe zum Unerträglichen. Weder das Frühstück noch die Wirthsrechnung erscheinen so pünktlich als man es verlangt, denn das Haus wimmelt von Fremden, die alle zu gleicher Zeit bedient sein wollen. Auch die Träger zum Transport der Koffer lassen sich nicht erblicken; rastlos wandert man im Zimmer auf und ab, mismuthiger als die Veranlassung dazu es verdient, bis endlich Alles von selbst sich ordnet. Die Rechnung kommt, die Träger auch, und seinen Kaffee kann man allenfalls auf dem Schiffe eben so vortrefflich trinken als irgendwo auf dem festen Lande.

Endlich sind wir auf der Straße, und der mit unsern Koffern beladene Schiebkarren rollt lustig vor uns her. Weder nach der Zahl noch nach dem Gewichte derselben wird beim Einschiffen gefragt, und das ist keine kleine Annehmlichkeit bei dieser Art zu reisen, weil dadurch viele Weitläufigkeiten erspart werden. Nur ist es rathsam, jedes einzelne Stück des Gepäcks mit einer Nummer und dem deutlich ausgeschriebenen Namen des Eigenthümers zu bezeichnen, um beim Ausschiffen Alles um so leichter zusammenzufinden. Sollte man indessen das Unglück haben, irgend ein Stück auf dem Dampfschiffe zu vergessen, so ist die auf demselben eingeführte Ordnung so lobenswerth, daß man sicher sein kann, es ohne große Weitläuftigkeiten wiederzuerhalten, wie ich aus Erfahrung weiß.

Da lag es nun vor uns, im hellsten Sonnenschein, auf dem prächtig wogenden Strome, das zierlich schlanke Ungeheuer, das ohne Mast und Segel, wie von Zauberkraft getrieben, mit Vogelschnelle, tosend und dampfend über die Fluten hinläuft, die, in ihren tiefsten Tiefen aufgeregt, schäumend und brausend es noch lange scheltend verfolgen. Wohl ist es ein Schiff, aber nicht allein durch den dampfenden hohen Schornstein, sondern auch in der ganzen Bauart und allen seinen Verhältnissen von allen andern Schiffen sehr verschieden. Regungslos lag er da, der Friedrich

Kolorierte Lithographie

Dampfschiff »Friedrich Wilhelm« oberhalb Burg Rheinstein

Wilhelm, so heißt das Schiff, während drei bis vier Reisewagen hinaufgeschoben wurden, die man auf dem Verdeck kaum bemerkt, denn es ist weit größer, als es vom Lande aus gesehen erscheint; ein Gang von einem Ende desselben bis zum andern ist wirklich eine kleine Promenade, auf welcher es an unterhaltender Abwechslung nicht leicht fehlt. Ein Paar unglückliche Pferde standen schon neben den Wagen, in einem für sie eingerichteten Käfig eingesperrt, denen man es deutlich ansehen konnte, daß sie den Weg weit lieber zu Fuße zurückgelegt hätten. Das heulende Gerassel, mit welchem der Dampf aufsteigt, so lange das Schiff stille liegt, schien die armen Thiere zu beängstigen; auch hat dieser unangenehme Lärm etwas Betäubendes, der sich allemal wiederholt, so oft das Schiff anlegt; wenn es im Gange ist, merkt man weit weniger davon.

Wer nicht sehr krank, oder sehr vornehm, oder ein leutescheuer Engländer ist, lasse doch ja nicht durch das Wort »erster Platz« sich verleiten, Billets für den Pavillon zu nehmen. Mit dem theuerern Preise erkauft er nur das Vorrecht, sich einsam in einem etwas eleganteren Zimmer im Vordertheile des Schiffes zu langweilen, während die übrige Gesellschaft sich in der sogenannten zweiten Kajüte versammelt. Für anspruchslosere Reisende gibt es eine dritte Kajüte, in welcher ebenfalls recht anständig für sie gesorgt ist. Auch gibt es noch einen vierten, sehr wohlfeilen Platz, vermuthlich ganz unten im Schiffsraum, wo die

Waarenballen liegen, deren Transport, wie man mir sagte, dem Unternehmer den größten Vortheil bringt.

Auf ganz ebenem Wege, als ginge es aus einem Zimmer in das andere, kamen wir an Bord, fast ohne gewahr zu werden, daß wir das feste Land verließen. Vorbei an dem tosenden Räderwerk, an dem glühenden Feuerofen unten in der Tiefe, von der man gern den Blick abwendet, vorbei an dem noch immer heulenden Schornstein, der gewaltige Dampfwolken ausstieß, gelangten wir endlich unter das weitausgebreitete Zelt, das den vordern Theil des Verdecks vor den Sonnenstrahlen schützt, wo Tische, Gartenbänke, zierliche kleine Feldstühle jede Bequemlichkeit bieten, die man auf einer Wasserreise von zwölf Stunden vernünftigerweise verlangen kann. Die Thürme von Mainz verkündeten jetzt die sechste Morgenstunde, das Gebrüll des dampfenden Schornsteins ging plötzlich in eine Art von Gesause über, an das man bald sich gewöhnt und das unter dem Zelte nicht störend auffällt. Der Bann war gelöst, der uns bis dahin im Hafen festgehalten, und mit überraschender Majestät die widerstrebenden Fluten in einem weiten Bogen durchschneidend, begann das Schiff seinen raschen Lauf. Kein Matrosenruf, kein Commandowort, kein Ruderschlag war zu hören; unmerklich, fast geisterartig glitten wir über die weite Wasserfläche hin, und nichts, auch nicht das leiseste Schwanken, erinnerte uns daran, daß wir auf dem trügerischsten und wandelbarsten aller Elemente schwebten. Das leise Dröhnen des Fußbodens fühlt man schon nach der ersten halben Stunde nicht mehr.

Ein einziger Mann, dem die Leitung des Schiffes anvertraut ist, steht hoch am Steuer und dreht mit fester, sicherer Hand, bald kaum bemerkbar, bald sehr schnell, mit sichtbarer Anstrengung das Rad, welches auf der rechten Bahn es erhält. Der schweigende Ernst, mit dem er sein wichtiges Geschäft betreibt, hat etwas wundersam Feierliches, er wendet nie den Blick, er beantwortet keine an ihn gerichtete Frage, und ein neben ihm angebrachter Anschlagezettel bittet die Reisenden, auf keine Weise, durch Sprechen mit ihm, in der Ausführung seines Amtes ihn zu stören. Unten im Raum wird mit gleicher Aufmerksamkeit über die Verwaltung des Feuers und des Dampfkessels gewacht, und der Anblick der großen Ordnung, die überall vorherrschend sich zeigt, muß auch den Furchtsamsten ermuthigen und jeden Gedanken an mögliche Gefahr verbannen.

So glitten wir denn an dem unsäglich lieblichen Rheingau vorüber; die Thürme von Mainz verschwanden hinter uns; durch das frische Grün seiner Linden leuchtete im Morgenstrahl das schöne Schloß von Biebrich über den hier sehr breiten Rhein uns aus der Ferne entgegen. Dann kommen Walluf, Eltville mit seinem ehrwürdigen alten Thurme, die blühende Petersaue, alle die schönen merkwürdigen Punkte, die Jeder, auch der sie nicht gesehen, aus zahllosen Abbildungen und Beschreibungen zu kennen glaubt,

Aquatinta von J. J. Tanner

Das herzogliche Schloß in Biebrich

und von denen doch weder Pinsel noch Feder ein ganz getreues, genügendes Bild zu geben vermögen. Im bezauberndsten Wechsel drängten sie sich uns entgegen, kaum sahen wir sie aus der Ferne auftauchen, so befanden wir uns auch schon ihnen gegenüber, und dennoch geht die Fahrt nicht so schnell, daß man nicht Zeit behielte, die Rheinufer in aller ihrer malerischen Schönheit aufzufassen. Das große Bilderbuch der Natur liegt gleichsam aufgeschlagen vor uns da, und langsam schonend wendet eine unsichtbare Hand ein Blatt desselben nach dem andern vor unsern Augen um, bis diese, geblendet von all' der Herrlichkeit, sich ermüdet auf einige Zeit abwenden müssen.

Das indessen recht lebendig sich gestaltende Treiben auf dem Verdecke bot zur Erholung ein recht angenehmes Zwischenspiel; kleine gesellige Gruppen hatten überall sich zusammengefunden, denn nirgends knüpft eine augenblickliche Bekanntschaft sich leichter an als hier, wo man sicher sein kann, sie im schlimmsten Fall in wenigen Stunden wieder aufgelöst zu sehen. Um einem der Tische hatte eine Gesellschaft stickender und strickender Damen sich niedergelassen, die, ohne sich um das Bilderbuch der Natur viel zu bekümmern, so unbefangen ihr häusliches Wesen trieben, als wären sie zu Hause. Einige Engländerinnen hatten auf dem Dache der zur Kajüte hinabführenden Treppe sich etablirt, wurden aber, ihrer aufgespannten Parasols und ihrer großen Hüte wegen, sehr bald gebeten, sich wieder hinunterzubegeben, indem sie dem Steuermann die Aussicht benahmen. Nahe dabei lag ein wenige Wochen altes Kind, auf einem Koffer weich gebettet, und neben demselben saßen die Aeltern Hand in Hand, den kleinen Schläfer zu bewachen. Wer dieser Gruppe sich nahte, trat leiser auf und konnte nicht unterlassen, sie theilnehmend zu betrachten. Der Vater, ein junger, rüstiger Mann, war ein Kaufmann aus dem nördlichen Deutschland und jetzt mit seiner Frau und ihrem Erstgeborenen auf dem Wege nach London begriffen, von wo er nach Amerika überschiffen wollte, um in jenem fernen Welttheil sich niederzulassen. Freilich ist dieser uns wenigstens um die Hälfte näher gerückt als er unsern Vätern es war, denn die Welt wird in unserer erfindungsreichen Zeit immer enger. Die junge, sehr zarte Frau schien zum ersten Mal den stillen lieben Herd verlassen zu haben, an welchem sie aufgewachsen war. Ihre heißen Abschiedsthränen waren noch lange nicht alle verweint, sie drängten aus dem vollen beklommenen Herzen sich noch oft in die frommen, sanften Augen hinauf, und aus ihrem ganzen Wesen sprach das drückende Gefühl, unter Fremden in der Fremde zu sein.

O wie lieblich der Sonnenschein dort durch die vielgrünen Aeste der großen Nußbäume spielt! Und sieh' doch die herrlichen Reflexe, die wundervolle Beleuchtung, und hier die einsame kleine Kapelle, und dort die rebenumwachsenen Hütten! und nun der hehre Johannisberg! rief eine lange hagere Dame ihrer demüthigen Gesellschafterin mit großem Pathos zu, und suchte dieser und allen Umstehenden durch wortreiche Beschreibungen die Schönheit jedes einzelnen Gegenstandes, an dem wir vorüberfuhren, recht begreiflich zu machen. Wir aber machten uns eilends davon.

»Komm hinunter zum Frühstück, die Scenerei vom Bingerloch bis Koblenz muß man sehen, das Andere ist alles der Mühe nicht werth,« ließ ein junger Engländer in seiner Landessprache sich vernehmen, und zog seinen Reisegefährten mit sich hinab in die Kajüte.

Der Johannisberg, an welchem wir in dem Augenblick vorübereilten, so prächtig er in der Ferne sich ausnimmt, so entzückend es ist, an einem schönen Sommerabende von seiner Höhe die ihn umgebende unendlich reiche Gegend zu überschauen, zeigt sich in der Nähe, vom Dampfschiffe aus gesehen, im ungünstigsten Lichte, besonders wenn er, wie eben damals, im vollen Sonnenschein daliegt, mit den beiden palastartigen Wohngebäuden seiner reichen Besitzer, denen er flüssiges Gold bringt. Wir hätten ihn kaum wiedererkannt, so niedrig, fast platt und kahl zeigte er sich von diesem Standpunkte aus, ungeachtet seiner beträchtlichen Höhe, und schien das Epithet: »hehr,« das jene poetische Dame ihm beilegte, nicht zu verdienen.

Gegen die Mitte des Verdecks unter dem Zelte sah es wie in dem Lesezimmer einer Erholung oder Harmonie aus, Mappen, Bücher, Landkarten lagen hochaufgethürmt auf den mit eifrig Lesenden, meistens Engländern, umgebenen Tischen. Hier saß Einer mit dem Rücken gegen die Aussicht gewendet und schrieb, vermuthlich an seinem Reisetagebuch, dort ein Anderer in Schreiber's »Handbuch für Reisende am Rhein« vertieft, von welchem, in mehrere Hände vertheilt, wenigstens ein Dutzend Exemplare vorhanden waren. Von dem eben so zweckmäßig erdachten als ausgeführten Panorama der Rheingegenden, welches bei Herrn Friedrich Wilmans in Frankfurt herausgekommen ist, haben wir siebenzehn Exemplare gezählt, auf welchen ihre größtentheils britischen Besitzer die Namen der Orte, an welchen das Schiff eben vorüberfuhr, emsig suchten, ohne sich Zeit zu lassen, sich eher nach dem Gegenstande, der ihre Aufmerksamkeit erregte, umzusehen, als bis er schon in weiter Ferne hinter ihnen lag. Durch alle diese studirenden Gruppen drängte ein junger Mann, eine große Mappe unter dem Arm, sich durch, um, wo er Gelegenheit dazu fand, seine in Aquarell gemalten Ansichten der Rheingegenden vorzuzeigen; ein großes Wagestück an diesem Orte! Sie mochten übrigens ganz leidlich sein, doch nahmen sie sich, der Natur gegenüber, ziemlich armselig aus. Indessen, sie fanden Bewunderer, mitunter auch wol Käufer, und somit hatte ihr Verfertiger alle Ursache zufrieden zu sein.

Auch an kleinen heitern Gesellschaften fehlte es nicht, die, um ein substanzielles Frühstück versammelt, es sich sehr wohl sein zu lassen schienen, geschäftige Kellner liefen umher, um mit Bouillon, Beefsteak oder wonach sein Herz sonst noch verlangen mochte, Jeden zu bedienen. Es war eilf Uhr, vom Anblick der schönen Natur lebt man nicht allein, und die Einrichtung auf dem Dampfschiffe ist auch in Hinsicht auf diese Art von materielleren Genüssen so wohl organisirt, als sie nur in irgend einem Hôtel des festen Landes es ein kann.

Die möglichst zweckmäßige Benutzung des Raumes verdient wirklich auf dem Dampfschiffe bewundert zu werden, auch nicht ein Zollbreit geht davon verloren. Was trifft man nicht Alles auf dem Verdecke an, Tische, Stühle und Bänke ungerechnet! Erstlich die Küche, dann noch eine zweite Küche, um warme Getränke zu bereiten, in welcher zugleich der ganze dazu nöthige Apparat an Tassen und dergleichen in zierlicher Ordnung aufgestellt ist. Ein mit Repositorien und einem Schreibepult versehenes Cabinet für den Capitain, ein ähnliches für den Restaurateur, in welchem Beide sehr ordentlich Buch und Rechnung führen, sogar eine an der Kajütentreppe angebrachte kleine Büchersammlung in einem Glasschranke, die freilich für den Augenblick nur aus dem leipziger Conversations-Lexikon zu bestehen scheint, als Quintessenz größerer Bibliotheken, in der Jeder gewiß etwas findet, das seinem Geschmacke zusagend über eine langweilige Stunde ihm hinaushelfen kann. Das sehr volumineuse Gepäck der Passagiere steht in bester Ordnung über einander aufgeschichtet, sodaß es den von einem Ende des Schiffes zum andern Aufundabspazierenden nirgend den Weg beengt, und wird bei drohendem Regen sogleich sorgfältig bedeckt. Unten in den Kajüten ist mit eben so klugem Sinn für die Bequemlichkeit der Passagiere gesorgt, die Fenster sind mit Gardinen, die Räume zwischen denselben mit Spiegeln versehen, Thüren und Tische von Mahagoniholz mit Bronze verziert, und Alles wird so sauber gehalten als möglich.

Nur wenn das Schiff noch ein Paar Stunden nach Sonnenuntergang seinen Lauf fortsetzen muß, was im Spätherbste, besonders wenn es stromaufwärts geht, immer der Fall ist, könnte für die Beleuchtung der Kajüten besser gesorgt werden, und einige geschickt angebrachte Lampen würden der Vollkommenheit der ganzen Einrichtung die Krone aufsetzen.

Um sich aber recht anschaulich zu überzeugen, was Ordnung und Industrie auch im kleinsten Raum für Wunder wirken können, muß man die Küche besuchen, in welcher in den ersten Vormittagsstunden das Frühstück für so Viele bereitet wird, ohne dem Mittagsmahl, oft für mehr als hundert Gäste, Abbruch zu thun, die alle pünktlich gegen halb zwei Uhr, nicht nur reichlich, sondern auch mit einiger Eleganz bedient werden wollen. So gern man, selbst in den berühmtesten Gasthöfen, dem Anblick dieser unentbehrlichen Anstalt aus dem Wege geht, so muß ich doch, wenigstens meine Leserinnen, einladen, bei vorkommender Gelegenheit, nur einen Blick in diese Küche zu werfen, die wenig größer, als eine etwas geräumige Familienküche ist, um sich mit mir über die Möglichkeit zu verwundern, in einem so kleinen Raum so vielerlei Gerichte gut und sogar vortrefflich zu bereiten. Ein schneeweiß gekleideter französischer Koch treibt ganz allein flink und wohlgemuth sein Wesen darin, überall herrscht die größte Sauberkeit und Ordnung, die, wie jede gute Hausfrau weiß, Alles erleichtern. Vor Allem aber kommt die Küchenbatterie dem Koch zur Hülfe, die in England mit englischem Fleiß und englischer Genauigkeit für diesen Heerd verfertigt wurde. Alles paßt genau in einander, jeder Topf, jedes Casseroll hat seine angewiesene Stelle, auch nicht der kleinste Raum geht unbenutzt verloren, und wenn die Geschirre außer dem Gebrauch sind, werden fünf bis sechs derselben in einander geschoben und zusammen an einem einzigen Nagel an der Wand angehängt.

Ich hoffe, daß auch Männer vielleicht nicht verschmähen werden, diese Blätter flüchtig zu durchlaufen, und muß befürchten mit meinen hausmütterlichen Bemerkungen ihnen Langeweile zu machen und dadurch ihre Spottlust zu erregen; sonst könnte ich noch Vieles von der Einrichtung dieser Küche erzählen; besonders von einem großen kupfernen Gefäße zur Reinigung des Küchengeschirrs, in dessen Mitte ein aufrechtstehender Cylinder voll Kohlen angebracht ist, der das Wasser immerfort warm erhält; eine Einrichtung, die auch in gewöhnlichen Haushaltungen eingeführt zu werden verdiente.

Das Anlegen des Dampfschiffes an vielen dazu bestimmten Orten, längs den beiden Ufern des Rheins, bringt Wechsel in die Fahrt und gibt ihr einen neuen Reiz. Hell ertönt die zu diesem Gebrauch bestimmte Glocke am Bord, noch ehe wir den zum Anhalten bestimmten Platz erreichen, wo die dazu von der Direction bestellten Nachen mit aufgesteckter Flagge unsrer Ankunft harren. Wir sehen am Ufer Freunde, bald gerührt, wenn es eine längere Abwesenheit gilt, bald unter Scherz und Lachen, auf baldiges Wiedersehen, von einander Abschied nehmen, die Scheidenden eilen in den Nachen, der Lauf des Schiffes wird auf ein Paar Minuten gehemmt, der indessen herbeigeeilte Nachen wird an demselben befestigt, eine kleine nicht unbequeme Treppe, mit Stricken zum Anhalten an beiden Seiten versehen, wird schnell in denselben hinabgelassen, einige unsrer früheren Reisegefährten scheiden aus unsrer Mitte, zum Abschiednehmen bleibt keine Zeit; Andere kommen an, um eine kleine Weile mit uns zu schiffen, und wieder beginnt der rasche eilende Lauf. Die neuen Ankömmlinge verlieren das Ufer, wo sie einstiegen, und die mit ihren Tüchern ihnen Grüße nachwinkenden Freunde sehr bald aus dem Gesichte, sie wenden der Gesellschaft sich zu, und unvermuthet steht oft ein lieber Freund, ein alter Bekannter vor uns, den wir mit überraschender Freude begrüßen. Es ist ein ewiges Kommen und Gehen, ein echtes Bild des Lebens; man könnte die Nachen sogar recht füglich mit Charons Nachen vergleichen, denn ehe wir uns dessen versehen, entführen sie Einen nach dem Andern aus unsrer Mitte, nur daß sie auch eben so oft neue Gefährten uns bringen, sogar zu einer Kaffevisite geputzte Damen, die eine kleine Weile mit uns fahren, dann aussteigen, um Abends in der Kühle zu Fuße nach Hause zu gehen. Auch in dieser Hinsicht ist das Dampfschiff für die Bewohner der Rheinufer von unschätzbarem Werthe; ein neuer Geist der Geselligkeit, des freundschaftlichen Verkehrs ist mit demselben dort eingezogen, denn jede störende Entfernung ist so gut als aufgehoben. Ein Besuch bei in einer Entfernung von drei bis vier Meilen wohnenden Freunden bedarf nicht der kleinsten Vorbereitung, Strom auf oder abwärts, Wind und Wetter kommen dabei gar nicht in Betracht. Der Weg wird in unglaublich kurzer Zeit zurückgelegt, und man kann mit Sicherheit darauf rechnen, am folgenden Tage, zur bestimmten Stunde wieder in der Heimath sein zu können.

Stünde nicht, gleich einem grauer Vorzeit angehörenden spukhaften Popanz, der alte immer mehr verfallende Mäusethurm noch an der gewohnten Stelle, wir wären, ohne es zu bemerken, durch das einst so übel berüchtigte Bingerloch hindurchgeglitten. Das eigentliche sagen- und märchenreiche Rheinthal nahm uns jetzt auf, wo der mächtige Strom, von hohen Felsen eingeengt, oft über Klippen brausend da-

Aquatinta von Salathé

Koblenz mit Feste Ehrenbreitstein

hinwogt und von beiden Seiten graue Denkmäler einer rauhen, düstern Vorzeit auf die Schiffenden ernst hinabschauen. Doch der Steuermann kennt seinen Weg, und verfolgt ihn mit verdoppelter Aufmerksamkeit. Die wilde romantische Schönheit dieses Theiles der Rheinufer hat schwerlich ihres Gleichen, aber sie ist so oft und so umständlich beschrieben, daß, hier wie beim Rheingau, Alles, was ich noch darüber sagen könnte, ein nicht zu entschuldigender Ueberfluß und deshalb vom Uebel wäre.

Immer herrlicher entfaltete sich vor uns eine der reichsten und schönsten Landschaften in Deutschland, als wir gegen die Mittagsstunde uns Koblenz näherten. Zuerst sehen wir die Lahn, dann die Mosel in den Rhein sich ergießen, und endlich Koblenz, das vom Rhein aus gesehen recht imposant erscheint. Das in großem edeln Styl, von dem letzten Kurfürsten von Trier erbaute Residenzschloß, dessen schöner Façade man es glücklicherweise nicht ansieht, wie sehr es durch seine jetzige Bestimmung an innerer Pracht und Eleganz verloren, die Reihe hübscher Häuser längst dem Rhein, dann die schöne Kirche zum heil. Castor mit ihren beiden schlanken Thürmen, die breite zum Rhein hinabführende Treppe, deren Stufen alle von Neugierigen wimmelten, die dort standen, um das Dampfschiff zu sehen, die neue nach Thal Ehrenbreitstein über den Rhein führende Schiffsbrücke, der steile hohe Ehrenbreitstein selbst, dessen Gipfel die nun vollendeten, einem Riesenwerk fabelhafter Vorzeit ähnlichen Festungswerke krönen: alles Dieses zusammengenommen erweckt auf den ersten Anblick einen Vorbegriff von Größe und Schönheit der Stadt, dem sie mit ihren engen, zum Theil winklichen Gassen bei näherer Bekanntschaft nicht völlig entspricht.

Das Dampfschiff legte am Quai an, die Fahrt wurde länger als gewöhnlich gehemmt, und wir gewannen dadurch Zeit, die unbeschreiblich schöne Umgegend in allen ihren Einzelheiten zu betrachten. Auch der bis dahin noch immer frühstückende Engländer kam wieder auf das Verdeck hinauf, sah verwundert sich um, fragte, was das für ein Platz wäre, stampfte ärgerlich mit dem Fuße, als er Koblenz nennen hörte, und ging wieder hinunter. Die Scenerei zwischen Bingen und Koblenz war richtig verfrühstückt und alles Uebrige unbesehens ihm des Anschauens nicht werth.

Schöner noch erschien uns, als wir weiter schifften, der Rückblick auf Koblenz, auf den hohen Ehrenbreitstein, auf die prächtigen Windungen des Stromes, der Segen verbreitend durch reiche Fluren sich ergießt. Die Berge ziehen zu beiden Seiten sich zurück, Thal und Strom werden breiter, und Dörfer, Flecken, einzelne große Gebäude, dicht neben einander gesäet, deuten auf ein reges, arbeitsfrohes Leben der fleißigen Bewohner dieser von der Natur hochbegünstigten Strecke Landes.

Nicht lange währte es, bis wir abermals am Quai von Neuwied auf einige Minuten anlegten. Eine weite fruchtbar blühende, von schönen Bergen umkränzte

Ebene umgibt von der Landseite die hart am Rhein erbaute gewerbsame Stadt. Auch hier, wie bei Koblenz, führt eine breite steinerne Treppe vom Ufer bis hinab an den Strom, und auch diese war von Zuschauern dicht besetzt. Schon während der ganzen Fahrt hatten wir nicht ohne Verwunderung bemerkt, wie überall die Leute zusammenliefen, um eine Erscheinung zu sehen, die, so lange die Jahreszeit es erlaubt, täglich zweimal an ihnen vorübereilt. Wir freuten uns der lebensreichen Staffage, die dem großen Panorama einen Reiz mehr gewährt. Die Neuheit des Anblicks kann es schwerlich noch sein, was alle diese Leute herbeilockt, wol aber das wunderbar Seltsame eines mit wohlgekleideten Herrn und Damen besetzten Gebäudes, das wie durch eigene Kraft in reißender Schnelle, sausend und brausend einhertobt. Der Anblick der mit furchtbarer Gewalt die schäumenden Fluthen durchwühlenden Räder unter dem Schiffe hat sogar etwas Grausenhaftes, an Zauberei und Hexenkraft Erinnerndes, das man aber auf dem Dampfschiffe selbst nicht gewahr wird und auch nicht zu bemerken suchen soll. Vor etwa zwei Jahren, erzählte man mir, bog ein junger unbekannter Mann, auf der Fahrt zwischen Köln und Düsseldorf, sich weit über das Geländer des Verdecks, um dem gewaltigen Umschwunge der durch den Dampf getriebenen Räder zuzusehen; er verlor das Gleichgewicht, stürzte in den Rhein, und nach wenig Secunden sah man seine zerrissenen zermalmten Glieder einzeln auf der blutgefärbten Fluth stromabwärts treiben. Ein Geschick, grausenhaft genug, um vor ähnlicher Unvorsichtigkeit zu warnen, das aber übrigens bei jeder gewöhnlichen Mühle ihn hätte treffen können und auch Manchen trifft.

Erfreulich war es mir zu bemerken, wie die längs dem Rheinufer wohnenden Schiffer sich mit der neuen Erfindung völlig versöhnt haben, die sie anfangs mit wüthendem Haß verfolgten und verwünschten.

Vor vier Jahren, als der erste nicht ganz gelingende Versuch gemacht wurde, mit dem Dampfschiffe stromaufwärts von Köln nach Mainz zu fahren, stand ich in Eltville mitten unter den Einwohnern am Ufer, um die niegesehene Erscheinung zu erwarten. Die Schiffer äußerten laut ihre Freude über die um mehrere Stunden sich verspätende Ankunft des Dampfschiffes; die sich unter ihnen verbreitende Nachricht, daß der gefürchtete Feind ihres jetzigen Wohlstandes im Bingerloche stecken geblieben und nur mit Hülfe einer großen Anzahl Menschen an Seilen hindurchgezogen worden sei, erregte allgemeinen Jubel. Endlich zeigte das Dampfschiff sich in der Gegend des Johannisberges, und der Spott in ihren Gesichtern ging in trüben Ernst über, als sie gewahr wurden, mit welcher Schnelligkeit und Kraft es die widerstrebenden Gewässer stromaufwärts überwand. Es nahm, wie auch jetzt noch, den Weg am linken Ufer, hinter der Petersaue weg, und außer dem Dampfe war wenig davon zu unterscheiden. Die Männer betrachteten es mit finsterem Gesicht und drohender Geberde, als sie es im Hafen von Mainz einlaufen sahen, die Weiber klagten und weinten.

»Die Hände abhacken sollte man Denen, die unsern Untergang an Seilen hereinzogen; in den Grund bohren hätten sie es sollen, das Unglücksschiff,« rief laut ein sehr alter eisgrauer Schiffer, der bis dahin nahe bei mir auf einem Steine schweigend gesessen. Alle stimmten ihm bei, der Allen wohlbekannte Name eines Schiffers, der sich zur Leitung des Dampfschiffes hatte dingen lassen, wurde mit bittern Scheltworten verwünscht, als hätte der Mann damit ein ungeheures Verbrechen begangen.

Jetzt ist die allgemeine Stimmung durchaus umgewandelt, die Rheinbewohner sind ein lebensfrohes, gutmüthiges und dabei verständiges Völkchen, sie sehen, daß ihre Fahrzeuge nach wie vor den Rhein nach allen Richtungen befahren, der nie belebter war als eben jetzt, und es immer mehr werden wird. Das Dampfschiff bringt Vielen unter ihnen einen vielleicht nicht sehr bedeutenden, aber dafür sicheren Verdienst, und sie lassen sich auch die Vortheile gern gefallen, welche die seit der Einführung desselben unendlich vermehrte Anzahl der Reisenden auf mannigfache Weise ihnen verschafft.

Eine bis dahin mir unbekannt gebliebene Welt ging hinter Neuwied mir auf, das früher das äußerste Ziel meiner Rheinreisen geblieben war. Den schönsten interessantesten Theil der Fahrt glaubte ihr hinter mir zu haben, und entdeckte mit großer Freude, wie sehr ich geirrt. Die Gegend zwischen Neuwied vereint im holdesten Wechsel die unbeschreibliche Heiterkeit des Rheingaues mit der erhabenen wilden Pracht des eigentlichen Rheinthales zwischen Bingen und Koblenz. Zahlreiche Städtchen und Dörfer beleben die in üppiger Vegetation prangenden Ufer, bald öffnet sich eine reichangebaute Ebene, von schönen Weinbergen umkränzt, bald verengen steile, wunderbar geformte hohe Felsen die Ufer, dann kommen wieder kleine grünende Inseln. Wo nur zwischen den Felsengruppen ein ebenes Plätzchen sich findet, hat der fleißige Winzer seine Reben gepflanzt, zu denen er mühsam, bis zu unbegreiflicher Höhe, das Erdreich, dessen sie bedürfen, auf seinem Rücken in Körben hinaufträgt. Obst- und Weingärten ziehen am Fuße der hohen Felsen sich hinauf, deren Scheitel Busch und Wald bekränzen. Es fehlt weder an alten Bergruinen noch ehemaligen Klöstern, um der Gegend ein noch höheres Interesse zu verleihen. Und zwischen all' dieser Herrlichkeit windet der majestätische Rhein, bald still dahinströmend, bald über Klippen und Gestein wild einherbrausend in noch weiteren malerischen Bogen sich hindurch.

Bald hinter Neuwied rief leider die unerbittliche Tischglocke uns hinunter in die Kajüte. Unser Bitten, auf dem Verdeck servirt zu werden, war vergeblich; den sehr vernünftigen Gründen für diese Verweigerung wußten wir nichts eben so Vernünftiges entgegenzusetzen, die Nothwendigkeit gebot, und wir mußten es uns gefallen lassen, das allgemeine Schicksal zu theilen. Wir fanden unten an zwei langen Tischen zu beiden Seiten der Kajüte an sechzig bis siebenzig Gäste, die recht bequemlich Raum hatten. Die Menge und Güte der aufgetragenen Gerichte erinnerte uns wieder an die kleine Küche, in der dieses Alles bereitet worden war, und erneuerte unsere Verwunderung. Die Hitze in der Kajüte war freilich sehr drükkend; aber wo wäre sie es nicht an einem sehr warmen Sommertage in einem mit Gästen angefüllten Speisesaal? Die uns gegenüberstehenden Fenster aber und die zwischen denselben angebrachten Spiegel, in denen wir zugleich das hinter unserem Rücken vorüberziehende Ufer erblickten, machten, wenn wir zu ihnen aufsahen, einen sonderbaren schwindelartigen Eindruck. Während es, wie bei jedem schnellen Fortbewegen, uns schien, als ob wir stille ständen, sahen wir Häuser und Felsen und Bäume wie im Fluge an uns vorübergehen. Der Rahmen der Fenster wie der Spiegel zerschnitt die Landschaft, von der wir immer nur ein kleines abgerissenes Stück erblickten; wir sahen zu viel und zu wenig, die Aussicht aus den Fenstern und die Spiegelbilder flossen wunderlich ineinander, sodaß wir in dieser Verworrenheit kaum noch zu unterscheiden wußten, was Bild, was Wirklichkeit sei.

Die Tafel war noch lange nicht aufgehoben, als wir schon wieder oben auf dem Verdecke standen. Wir langten eben zu rechter Zeit dort an, um noch einen Blick auf Andernach zu werfen, worauf ich mich besonders gefreut hatte. Doch diese Ansicht war die einzige, die meine durch Reisebeschreibungen wahrscheinlich zu hoch gespannte Erwartung nicht ganz befriedigte. So malerisch, so romantisch schön die Umgegend von Andernach in der Nähe sein soll, so reich an pittoresken Ruinen, alten Ritterburgen, an wilden vulkanischem Geklüfte, an schönen Thalgründen, so merkwürdig sie für den Geologen auch ist, in der Entfernung, in welcher man, sich immer am rechten Ufer haltend, an ihr vorüberschifft, macht das Alles keinen großen Effect; denn an den mehr breiten als hohen Basaltfelsen, zwischen denen das Städtchen wie eingeklemmt zu liegen scheint, vermißt das verwöhnte Auge die kühn emporstrebende malerische Form des früher Gesehenen.

Hinter dem am rechten Ufer in wunderschönen Umgebungen liegenden Städtchen Linz wendet der Rhein, einen weiten Bogen bildend, sich plötzlich dem linken Ufer zu. Das rechte Ufer scheint, aus einiger Entfernung gesehen, fast in eine kleine weit vortretende Halbinsel umgebildet, an deren äußerstem Rande das kleine Städtchen Unkel dicht am Rheine sich hinzieht. Schöne Weinberge, malerische, mit Busch und Wald gekrönte Felsen umfrieden in einiger Entfernung den kleinen Ort und schützen ihn gegen den kalten Nordwind. Die zwischen demselben und dem Rhein liegende Ebene ist ein fruchtbares, wie ein

Garten angebautes Gelände, wo die Lüfte milder wehen und Alles um vierzehn Tage früher zur Blüthe und zur Reife gelangt als auf dem linken Ufer. Auch wird hier ein recht guter, dem Aarbleicher ähnlicher rother Wein gewonnen. Von dem wie die ganze Stadt etwas hochliegenden Kirchhofe, der die sehr hübsche Kirche umgibt, sowie aus den tieferliegenden Landhäusern einiger kölnischen Familien, welche meistens nur zur Zeit der Weinlese bewohnt werden, genießt man eine der schönsten Aussichten auf den mit Schiffen und Nachen belebten Rhein, auf den hohen malerischen Drachenfels und die zwischen diesem und Rolandseck liegende Insel Nonnenwerth. Die berühmten Basaltfelsen des linken Ufers und die zwischen diesen sich öffnende düstere Thalschlucht, in welcher, gleichsam in ewigem Schatten begraben, das Dörfchen Unkelbach ruht, liegen Unkel gerade gegenüber, und höher hinauf, hart am Rhein, das uralte Städtchen Remagen, nahe dabei auf einer fruchtbar grünenden Anhöhe der Apollinarisberg. Das stattliche Gebäude auf demselben war ehemals eine Propstei mit einer Kapelle, welche die Gebeine des Heiligen, dessen Namen der Hügel trägt, aufbewahrte, und zu welchem vor dem Einfall der Franzosen alljährlich am Feste des Heiligen viele tausend Wallfahrer zogen. Jetzt ist der schöne Berg das Eigenthum des allen Kunstfreunden werthen Sulpiz Boisserée, der aber, von seinen Arbeiten in München festgehalten, es für jetzt nur selten besucht.

Stromabwärts, Unkel vorüber, am Fuße hoher malerischer Felsen und herrlicher Weinberge, drängen am rechten Ufer Flecken und Dörfer und einzelne Wohnungen sich so nahe aneinander, daß sie sich fast berühren, bis zwischen dem sehr großen, wunderschön gelegenen Flecken Honneff und dem gegenüberstehenden Felsen Rolandseck der Rhein in zwei Arme sich theilt, die das schöne Eiland Nonnenwerth umfrieden. Im Schatten seiner alten hohen Nußbäume gleicht es einem in Silber gefaßten Smaragd, denn der Garten des sehr großen, in der Mitte der Insel liegenden einst prachtvollen Klosters, das seit einigen Jahren zu einem der größten Gasthöfe in Deutschland umgewandelt ist, nimmt die ganze Fläche der Insel ein. Aber die Geister der früher hier hausenden frommen Klosterfrauen, über diese Entheiligung ihres ehemaligen Wohnsitzes zürnend, scheinen gleich Rachegöttinnen alles Gedeihen von dem neuen Etablissement abzuwenden, es ruht kein Segen darauf.

Früher zog der Reiz der Neuheit, besonders an Sonntagen, viele hundert Gäste nach Nonnenwerth; die großen, auf das eleganteste neudecorirten Säle vermochten sie kaum alle zu fassen, und reiche britische Familien siedelten sich auf Monate hier an. Doch diese für den Gastwirth einst goldenen Zeiten sind nicht mehr; die Säle stehen leer, die britischen Zugvögel wenden sich anderwärts hin, höchstens trinken Sonntags unter den herrlichen Bäumen ein Paar Dutzend Menschen ihren Kaffee. Die Wirthschaft verfällt, der ungepflegte Garten verwildert, und was das Schlimmste ist, die ganze Insel droht nach und nach dem ewig an ihr zehrenden Rhein ganz zur Beute zu werden, weil nichts sie mehr gegen seine leisen aber unaufhörlichen Angriffe schützt.

Die Insel nebst dem ganzen Ameublement des sehr weitläufigen, wirklich schönen Gebäudes soll jetzt in einer Lotterie ausgespielt werden; doch der Gewinn könnte leicht in empfindlichen Verlust sich umwandeln, wenn der Gewinner nicht überschwänglich reich genug ist, um eine sehr große, gar nicht zu berechnende Summe an einen Landsitz zu verwenden, der mit großen Kosten unterhalten werden muß und nichts weiter einbringt als den Genuß der schönen Natur in einer der reizendsten Gegenden der Welt, denn die Wiederherstellung der Bollwerke rings um die Insel kann nicht umgangen werden und ist unerläßlich nothwendig.

Nur durch einen schmalen Arm des Rheins von der Insel getrennt, erhebt sich am linken Ufer über der unter ihm hinführenden Chaussee der schöne Fels Rolandseck mit den Ruinen seines uralten Schlosses, die sich aber durchaus nicht so malerisch ausnehmen, als die Reisebeschreiber es behaupten. Die beiden einzigen noch stehengebliebenen Pfeiler mit dem darauf ruhenden Querbalken sehen von unten eher einem verfallenen, etwas kolossalen Galgen ähnlich als den Ueberresten einer alten Ritterburg, die übrigens, wenn die Sage nicht lügt, aus grauer Vorzeit sich herschreibt. Roland, Neffe Kaiser Karls des Großen, soll ihr Erbauer sein, dessen Liebe zu einer gottgeweihten Jungfrau, wenn gleich aus unbekannten Gründen unter verändertem Namen, Schiller in der Ballade: »Ritter Toggenburg,« auf die Nachwelt brachte; hier, vor seinem eigends dazu erbauten Schloß Rolandseck, stand vor vielen Hunderten von Jahren der treue Ritter und schaute sehnsüchtig harrend hinunter auf Nonnenwerth, dicht unter ihm, »bis das Fenster klang;« so behauptet die allgemein unter dem Volke herrschende Tradition.

Die Aussicht dort oben ist entzückend schön, und der Besitzer des am Fuße des Felsens liegenden Gasthofes hat durch Ebenung der zum Gipfel desselben führenden Pfade und durch einige an wohlgewählten Punkten angebrachte Bänke zum Ausruhen den Zugang zu ihr sehr erleichtert. Der Mann wußte wohl, was er that; sein auch im Uebrigen wohleingerichtetes Haus ist an schönen Sommertagen einer der besuchtesten Lustorte längs dem Rhein, und die Nachbarschaft desselben mag zum Verfall der Gastwirthschaft auf der Insel nicht wenig beigetragen haben.

Gleich hinter dem Siebengebirge scheint der Rhein zu einem weiten hellschimmernden See umgewandelt, die Felsen treten zurück und werden, ihre schroffere Gestalt ablegend, zu lieblichen Weinbergen. Dem hart am Rhein belegenen Städtchen Königswinter gegenüber breitet am linken Ufer das große freundliche Dorf Mehlem mit seinen wohlgebauten Landhäusern und Gärten sich aus, und in bläulicher Ferne zeigt sich auf ihrem grünen Hügel die malerische wohlerhaltene Ruine des alten Schlosses von Godesberg.

Nahe an Mehlem, dem Geburtsort eines der vorzüglichsten altrheinischen Maler, Jan van Mehlem, von dessen Werken mehrere in der Sammlung der Herren Boisserée aufgenommen wurden, gränzt das nicht minder schöne Plittersdorf; der wohlangelegte blumenreiche Park eines zu demselben gehörenden eleganten Landhauses gewährt den Vorüberschiffenden einen sehr anmuthigen Blick auf herrliche Gruppen weitschattender Bäume und blühendes Gesträuch aus allen Zonen der Welt. Aber noch ehe wir ihn erreichten, hatte meine Scheidestunde für dieses Mal geschlagen. Zur Bequemlichkeit der Godesberg besuchenden Reisenden legt das Dampfschiff bei dem Gasthofe in Plittersdorf an, wo einige um einen festgesetzten sehr mäßigen Preis dazu bestellte Wagen bereitstehen, Jeden, der es verlangt, sammt seinem Gepäck nach dem nahen, aber vom Ufer entfernter liegenden Godesberg zu fahren. Die Glocke wurde geläutet, der bewimpelte Nachen näherte sich, die kleine Treppe am Bord wurde für mich niedergelassen; ehe ich mich dessen versah, war ich am Land, das Dampfschiff entschwand schnell meinen Blicken; ich nahm einen der nur mit einem Pferde bespannten kleinen Halbwagen, und langte in weniger als einer halben Stunde in Godesberg an, dem ersten Ziele meiner Reise.

Godesberg

Vor langen Jahren wurde in meiner Vaterstadt ein sogenanntes Liebhaberconcert allwöchentlich gegeben, das eine unverhältnißmäßig lange Pause in zwei sehr ungleiche Theile theilte. »Es geht doch nichts über ein Concert.« hörte ich damals eine junge Dame während derselben lebhaft betheuern; »es wäre mein liebstes Vergnügen, wenn nur die Musik nicht wäre!«

Jung, wie ich damals war, fiel doch dieser Wunsch seiner unaussprechlichen Naivetät wegen mir so auf, daß ich ihn nie wieder vergessen habe. In großen wie in kleinen Badeorten habe ich mich indessen später wol auf einem ähnlichen betroffen, doch ohne ihn so offen auszusprechen; das Leben hier, dachte ich zuweilen in Karlsbad, in Wiesbaden, in Schwalbach, das Leben hier wäre für einige Wochen ganz angenehm und gar nicht zu verachten, wäre nur die Brunnenkur nicht, und der Brunnenarzt, und das ewige an sich selbst und seine eigene Gesundheit denken. Ohne es zu erwarten, habe ich die Realisirung dieser Idee in Godesberg jetzt gefunden: den grünen Tisch ausgenommen, den ich gern vermisse, und die öffentlichen Bälle im Kursaal, auf denen ohnehin Niemand tanzt, findet man hier Alles, was man auch an andern Brunnenorten antrifft. Viel Gesellschaft, eine sehr hübschgefaßte Quelle, von schattigen Lauben und anmuthigen Spaziergängen umgeben, die Morgens und während der heißen Tagesstunden fleißig besucht werden; aber es fällt Niemand ein, das sehr wohlschmeckende Wasser dieses sehr unschuldigen Sauerbrunnens anders als mit Zucker und Wein zur Kühlung zu trinken, und kein Arzt, der ohnehin erst aus Bonn herbeigerufen werden müßte, wird es jemals im Ernst als Brunnenkur empfehlen.

Auch an bequem und zweckmäßig eingerichteten Badeanstalten fehlt es nicht; aber man badet in reinem puren Wasser, in recht reinlichen Badewannen von angestrichenem Blech, auch nicht nach Regel und Vorschrift, sondern nach eignem Belieben. Der Eigenthümer einer dieser Badeanstalten hat sogar seine Badezimmerchen dermaßen mit Draperien, Blumen und allerlei kleinen Porzellanfigürchen ausgeschmückt, daß man kaum Platz zum Ankleiden behält, der Blumenduft schwachen Nerven lästig wird, und man oft, ehe man sich dessen versieht, einen Dromedar, ein Paar Elephanten, oder einige Mohrenkönige neben sich in der Badewanne schwimmen hat.

Ein eigner Zauber scheint indessen auf den Aufenthalt in Godesberg einzuwirken: man kommt hin, um vielleicht vierzehn Tage lang sich der schönen Gegend mit Muße und Bequemlichkeit zu erfreuen, und bleibt länger und immer länger, ohne selbst recht zu begreifen, was uns denn hier so fesselt. Godesberg ist

Mezzotinto von T. Sutherland nach C. G. Schütz

Siebengebirge und Godesberg

eigentlich nichts weiter als ein sehr bequemer und gemüthlicher Badeaufenthalt, auch benutzen viele Familien aus benachbarten Städten, aus Krefeld, Düsseldorf, Elberfeld es Wochen und Monate lang als solchen, die dann freilich sehr zusammenhalten und gewissermaßen einen Staat im Staate bilden. Aber auch an Fremden aus entfernteren Gegenden Deutschlands fehlt es nicht, nicht an Holländern, Brabantern, vor Allem nicht an Engländern; denn wo träfe man die jetzt nicht an! Den Morgen bringt man nach eigner Wahl in völlig ungestörter Freiheit zu; nach ein Uhr versammeln sich die Gäste des Hauses nebst den eben aus der Umgegend hinzukommenden Besuchern um die sehr reichlich und gut besetzte Mittagstafel; wer sich geneigt fühlt Bekanntschaften anzuknüpfen, läßt seine Tasse Kaffee nach Tische sich vor die Hausthüre tragen, wo der größte Theil der Gesellschaft sich dann versammelt; wer still vor sich hin leben will, trinkt ihn in seinem Zimmer, oder in einer entfernten Laube des hinter dem Hause belegenen Gartens. Bei bösem Wetter tritt ein artiger Salon, welchen die Gesellschaft gemeinschaftlich benutzt, an die Stelle des Platzes vor der Hausthüre; man sitzt beisammen, man schwatzt von Diesem und Dem, beobachtet die fortwährend herbeirollenden Wagen und wird oft durch die unerwartete Ankunft lieber Freunde und Bekannten aus Bonn und der übrigen Nachbarschaft angenehm überrascht. Sind die heißen Nachmittagsstunden überstanden, so geht oder fährt man spazieren, allein oder in Gesellschaft, wie man will; zuweilen werden auch gemeinschaftliche größere Landpartien in die herrliche Umgegend oder zum Ersteigen irgend eines Berges im Siebengebirge verabredet und ausgeführt. So vergeht in unbeschreiblicher Ruhe, im seligsten »far niente« ein Tag nach dem andern, und man erstaunt über die Zahl derselben, wenn man sie endlich zusammenrechnet. Aber gerade diese Einförmigkeit des Lebens, diese unbegränzte Freiheit nach eigenem Gefallen, unbemerkt und unbeobachtet seine Zeit hinbringen zu können, gibt dem Aufenthalte in Godesberg diesen, bei aller Schönheit der Gegend doch kaum zu erklärenden Reiz.

Sonntags freilich tritt ein geräuschvolleres Leben ein, und wer ein solches nicht liebt, pflegt diesem Tage gern auf eine oder die andre Weise hier aus dem Wege zu gehen. Bei günstigem Wetter strömen aus dem nahen Bonn und der Umgegend so viele Gäste herbei, daß der ohnehin nicht große Speisesaal zu enge wird; die Hitze in demselben wird unerträglich, und die Bedienung vermag kaum für so Viele hinlänglich zu sorgen.

Das Godesberg, von dem hier die Rede ist, besteht nur aus einer Reihe von Gebäuden, welche die Landleute in der Umgegend die weißen Häuser nennen, und die am Fuße schöner, mit Bäumen, Gebüsch, Reben und Gärten bedeckter Hügel längs einer großen breiten Terrasse sich hinstrecken. Da sie etwas hoch liegen, so nehmen diese Gebäude, von der in einiger Entfernung vorüberführenden Chaussee aus gesehen, sich recht stattlich aus. Das eigentliche recht große und hübsche Dorf Godesberg, durch welches die große Straße von Köln nach Mainz geht, liegt von diesen Häusern abgesondert seitwärts, einige hundert Schritte von denselben entfernt. Kein Fahrweg führt an den weißen Häusern vorbei, und dieses ist, des Staubes wegen, keine ihrer geringsten Annehmlichkeiten; um zu ihnen zu gelangen, muß man gleich hinter dem Dorfe von der Chaussee ab, in eine mit schattigen Obstbäumen besetzte Allee einbiegen, welche auf die vor ihnen liegende Terrasse führt.

Die ganze Reihe dieser Gebäude besteht nur aus zwei am Anfange und am Ende derselben liegenden, ziemlich ansehnlichen Gasthöfen, zwei oder drei recht artigen Landhäusern, die im Sommer von den Eigenthümern derselben bewohnt werden, und einer seitwärts nach dem Dorfe zu erbauten, recht stattlichen Villa. Fast alle diese Gebäude verdanken ihre Entstehung dem letzten, Pracht und Eleganz liebenden Kurfürsten. Die beiden, welche jetzt zu Gasthöfen umgewandelt sind, pflegte er mit seinem Hofstaat während seines Sommeraufenthalts in Godesberg, das er sehr liebte, selbst zu bewohnen; späterhin schenkte er sie zweien alten Dienern, um sie zu ihrem jetzigen Zwecke zu benutzen und auf diese Weise nicht nur durch ein hinlängliches Auskommen vieljährige treue Dienste zu belohnen, sondern auch dem größern Publikum einen angenehmen Erholungsort zu verschaffen. Eines der Landhäuser, die jetzt Privateigenthum sind, war zu Zeiten des Kurfürsten ein kleines Theater; die größere, wirklich sehr elegante Villa aber war zu Festen und Bällen eingerichtet und wurde damals die Redoute genannt.

Unbeschreiblich anmuthig ist die Gegend ringsumher; wohin das Auge sich wendet, überschaut es ein fruchtbar angebautes herrliches Land, prangend im höchsten Reiz der üppigsten Vegetation. Die ganze Gegend zwischen Honneff und Plittersdorf, mit allen zwischen beiden liegenden Ortschaften, bildet das köstlichste Panorama. Der Rhein fließt zu tief, um von Godesberg aus gesehen zu werden, man glaubt eine ununterbrochene, sanft abhängige Ebene vor sich zu haben, durch welche in einiger Entfernung die stets belebte große Heerstraße sich hindurchwindet, und nur der vom Dampfschiff aufsteigende Rauch, oder das hochstehende Segel eines Schiffes verräth zuweilen das Dasein des ungesehen sie unterbrechenden Stromes.

Das Siebengebirge, vor allem der prächtige Drachenfels mit seiner pittoresken Ruine, begränzen rechts hinter Honneff die köstliche Aussicht. Wenn die Sonne sinkt, die kühnen Contours des Gebirges, vom Abendstrahl geröthet, aus dem dunkleren Blau des Himmels kräftiger hervortreten, dann steigt der feuchte Duft aus dem Rheine auf, und hüllt die Ferne und die Berge in jenen bläulich violetten durchsichtigen Schleier, den wir auf italienischen Landschaften als eine nur dem wärmeren Süden angehörende Erscheinung bewundern. Wenn nun der Abend völlig hereinbricht, dann ruft das Glockengeläute aus den nahen und ferneren Ortschaften die von der Feldarbeit Heimkehrenden zum Abendgebet, und zittert in bebenden, unbeschreiblich harmonischen Tönen durch die stille Luft. Und wenn nun Alles zur Ruhe ist, und später der Vollmond hinter dem Drachenfels aufsteigt, und ehe er ganz sich zeiget, durch die weite Fensterlücke der Ruine auf die untenschlummernden Gefilde, wie eine lächelnde Mutter auf ihr sanftschlafendes Kind niederblickt, dann wird es so still in der Menschenbrust wie draußen in der Natur, und himmlischer Gottesfrieden verbreitet sich selbst über ein schmerzlichst verwundetes Gemüth.

Daß das Land wegen des ungleich höheren Werthes des Grundbesitzes in weit kleinere Theile eingetheilt ist als bei uns im Norden, und selbst die größeren Landgüter reicher Gutsbesitzer von bei weitem geringerem Umfange sind, das gibt ihm eben jenes reiche gartenähnliche Ansehen, das längs dem Ufer des Rheines so auffallend die Gegend verschönert. Das Feldeigenthum des eigentlichen Landmannes, der fast durchgängig vom Weinbau leben muß, ist unglaublich klein, die Früchte, die er gewinnt, reichen meistens nur zum Bedarf seines eigenen Haushaltes hin, deshalb wachsen und blühen die mannichfaltigsten Feld- und Gartenfrüchte auf den kleinen Feldern dicht neben einander und gewähren durch diese Mannichfaltigkeit einen unbeschreiblich reizenden Anblick. Auch das kleinste Fleckchen Erde hat hier bedeutenden Werth, und muß so gut als möglich benutzt werden; Rebengelände, Obstbäume, weitschattende Nußbäume stehen überall zwischen Getreidefeldern und Gemüsegärten, kein urbares Fleckchen bleibt unbebaut, und urbar ist jedes auf diesem fruchtbaren Boden, der nie der Ruhe bedarf, weshalb man auch nirgend brachliegende Felder erblickt.

Das Land bringt seinem Besitzer gewöhnlich zwei Ernten in einem Jahre, zuweilen auch drei, je nachdem es bebaut wird; den Erbsen folgen unmittelbar Kohlpflanzen und ähnliche Küchengewächse, und kaum ist der Roggen in die Scheuer gebracht, so wird das Stoppelfeld umgepflügt und mit Rüben besäet. So geht es immerfort im ewigen Kreislauf. Die allernährende Erde hört nie auf, den Fleiß dieser arbeitsamen Menschen mit ihrem reichsten Segen zu belohnen; vom Februar bis tief in den November hinein grünen Feld und Garten und bringen Früchte, nirgend ein sichtbarer Stillstand in dem wohlthätigen Walten der Natur.

Wiesen sieht man selten, dazu ist der Boden zu kostbar, aber destomehr üppig gedeihende Kleefelder, deren Duft nebst dem der blühenden Bohnenfelder sich im Juni mit dem der blühenden Reben vereint und das ganze Land mit berauschendem Wohlgeruch erfüllt.

Nur Eines vermißte ich ungern in diesem sonst so reich ausgestatteten Lande, die Pracht der grünen weitschattenden Wälder und einzelner hoch zum Himmel aufragender alter Bäume. Was man hier Wald nennt, ist nur Gebüsch mit wenigen höheren Bäumen untermischt, bei denen man an die majestätischen Eichen, die hohen prächtigen Buchen des nördlichen Deutschlands gar nicht denken darf. Wären die Steinkohlengruben in der weniger von der Natur begabten Nachbarschaft des Niederrheins nicht, man könnte, unerachtet des wärmeren Klimas, hier im Winter aus Mangel an Holz zu erfrieren fürchten; doch durch diese ist auch für dieses Bedürfniß von der diesem Lande besonders günstigen Erhalterin aller Wesen reichlich gesorgt, selbst für den ärmsten Bewohner desselben, indem sie Schifffahrt auf dem Rhein den Transport des nöthigen, an sich sehr wohlfeilen Brennmaterials ungemein erleichtert.

Auch die lebendige Staffage der schönen buntgefleckten Kühe, der muthig den Boden stampfenden, vor Lust wiehernden Pferde auf Wiesen und im Herbste auf abgemähten Feldern, an die mein nordisches Auge von Jugend auf gewöhnt wurde, vermisse ich hier. Viehzucht wird hier nicht betrieben, die paar Kühe, welche der Landmann für seinen Hausbedarf hält, bleiben im Stalle, und wer nicht besonders darauf ausginge, könnte hier Jahre lang auf dem Lande leben, ohne eine einzige derselben zu Gesichte zu bekommen. Auch Pferde sind hier selten, zum Fuhrwerk kann man, der Nähe des Rheines wegen, sie entbehren, der Weinbauer bedarf ihrer nicht, und die Feldarbeit wird meistens durch Zugochsen betrieben, deren Anzahl unglaublich gering ist, weil ein Nachbar sie vom andern borgt, wenn er ihrer bedarf. In einzelnen Dörfern und kleinen Städtchen, wie zum Beispiel in Unkel, ist oft nur ein einziges Pferd und ein Zugochse anzutreffen. Daß die Postpferde und Equipagen der vornehmen Gutsbesitzer dabei nicht in Anschlag kommen, brauche ich wohl nicht besonders zu erwähnen.

Das Hirtenamt ist hier ein fast nicht gekanntes; nur selten sieht man am Abhange zum Weinbau untauglicher Berge eine kleine Heerde Schafe und einige Ziegen unter der Aufsicht eines Knaben weiden; nirgend wackelt eine Gesellschaft laut durcheinander schnatternder Gänse, von einem sie gouvernirenden Mädchen geführt, dem Wanderer entgegen, denen man in nördlicheren Gegenden in so zahlreicher Menge begegnet; der fruchtbare Boden bietet keine Triften für sie, und diese nützlichen Thiere werden hier wenig geachtet, da Federbetten ein dem gemeinen Mann fast unbekannter Luxus sind; nur hie und da in verschlossenen Höfen werden einige von ihnen zum Martinsbraten gezogen. Dieser völlige Mangel an Hausthieren gibt der Gegend, besonders den Dörfern, einen ganz eigenen Charakter von Abgeschiedenheit und Stille, der dem nicht daran Gewöhnten anfangs recht auffallend wird. Kein Geläute der Kuhglocken, kein

Gebrülle der ausziehenden oder heimkehrenden Heerden, keine Hirtenschalmei verkündet den Eintritt der verschiedenen Tageszeiten, wie in anderen Gegenden Deutschlands, oder wie in der Schweiz, wo die Kühe beinahe wie Glieder der Familie betrachtet und behandelt werden.

Von den beiden Gasthöfen in Godesberg muß ich noch bemerken, daß die ankommenden Wagen dem ersten und größern gewöhnlich vorüberrollen, um vor dem zweiten, dem letzten Hause in der Reihe, zu halten; und nur, wenn Herr Blinzler mit wehmüthigem Lächeln betheuert, daß bei ihm auch nicht ein einziges Kämmerchen mehr unbesetzt sei, wenden sie wieder um und kehren in dem erst verschmähten Gasthofe »zur schönen Aussicht« ein. Die Ursache davon läßt sich schwer errathen, da Preise und Bedienung in beiden Häusern ziemlich gleich sind. Noch unerklärlicher aber ist die zwischen den Bewohnern beider Häuser stattfindende Scheidung; höchst selten nur, um im andern Hause wohnende Bekannte zu besuchen, werden von ihnen die gegenseitigen Gränzen überschritten, und eine Vereinigung beider Gesellschaften, die doch recht wünschenswerth wäre, ist kaum denkbar.

Das alte Godesberger Schloß

Ich hörte einmal ein Märchen erzählen von einem hübschen jungen Riesenkinde, das, um sich einmal im Freien zu ergehen, aus der Burg seines Vaters, des Riesen, sich herausschlich. Es begegnete allerlei artigen, niegesehenen Dingen, Ochsen, Schafen, Pferden, hinter dem Pfluge gehenden Bauern, packte das Alles zusammen in seine Schürze und trug es zu seinem Vater, um ihm das niedliche, durcheinander zappelnde Spielzeug zu zeigen, das es unterweges gefunden. Der Papa ließ es aber darüber hart an und befahl ihm, jedes Ding sogleich wieder an seinen Ort zu tragen.

Dieses Märchen ist mir beim Anblick der Ruine von Schloß Godesberg oft eingefallen, denn eine zierlichere als diese, mit den ausgezackten Mauern und dem einzelnen schönen Thurm kann es kaum noch geben. Hätte das Riesenkind sie auf seinem Wege getroffen, es hätte sie gewiß mitgenommen, um sein Putzschränkchen damit zu zieren. Sie erinnert ganz an jene, bis in die kleinsten Details treuen Nachbildungen altrömischer Ruinen in Kork, durch die es möglich wurde, sogar das Coliseum als Plateau auf die Tafel zu stellen.

Wenn man diese Ruine recht betrachtet, ist es kaum möglich, sie sich anders zu denken als in ihrer jetzigen Gestalt; es ist, als wäre sie zum Schmucke der Gegend gerade so erbaut worden, als sie jetzt erscheint. Sogar der Berg, auf dem sie steht, und der dem Siebengebirge gegenüber wol nur ein Hügel genannt zu werden verdient, gleicht ganz der Idee, welche im flachen Lande aufgewachsene Kinder von einem Berge sich gewöhnlich bilden; ganz isolirt, ringsum von ebenem Lande umgeben steht er da, in schöner abgerundeter Form, erhebt die wie mit einer Mauernkrone geschmückte Scheitel hoch über das an seinem Fuße sich anschmiegende Dorf Godesberg und ist, ungeachtet seiner verhältnißmäßig geringen Höhe weit und breit im Lande zu schauen; immer, besonders im Abendlicht, bildet er einen Gesichtspunkt, auf welchem das Auge vorzugsweise gern verweilt. Die Aussicht von diesem Berge herab gehört zu den schönsten und ausgebreitetsten am Rhein, dessen Lauf zwischen den reizendsten und bebautesten Fluren man ganz übersieht, von der Wendung, die er am Fuße des Siebengebirges nimmt, bis zu der im Mittelgrund sich erhebenden Stadt Bonn, und weiter hinaus bis wo am fernen Horizonte, von Nebeln umdämmert, die alte vielgethürmte Stadt Köln sich zeigt.

Ein höchst anmuthiger Fußpfad, von wildem Gebüsch und Bäumen umschattet, führt von der Seite des Sauerbrunnens so allmälig zu der Ruine hinauf, daß man erstaunt ist, sich schon am Ziele zu finden, wenn man glaubt, daß das Steigen erst recht angehen solle. Der andere, zum Theil gepflasterte Weg vom Dorfe aus ist vielleicht etwas näher, aber viel steiler und unbequemer. Eigentlich ist er der Kirchweg, denn die kleine Kapelle, zu welcher die Einwohner von Godesberg alle Sonn- und Festtage hinaufsteigen, um die Messe zu hören, liegt ebenfalls auf dieser Höhe, etwas unterhalb der Ruine in einer Ecke, sodaß man sie von unten aus kaum gewahr wird, und rings um sie her ruhen die Todten unter ihren kleinen grasbewachsenen Hügeln von ihrem stillen arbeitsmüden Leben aus. Und wenn die Abendglocke ertönt und die sinkende Sonne mit goldenem Schimmer die niedrigen Gräber verklärt, findet man immer von der Arbeit heimkehrende Weiber und Mädchen an dieser Stätte vor dem kleinen Muttergottesbilde in stiller Andacht ihr Abendgebet halten.

Der schöne Berg war schon seit uralter Zeit ein der Anbetung des höchsten Wesens geweihter Altar, zu welchem selbst die Natur bei seiner Entstehung durch die Gestalt, die sie ihm gab, ihn bestimmt zu haben scheint. Darum heißt er auch der Godesberg oder Gottesberg, was in der hiesigen weicheren plattdeutschen Mundart die nämliche Bedeutung hat. Schon die alten Germanen hatten ihn der Verehrung ihres Gottes der Götter, Wodan, gewidmet, und ihre Opferfeuer leuchteten von der schönen Höhe weit und breit durch die Gauen.

In dem, unfern Godesberg, bei Königswinter, jenseit des Rheines belegenen alten Kloster Heisterbach, das leider, mit einer der dunkelsten Zeiten würdigen Barbarei, erst vor wenigen Jahren zerstört wurde, um die Quadersteine, aus denen es erbaut war, zu anderweitigen Bauten zu benutzen, lebte im dreizehnten Jahrhundert ein gelehrter Mönch, Cesarius van Heisterbach, aus dessen nachgelassenen Schriften hervorgeht, daß dieser Berg noch zu seiner Zeit der Wodansberg hieß, obgleich viele Jahrhunderte früher, als die Römer die Oberherrschaft über den Rhein gewonnen, Wodan dem Jupiter hatte weichen müssen und der Berg von den Römern »Mons Jovis« genannt wurde. Ein altrömischer, dem Aeskulap geweihter Votivstein, der im sechzehnten Jahrhundert auf dem Godesberge ausgegraben wurde und jetzt in Bonn in dem Museum der rheinisch-westfälischen Alterthümer bewahrt wird, beweist, daß die Römer sogar die Heilquelle bei Godesberg schon gekannt haben, die wahrscheinlich damals bedeutendere Kräfte gehabt haben mag, als in unsern Tagen. Das Christenthum vertrieb endlich der alten Götter bunt Gewimmel und Maria, die huldreiche Himmelskönigin, zog an die Stelle des Donnerers ein, wo man ihr die kleine Kapelle erbaute, in welcher die Bewohner von Godesberg sich zum Gottesdienste versammeln.

Das alte Schloß, dessen malerische Trümmer jetzt vor uns liegen, wurde im Jahre zwölfhundertzehn von Theodorich, Erzbischof zu Köln, erbaut, wahrscheinlich an der nämlichen Stelle, wo in grauer Vorzeit

Wodans Opferfeuer flammten und dem mächtigen Zeus Altäre errichtet waren. Wunderlich genug, wurde dieser Bau von dem, wegen unerlaubten Wuchers confiscirten Vermögen eines reichen Juden bestritten, wie die kölner Chronik erzählt.

Die Ruinen des Schlosses bleiben für kommende Jahrhunderte das dauernde Denkmal einer heißen, kein Opfer scheuenden Liebe. Gebhard von Truchses, Kurfürst von Köln, brachte im Jahre funfzehnhundertdreiundachtzig seine Gemahlin, die schöne Agnes, Gräfin von Mansfeld, hieher in Sicherheit, als er wegen seiner Vermählung mit ihr und seinem auf diesen folgenden Uebertritt zum protestantischen Glauben aus Köln flüchten mußte. Unter dem Schutze einer holländischen Besatzung mußte die schöne Fürstin einige Zeit ohne ihren Gemahl auf Schloß Godesberg verweilen, ihr muthiges edles Benehmen, ihre Anmuth, ihr trübes Geschick befeuerten den Muth ihrer Vertheidiger zum tapfersten Widerstande gegen den Herzog Ferdinand von Baiern, der die feste Burg lange Zeit belagert hielt, und um ihrer Herr zu werden, sie endlich unterminiren und in die Luft sprengen ließ.

Diese Mauern liegen nun schon seit beinahe zweihundert Jahren in ihrem jetzigen Zustande da, aber mitten im Verfall schwebte ein schützender Genius über sie; über den Ort, zu welchem Schönheit und Liebe einst flüchteten, durfte die Zerstörung nicht ihre voll Gewalt ausüben. Die malerische Form wurde den Trümmern wenigstens erhalten, durch die sie selbst in dieser, an Denkmälern einer rauheren Vorzeit so überreichen Gegend vor vielen andern sich auszeichnen.

Die Straße, welche, nahe am Fuße des Godesberges vorbei, von Bonn nach Remagen führt, ist eigentlich die alte »Via Aurelia«. Karl Theodor, Kurfürst von der Pfalz, war der Erste, der im Jahre siebzehnhundertachtundsechzig begann, die am linken Rheinufer hinführende Straße wegsam machen zu lassen, welche bis dahin in einem furchtbaren Zustande sich befand, sodaß Reisende, bei hohem Wasserstande des Rheines, nicht ohne Lebensgefahr sie zu passiren wagen durften. Seit dem Anfange dieses Jahrhunderts ist sie freilich unter französischer Oberherrschaft eine der schönsten Chausseen in Deutschland geworden; aber auch jener erste Versuch eines deutschen Fürsten, zu einer Zeit, wo noch wenig an dergleichen gedacht wurde, darf darüber nicht vergessen werden.

Viele Alterthümer, welche die Existenz der alten römischen Straße an der nämlichen Stelle bewiesen, kamen unter Karl Theodor bei Anlegung der neuen Straße wieder an's Tageslicht, unter andern ein römischer Meilenzeiger, dessen Inschrift bewies, daß Marc Aurel und Lucius Verus hier eine Straße hatten erbauen lassen; dieser Stein, nebst den übrigen Alterthümern, wurde nach Manheim gebracht, aber auf Veranstaltung des damaligen Ministers, Graf Gollstein, wurde die Stelle, wo er gefunden worden, durch ein Denkmal bezeichnet, das noch besteht. Interessanter wäre es freilich, wenn man den Stein an dem Platze wieder aufgestellt hätte, den er vor vielen Jahrhunderten eingenommen.

Und so wandelt man hier ewig auf klassichem Boden, man mag die Schritte hinwenden, wohin man will. Ueberbleibsel jener gewaltigen Vorzeit, während welcher die alte Weltbeherrscherin auch dieses schöne Land ihrem mächtigen Arm unterworfen hielt, werden noch immer in Feldern und Weinbergen ausgegraben, obgleich die Zahl und Bedeutung des schon Gefundenen sich kaum noch übersehen läßt. Was an größern Alterthümern, an Votivsteinen, Denkmälern, Säulen, Basreliefs sich noch vorfindet, wird mit Sorgfalt gesammelt und nach Bonn in das Museum gebracht; doch Münzen, Hausgeräthe, Schmuck und kleine Götterbilder aus Bronze werden häufig der Aufmerksamkeit der darüber Wachenden entzogen und kommen, ob um geringen Preis, in die Hände der Liebhaber und Sammler, deren Anzahl in diesem Lande nicht unbedeutend ist. Dieser Misbrauch, wie Manche ihn vielleicht nennen würden, hat doch auch seine gute und lobenswerthe Seite, das Interesse an Kunst und Alterthum wird dadurch wach erhalten und verbreitet; und merkwürdige Stücke machen, einzeln gesehen, einen weit größeren, lebendigeren und bleibenderen Eindruck, als wenn man gezwungen ist, sie in einer großen öffentlichen Sammlung kaum obenhin zu betrachten.

Viele von den kleineren Antiquitäten, die in diesen Gegenden gefunden worden, sind von seltener Schönheit und höchst beachtenswerth, sowol durch ihre Form als durch die Vollendung, mit der sie gearbeitet sind. So sah ich in den Händen eines Kunstfreundes aus der Umgegend, der alljährlich den Sommer in Godesberg zubringt, mehrere äußerst merkwürdige Isisbilder von Bronze, die auf den Feldern ringsumher gelegentlich ausgegraben worden waren, unter andern auch eine sehr elegant geformte Lampe, die man gleich, sowie sie da ist, an dem nämlichen zierlichen Kettchen in seinem Schreibecabinete aufhängen könnte, an welchem sie hing, als sie vor mehr als tausend Jahren den Herd einer alten Römerin beleuchtete. Selbst das kleine Zängelchen zum Aufschüren des Dochtes hängt noch an seinem Kettchen.

Eines seltenen Werkes aus einer späteren, aber uns doch immer noch sehr fernliegenden Zeit, welches der nämliche eben erwähnte Kunstfreund besitzt und es so hoch hält, daß er fast nie sich davon trennt, muß ich hier noch gedenken, einer ganz durchaus wohlerhaltenen Abschrift der Bibel aus dem neunten Jahrhundert, wie vielleicht keine königliche oder fürstliche Bibliothek eine merkwürdigere aufzuweisen hat. Rabanus Maurus, Abt zu Fulda, späterhin Erzbischof von Mainz, der im Jahre achthundertsechsundfunfzig am vierten Februar gestorben ist, machte mit diesem kostbaren Werke dem Kaiser Ludwig dem Deutschen ein für jene Zeit wahrhaft fürstliches Gechenk, als ihn derselbe in seiner Abtei zu Fulda besuchte. Rabanus war ein hochgelehrter Mann und dabei der berühmteste Theolog seiner Zeit, aber er war auch zugleich ein eifriger Freund und Beförderer der Kunst und suchte, von seinem eigenen Genie geleitet, sie aus dem Dunkel aufzureißen, in welchem sie in jener düstern Zeit tief versunken lag. Er bemühte sich mit großem Ernst, seine Kirche mit Kunstwerken aus Metall, mit kunstvoll gearbeitetem Schnitzwerk, mit aus Silber und Gold getriebenem und mit Edelsteinen besetztem Kirchengeräthe zu schmücken, hielt aber vor Allem seine ihm untergebenen Mönche zum Fleiße und zur Erweiterung ihrer Kenntnisse an. Unter seiner Aufsicht und Leitung wurden sie im Schönschreiben und in der damals zur Verzierung der Andachtsbücher üblichen Miniaturmalerei unterrichtet, und die Werke dieser von ihm gestifteten Schule werden noch heutiges Tages von Kennern hochgehalten und in großen Bibliotheken als seltene Denkmäler jener Zeit sorgfältig aufbewahrt.

Der berühmteste Zögling des Abtes Rabanus war Ottfried, der schon damals die Bücher der Evangelisten ins Deutsche übersetzte, und von dessen Hand die kaiserliche Bibliothek in Wien ein seltenes Manuscript, verschiedene Poesien enthaltend, aufbewahrt, deren viertes Buch mit einem Miniaturbilde geschmückt ist.

In Hinsicht auf Kalligraphie ist die Bibel, von der hier die Rede ist, ein Werk von ausgezeichneter Vortrefflichkeit. Daß es die Leistung eines Einzelnen sei, ist nicht denkbar; der angestrengteste Fleiß eines halben Menschenalters würde kaum zu dieser Arbeit hingereicht haben; gewiß haben Mehrere sich dazu vereint, und dennoch stehen die Zeilen, die einzelnen Worte, jeder Buchstabe in vollkommenster Regelmäßigkeit nebeneinander auf dem reinen Pergament, nirgend ist die kleinste Abänderung der Handschrift bemerkbar, nicht die geringste Abweichung von der einmal angenommenen Form; Alles ist wie aus einem Guß, als wäre es von der nämlichen Hand, in der nämlichen Stunde, mit der nämlichen Feder angefangen und vollendet.

Das Manuscript hat kein Titelblatt, denn diese waren in jener frühen Zeit noch nicht gebräuchlich; die an Kaiser Ludwig gerichtete Zueignung, durch welche Abt Rabanus jenem Fürsten dieses sein Prachtgeschenk widmete, steht mitten im Buch, ohne durch irgend ein Unterscheidungszeichen von dem eigentlichen Texte und Inhalt getrennt zu sein, denn so war der unbehülfliche Gebrauch jener alten, von unserer jetzigen Cultur weit entfernten Zeit. Dieses, sowie das ganze Aeußere des jetzt fast tausendjährigen Buches spricht für das hohe Alter und für die Echtheit desselben. Die nach alter Art sauber ausgemalten Anfangsbuchstaben der Kapitel, die zum Theil recht geschmackvoll erdachten arabeskenartigen Verzierungen, längs dem Rande mehrerer Blätter, die größern und kleinen, zum Theil sehr figurenreich componirten zahlreichen Miniaturgemälde strahlen im frischen Glanz des Goldes, des Purpurs, des schönsten Blau, und überhaupt der wohlerhaltensten Farbenpracht. Die Gemälde tragen freilich das Gepräge des damals herrschenden byzantinischen Styls; einige davon zeichnen zwar durch bessere Erfindung und naturgemäßere Zeichnung sich aus, die meisten aber gränzen an das Groteske und Fratzenhafte. In Hinsicht der sorgfältigen Ausführung aber sind alle diese kleinen Bilder bewundernswerth, und die Darstellungen der Gebräuche, des Costüms in der Kleidung, wie in der Einrichtung der Wohnungen und des häuslichen Lebens unserer Urgroßväter in jener grauen Vorzeit, gewähren ihnen ein eigenes, immer lebhafter werdendes Interesse, je länger man bei ihnen verweilt.

Eine Sammlung bedeutender Gemälde, aus der frühesten wie aus der späteren Zeit, seit dem Wiedererwachen der Kunst, und die ich noch die Freude hatte, zu sehen, ist seit wenigen Monaten nicht nur für Godesberg, sondern auch für Deutschland, ja sogar für die Freunde der Kunst auf immer verloren. Sie befand sich in jener Villa, deren ich früher erwähnte, als das Eigenthum des Besitzers derselben, eines angesehenen, aus diesen Gegenden stammenden, aber seit vielen Jahren in London etablirten Kaufmanns. Die Familie desselben pflegte alljährlich die Sommermonate in ihrem schönen Besitzthum in Godesberg zuzubringen, hat dieses seit Kurzen aber aufgegeben, und die Gemäldesammlung ist eingepackt und nach England abgeführt worden, um dort mit einer zweiten vereinigt zu werden, die Herr Aders in London schon besaß, und die ebenfalls besonders reich an Meisterwerken altniederrheinischer Maler sein soll.

Dieser an unserem Vaterlande verübte Raub, wenn ich mir erlauben darf ihn so zu nennen, hat wenigstens das freilich etwas zweideutige Verdienst, England zuerst mit der, selbst von uns Deutschen nur seit einigen Jahren neuentdeckten altdeutschen Schule bekannt zu machen, von deren Existenz die Kunstkenner jenes Landes bis dahin wenig oder gar nichts erfahren. Der König von England selbst soll über eine fast gleichzeitige Copie von Johann von Eyck's berühmtem genter Bilde entzückt gewesen sein, welche unter Herrn Aders Gemälden in London sich befindet, und die von Kennern noch der altberühmten vorgezogen wird, die von dem großen Meister, Michael Coxies, für den König von Spanien, Philipp den zweiten, gemalt wurde. Daß die ganze fashionable Welt in London das Entzücken des Königs theilen wird, steht kaum zu bezweifeln, und weh' uns, wenn die altdeutschen Gemälde in England Mode werden sollten, wie früher die chinesischen Pagoden und das altjapanische Porzellan in all' ihrer Unform es waren! wie würden die englischen Guineen unsere alten Meisterbilder von dannen ziehen, um auf jener Insel in den prächtigen Villen der Reichen und Großen in starrer Abgeschiedenheit begraben zu werden!

Doch wahrscheinlich werden unsere Kunsthändler

eben so gut als die italienischen es lernen, manchen van Eyck, Hemmling und Schoreel nach England überzuschiffen, der in Hinsicht auf Originalität mit der Mehrzahl des Rafael's, Correggio's und Tizian's in einer Reihe zu stehen verdient, welche um theures Geld die Gemäldesammlungen in England schmükken, und dieses bleibt im gefürchteten Fall dennoch immer ein kleiner Trost.

Nur Eines der vielen sehr werthvollen altdeutschen Gemälde in der godesberger Sammlung will ich erwähnen, weil es das einzige ist, welches meines Wissens der kunstreichen Hand der Schwester beider van Eyck's, der jungfräulichen Künstlerin Margareth zugeschrieben wird. Hier mit Gewißheit über die Echtheit des Bildes zu entscheiden, ist beinahe unmöglich; daß es unmittelbar aus van Eyck's Schule hervorgegangen ist, verbürgen die Behandlung der Farben und die schöne fleißige Ausführung auch der kleinsten Einzelheiten. Die Wahl des heitern Gegenstandes aber beweist nicht nur den reinsten Künstlersinn, sondern ist auch einem jungfräulichen, zartfühlenden Gemüthe völlig angemessen. Es stellt die Mutter Gottes mit dem Kinde vor, wie sie, in einer offenen Gartenhalle sitzend, von lieblichen Engeln bedient wird, welche Blumen und Früchte ihr darbieten.

Von den neueren Gemälden will ich aus der bedeutenden Anzahl derselben nur zwei sehr schöne Landschaften von Ruisdael erwähnen, einen Lazaroni-Knaben von Murillo, der sich im Tabackrauchen versucht; vier Apostel, von Boracino da Cremona, einem Schüler des Perugino. Auch zwei kleine Oelgemälde des fantastischen Callot waren gar lustig und wunderlich anzuschauen, auf denen von zahllosen kleinen Figürchen allerlei kecker Muthwille getrieben wird. Das eine derselben stellt den Einzug Christi in Jerusalem vor; das andere, wie er die Käufer, Verkäufer und Wucherer mit kräftiggeschwungener Knute zum Tempel hinaus, eine hohe Treppe hinunter, auf die Straße treibt, auf welcher indessen Diebstahl und allerlei greulicher Unfug getrieben wird.

Das Alles ist nun mit dem Dampfschiffe fort, auf Nimmerwiedersehen.

Die Reisenden unserer Zeit

Bei der jetzigen, fast epidemieartigen Reiselust, die in einem einzigen Jahre zehnmal soviel Reisende auf den Heerstraßen hin und hertreibt, als ehemals in zehnmal so langer Frist, fallen mir zweierlei Gattungen derselben besonders auf, denen man früher fast niemals begegnete: reisende Engländerinnen und reisende Kinder. Freilich vor dreißig bis vierzig Jahren, als man im größten Theil von Deutschland auf sandigen oder sonst unwegsamen Straßen sich langsam hinschleppen lassen und zufrieden sein mußte, wenn man mit Extrapost in anderthalb Stunden eine Meile zurücklegte, sich glücklich schätzte, wenn man in den Posthäusern nur eine Stunde auf frische Pferde zu warten hatte, die erst von der Feldarbeit hereingeholt wurden, und Abends im Nachtquartier erst mit Bitten oder Schelten um reine Betttücher einen Kampf mit der Gastwirthin zu bestehen hatte: damals mußte das Vergnügen des Reisens mit zu großen Aufopferungen und Unbequemlichkeiten erkauft werden, um bei unsern Großmüttern eine Sehnsucht danach aufkommen zu lassen. Sie blieben gern zu Hause bei ihren Kindern; sie ließen von ihren weitgereisten Männern sich erzählen, wie es in fremden Ländern aussähe, die sie weder kannten noch zu kennen begehrten, und das kleinliche Getreibe ihres Wohnortes war Alles, was sie von der Welt und dem Leben in ihr zu erfahren verlangten.

Eine vom Arzte verordnete Badereise nach Pyrmont, Karlsbad oder Aachen, die einzigen Bäder, die damals eigentlich recht bekannt waren, erschien ihnen fast wie ein Todesurtheil, denn eine solche Kur wurde zu jener Zeit als das letzte Mittel, als der letzte Versuch zur Lebensrettung betrachtet. Unter heißen Thränen, von den Ihrigen mit dringenden Bitten bestürmt, riß endlich dann die Mutter von ihren Kindern sich los, die mit sich zu nehmen ihr nicht in den Sinn kommen konnte, um mit Gottes Hülfe *sich ihnen* noch einige Jahre zu erhalten.

Wie so ganz anders ist das Alles jetzt geworden; die Welt ist heut zu Tage auch den Frauen aufgethan, und sie dürfen mit frischem Sinn und heiterem hellen Blick alles des Schönen und Herrlichen, was Kunst und Natur ihnen bieten, sich eine Weile erfreuen, um bei ihrer Heimkehr das Glück, das ihr häusliches Leben ihnen gewährt, um so inniger zu empfinden; denn jede Reise ist jetzt nichts weiter als eine etwas verlängerte Spazierfahrt, und wenigstens alle acht Meilen ist ein Gasthof anzutreffen, in welchem man beinahe eben so gut sich befindet, als im eigenen Hause.

Keine zärtliche Mutter braucht sich mehr eine Badereise zu versagen, um einen leichten rheumatischen Schmerz, einen hartnäckigen Schnupfen zu heilen, und vor Allem, um das namenlose unerklärbare Heer von Nervenübeln zu bekämpfen, das gleich heimtükkischen Gespenstern die Welt durchzieht, die oft ungläubig genug ist, sogar seine Existenz bezweifeln zu wollen. Eine solche Reise bedarf jetzt keiner weitläufigen Anstalten für die Verpflegung der Kinder; die lieben Kleinen werden sämmtlich mitgenommen, und lernen bei Zeiten die große Welt und ihre Vergnügungen kennen. Auch geht die Reise gewöhnlich nicht weit, in der Nähe fast jeder namhaften Stadt sind seit den letzten Jahren wunderwirkende Heilquellen entdeckt worden; sodaß es wirklich zum Verwundern ist, daß nicht alle Leute hundert Jahre alt werden, und man noch an etwas Anderem als an Altersschwäche sterben kann.

Ob aber die liebenden Mütter ihren Kindern wirklich damit einen Dienst erweisen, daß sie dieselben auf Reisen mit sich nehmen, ob die Kleinen physisch und moralisch nicht mehr dadurch verlieren als gewinnen, das ist eine andere sehr ernste Frage, die sowol der Raum, als die eigentliche Bestimmung dieser Blätter, hier umständlich zu erörtern, mir verbieten.

Aber wehe, und dreimal wehe dem Unglücklichen, den ein heimtückischer Zufall auf der Reise, oder vollends bei längerem Verweilen, neben einer solchen ambulirenden Kinderstube, Thüre an Thüre mit derselben, sein Quartier angewiesen hat! des Nachts, wenn er schlafen möchte, das Summen und Singen der Wärterin anhören muß, die dicht neben ihm seinen kleinen schreienden Nachbar einzulullen versucht, und am Tage von dem unschuldigen muntern Spielen der lieben kleinen Engel aus seinem eigenen Zimmer hinauslaufen möchte, um nur einigermaßen zur Besinnung zu kommen. Wenn er darüber unwirrsch wird und im Unmuth sogar ein klein wenig flucht, es ist ihm in der That nicht sehr zu verdenken.

Godesberg besonders wimmelt von solchen kleinen Gästen, deren Zahl bisweilen bis an zwanzig reicht, die alle im Hause wohnen; und bei aller Vorliebe für den Aufenthalt daselbst, muß ich doch gestehen, daß dieser dadurch an Annehmlichkeit nicht besonders gewinnt. Indessen mag dafür zur Entschuldigung dienen, daß Godesberg, wie ich schon früher erwähnte, von vielen, etwa eine starke Tagereise von demselben entfernt wohnenden Familien als ein Landsitz betrachtet wird, wo man gern mit, von den Seinen umgeben, einen Theil der schönen Jahreszeit zubringt; auch verweilen die Kinder den Tag über gewöhnlich mit ihren Spielen im Freien, was allerdings ihren nächsten Nachbarn eine große Erleichterung gewährt. Nur bei der Mittagstafel wird ihre große Anzahl besonders lästig, denn eine Reihe von drei bis vier Kindern, zwischen Erwachsenen eingeschaltet, kann auf die gesellige Unterhaltung nicht anders als störend einwirken. Eine besondere »table d'hôte« für die Kleinen, an der sie unter der Aufsicht ihrer Mütter eine Stunde früher als die übrige Gesellschaft, mit ihrem Alter zusagenden Speisen abgefüttert würden, wäre gewiß, sowol für die Kinder selbst, als für die übrigen Gäste, eine höchst ersprießliche und erfreuliche Anstalt.

Lästiger noch als die reisenden Kinder, sind vielleicht die reisenden englischen Familien, deren Anzahl, besonders in den Rheingegenden, an das Unglaubliche reicht, sodaß man kaum begreift, wer denn noch, außer dem Könige von England und seinem Hofstaat, dort zu Hause geblieben sein könnte.

Godesberg scheint besonders von ihnen begünstigt zu werden; frisch nach Steinkohlen duftend, wie eine englische Zeitung, langen sie mit Hilfe der Dampfböte oft am dritten oder vierten Tage, nachdem sie London verlassen, dort an und wissen, bei ihrer Unbekanntschaft mit der Sprache und Landesart, kaum wie ihnen geschehen, noch weniger, weshalb sie eigentlich gekommen. Alles erscheint ihnen seltsam und dabei grundschlecht, weil es nicht wie in England ist, und für die Leute, die so dumm sind, daß sie nicht einmal Englisch reden können, fühlen sie ordentlich ein verachtendes Mitleid.

Mehrere Stunden vor ihnen kommt der Courier auf dampfendem Pferde angesprengt, irgend ein in der Welt abgetriebener Abenteurer von der gemeinsten Art, der bei der Gelegenheit gelernt hat, sich zur Noth in mehreren Sprachen leidlich verständlich zu machen, und den sie irgendwo an der Gränze angenommen, um für sie überall das Wort zu führen. Mit wichtiger Miene und genugsamer Arroganz betritt er das Haus, läßt die Zimmer sich zeigen, tadelt Alles, fordert Vieles, was nicht zu haben ist, findet überall die Preise zu theuer, nach denen er bis in die geringsten Einzelheiten sich erkundigt, und wird am Ende doch mit dem Wirthe einig, wenn dieser die rechten gewichtigen Gründe zu finden weiß, die ihn von der Billigkeit der an ihn gerichteten Forderungen überzeugen können.

Endlich, gegen Abend kommt der große schwerbeladene Wagen nach; ein Haus auf vier Rädern, oben, hinten und vorn und an allen Seiten mit einer Menge zierlicher, genau ineinander passender Koffer und lederner Behältnisse bedeckt, die so ziemlich Alles enthalten, was man auf einer Reise um die Welt brauchen und nicht brauchen könnte, und denen man, wie dem Wagen ebenfalls, schon von Außen es ansieht, wie höchst bequem sie eingerichtet sind; denn in dergleichen bleiben die Engländer unübertroffene Meister und werden es noch lange sein. Der Wagen hält, doch Niemand sieht aus demselben heraus, der Courier eilt an den Schlag und stattet demüthig Rapport ab. Zuweilen sitzt ein Bedienter auf dem Bock, oft fehlt er auch, und der Courier vertritt im Gasthofe dessen Stelle, denn die englischen Bedienten verlassen ungern die Insel, und sind auch auf dem festen Lande nicht sonderlich brauchbar; aber die beiden englischen Kammermädchen mit großen Hüten und schottischen Mänteln fehlen nie in dem Anbau hinter dem Wagen, wo sie der Sonne, dem Regen und den von den Hinterrädern aufgewühlten Staubwolken auf das unbarmherzigste preisgegeben sind. Auch sieht man ihren mismuthigen Gesichtern deutlich es an, wie überdrüßig sie des Reisens schon jetzt sind, und wie gern sie wieder zu Hause wären.

Eine lange Pause entsteht, während welcher der Wirth ängstliches Herzklopfen empfindet, der, zwischen Furcht und Hoffnung schwebend, den Befehl erwartet, den Wagenschlag zu öffnen. Im Wagen wird deliberirt, der Courier erschöpft alle ihm zu Gebote stehende Beredtsamkeit. Endlich gibt die geöffnete Wagenthüre das Signal und Alles wird lebendig. Der Bediente springt vom Bock, die Kammermädchen klettern von ihrem Sitze herunter und schütteln den Staub aus ihren Mänteln; der Fußtritt wird niedergelassen, Mylord wälzt sich hinaus, man sieht es dem guten Mann an, wie sauer ihm das Reisevergnügen geworden; oft aber ist auch gar kein Mylord dabei, und die Damen reisen allein. Auf Mylord folgt Mylady und noch eine Lady, und nun noch ein paar Kinder, deren Erziehung auf Reisen vollendet werden soll. Denn Deutschlernen ist jetzt in England Mode; ich sah in Godesberg eine Familie mit drei oder vier Knaben und Mädchen, die den nächsten Winter in Insbruck zubringen wollte, um ihre Kinder dort in der deutschen Sprache unterrichten zu lassen.

Mit steifem Nacken und verachtendem Blicke auf uns vor der Thüre Sitzenden, die sich die Freiheit nehmen, dem Debarquement zuzusehen, zieht die

Gesellschaft in das Haus – und läßt sich nicht wieder blicken, und sollte sie Wochenlang verweilen. Nur zuweilen in der größten Mittagshitze sieht man die Damen auf dem Felde hin und her gehen, was sie einen Morgenspaziergang vor dem Frühstück nennen, oder auch mit ihrer Mappe sich niederlassen, um die Ruine zu zeichnen.

Im Hause aber wird die Gegenwart dieser Unsichtbaren um so merklicher; des Salons, der sonst der ganzen Gesellschaft offen steht, haben sie sich gleich zu ihrem Frühstück- und Speisezimmer bemächtigt; die ganze gewohnte Ordnung ist gestört, alle Hausgenossen, vom Herrn des Hauses an, bis zu den letzten Kellnerburschen hinab, sind verdrüßlich, laufen auf Treppen und Gängen durcheinander, und wissen sich weder zu rathen noch zu helfen, denn Mylord und Mylady, Kinder und Kammermädchen verlangen tausenderlei, was ihnen nicht einmal dem Namen nach bekannt ist. Obendrein sind die hohen Herrschaften mit Allem unzufrieden, finden Alles ärmlich und schmuzig und das Essen ungenießbar, weil es nicht auf englische Art bereitet ist. Sie schlafen bis gegen Mittag, verlangen das Frühstück, wenn eben das Dinee für die übrigen Gäste aufgetragen werden soll, essen spät gegen Abend zu Mittage und trinken Thee, wenn alle Welt zu Bette geht. Lauter Dinge, die sie allenfalls in den großen Hôtels großer Städte verlangen dürften, ohne allzulästig zu werden. So spinnen sie immer enger und enger in ihre gewohnte Lebensweise sich ein, und kehren genau so wieder vom festen Lande zurück wie sie hingekommen, ohne um einen einzigen Begriff reicher geworden zu sein.

Was sie am meisten fürchten, ist, von Unbekannten angeredet zu werden, deshalb bemühen sie sich, so abstoßend als möglich zu erscheinen, sobald sie unter Fremde gerathen; und wenn Jemand, sei es Mann oder Frau, sich von der treuherzig freundlichen Gewohnheit der Deutschen verleiten läßt, sie im Vorübergehen zu grüßen, so sehen sie mit einer Miene ihn an, wie etwa am Ganges ein Bramine einen Paria ansehen mag, der unerwartet ihm in den Weg kommt.

Bei alledem sind Mylord und Mylady nichts weiter, als reiche Gewürzkrämer oder Oelhändler aus der City, die ebensogut als im vergangenen Jahr ihr Nachbar der Bierbrauer, *auch* einmal auf dem festen Lande den Lord spielen wollen; was, wie sie gehört haben, mit den dazu gehörigen Guineen, die sie im Ueberfluß besitzen, gar nicht schwer hält. Die größere Hälfte der großen englischen Equipagen, welche Deutschland jetzt nach allen Richtungen durchkreuzen, ist mit Reisenden dieser Art angefüllt, die man, bei einiger Uebung, an ihren übertriebenen Forderungen und an ihrer großen Unwissenheit sogleich für Das erkennt, was sie sind; besonders aber an dem wirklich unanständigen Geiz beim Bezahlen der Rechnung im Gasthofe. Sie kommen spät Abends an, halten, ohne zu soupiren, die Leute bis zwei, drei Uhr in der Nacht mit Anordnung der Zimmer und Betten auf, die ihnen nie gut genug sind, reisen ab, ohne zu frühstücken, und wundern sich unter lautem Schimpfen und Schelten, wenn der Wirth für alle seine Mühe und Unruhe entschädigt sein will.

Die wirklich Vornehmen sind zwar nicht minder stolz, nicht minder arrogant, mit einem Wort, nicht minder nationell als ihre Nachahmer, die im Auslande sich ihnen gleichzustellen trachten, aber der Stolz steht ihnen besser, weil er ihnen natürlicher ist, und das Bewußtsein des ihnen wirklich angebornen hohen Ranges schützt sie vor der Lächerlichkeit, ihn recht auffallend zur Schau tragen zu wollen. Auch sind sie gewöhnlich schon mit den Sitten außerhalb ihrer Insel einigermaßen bekannt, die sie zum Theil selbst in ihren Kreisen angenommen haben, und werden dadurch vor zu groben Verstößen gegen dieselben bewahrt.

Uebrigens verhalten sie sich nicht minder schroff und unzugänglich gegen Unbekannte als ihre Nachahmer, und möchten, eben wie diese auch, von ihrer gewohnten Lebensweise um keinen Preis auch nur um ein Haarbreit abweichen; aber was sie ganz besonders vor denselben auszeichnet, ist die Scheu, die sie vor ihren eigenen Landsleuten bezeigen, sobald diese und ihre Abstammung ihnen nicht wenigstens dem Namen nach bekannt sind. Sie gehen jeder Annäherung derselben auf eine wirklich beleidigende Weise aus dem Wege, um nur nicht in Bekanntschaften zu gerathen, durch die sie bei ihrer Heimkehr sich compromittirt fühlen können, und lassen, bei aller ihrer abstoßenden Zurückgezogenheit, sich doch noch weit eher mit den Landeseingebornen in ein Gespräch ein, wenn die Noth sie dazu zwingt. Solch ein in der londner vornehmen Welt unbekanntes Geschöpf könnte ja nach seiner Rückkehr in London sich erdreusten, mit der Ehre ihrer Bekanntschaft groß zu thun, vielleicht gar einen Versuch wagen, sie zu besuchen und ihre Visitenliste durch seinen plebejen Namen entweihen; oder, was das Entsetzlichste wäre, in der Oper durch einen Gruß die momentane Bekanntschaft weltkundig machen!

Bonn

Für rüstige Fußgänger ist der kaum anderthalb Stunden lange Weg von Godesberg bis Bonn ein angenehmer Spaziergang, unter Obstbäumen und zwischen Weingärten hin, die nicht, wie bei Dresden, mit hohen, blendendweißen Mauern eingefaßt sind. Dicht hinter dem Dorfe Godesberg führt der Weg an einem alten gothischen Denkmal vorüber, welches in der Umgend das hohe Kreuz genannt und in hohen Ehren gehalten wird. Es wurde in der ersten Hälfte des vierzehnten Jahrhunderts errichtet, und eine dunkle Sage von einem Brudermorde, der an dieser Stätte verübt worden sein soll, geht im Lande umher. Dem Mörder, nachdem er durch Kirchenbuße und Pilgerfahrten seine schwere That abgebüßt hatte, wurde noch auferlegt, dieses Denkmal seines Verbrechens und seiner Reue auf der nämlichen Stelle erbauen zu lassen, wo sein Bruder von seiner Hand gefallen war. So wird es wenigstens erzählt.

Bonn nimmt schon von fern sehr heiter, sogar prächtig sich aus; noch schöner aber ist der Anblick der Stadt, wenn man auf dem Rheine zu ihr heranschwimmt; eine Menge kleiner Fahrzeuge und Nachen füllen den kleinen Hafen; diese und die zwischen beiden Ufern hin und her gehende fliegende Brücke bringen niestockendes Leben und Bewegung in eine der schönsten Landschaften.

Keine Universitätsstadt in Deutschland, Heidelberg ausgenommen, läßt in Hinsicht des milden Klimas, der unbeschreiblich reizenden Lage und der Art, wie die Stadt gleich beim Eintritt sich dem Auge darstellt, mit Bonn sich vergleichen. Die schöne Façade des Universitätsgebäudes, ehemals das kurfürstliche Residenzschloß, breitet am Ufer des Stromes recht imposant sich aus; über die Giebel der Häuser blicken die gothischen Thürme des ehrwürdigen Münsters hervor; die Stadt selbst liegt wie in einem Garten. Hinter der Stadt erhebt sich der Kreuzberg mit der seine Scheitel krönenden Kirche, welche ehemals zu einem Servitenkloster gehörte, das aber in neuerer Zeit abgebrochen worden ist. Am Fuße des Kreuzberges sieht man das Schloß Poppelsdorf; und den Hintergrund zu dem Allen bildet eine Reihe grüner, zum Theil waldbewachsener Hügel, die das Vorgebirge genannt wird. Höchst wahrscheinlich wurden diese, von Godesberg an, bis einige Stunden hinter Bonn in einem Halbkreise sich hinziehenden Hügel ursprünglich von dem mächtigen Strome gebildet, der jetzt in ziemlich weiter Entfernung von ihnen dahinfließt. Vielleicht füllte, einen großen See bildend, der in grauer Vorzeit mächtiger wogende Rhein die ganze jetzt so fruchtbar angebaute Ebene aus, die zwischen seinem jetzigen Ufer und jener Hügelreihe liegt; vielleicht floß nur ein Arm des Stromes an ihrem Fuße hin, der jetzt spurlos verschwunden ist. Freundliche Dörfer, schöne Landhäuser schmiegen jetzt dem Fuße jener Hügel sich an; erquickende Mineralquellen sprudeln aus dem wilden Gesteine hervor, und auf den laubbewachsenen Höhen sieht man Schlösser und ehemalige Klöster zwischen schattenden Bäumen hervorblinken. Bei aller Verschiedenheit von den eigentlichen Rheingegenden, besitzt diese Gebirgsgegend im Kleinen einen ihr ganz eigenthümlichen Reiz, der sich leichter empfinden als beschreiben läßt.

Auch an eigentlichen Spaziergängen fehlt es Bonn nicht. Selbst in den heißesten Tagesstunden bieten die hohen Laubgänge des Schloßgartens, sowie die Anlagen des sogenannten englischen Gartens erquickenden Schatten; entzückend schön ist in letzterem die Aussicht über den Rhein vom alten Zoll aus, einer ehemaligen französischen Bastei; überall, wohin man die Blicke wendet, zeigt sich die Natur in unendlicher Schönheit und Anmuth.

Vom Schloßgarten führt eine Allee von alten hohen Kastanienbäumen nach dem nur eine Viertelstunde von Bonn entfernten Poppelsdorf. Das ehemalige kurfürstliche Lustschloß daselbst ist jetzt der Naturwissenschaft geweiht; die in dieses Fach einschlagenden Sammlungen, nebst der dazu gehörigen Bibliothek, die mit jedem Jahre an Reichhaltigkeit gewinnen, sind in demselben aufgestellt; der dazu gehörige Park ist zu einem der bedeutendsten botanischen

Aquarellierte Federzeichnung von C. Steinhoff 1851

Bonn von Süden gesehen

Gärten in Deutschland umgewandelt, ohne die Schönheit der ursprünglichen Anlage desselben zu zerstören. Alles wächst und blüht und gedeiht hier unter kunstverständiger Pflege, die Pflanzen weit entfernter Länder wie die einheimischen, und man wandelt unter ihren Schatten, von ihrem Aroma umduftet, wie in einer neuen fremden Welt.

Nicht nur Bonns schöne Lage, auch die der Universität geschenkten weiten grandiosen Räume des Residenzschlosses gewähren derselben einen wirklich beneidenswerthen Vorzug. Da ist nirgend Beengung, keine Düsterheit, wie in andern ähnlichen Anstalten; die ringsumher herrschende Heiterkeit erhebt und erheitert auch den Geist und das Gemüth, und die Lehrenden wie die Lernenden empfinden den belebenden Einfluß. Alles ist in diesem Schlosse vereint: die Hörsäle, das Klinicum, welches zahllose Leidende mit dankbarem Gemüthe geheilt verlassen; die reichhaltige Bibliothek; das Museum, in welchem die in den Rheingegenden ausgegrabenen römischen Alterthümer aufbewahrt werden; eine schöne Sammlung von Gypsabgüssen nach der Antike, und vieles Andre noch, wovon ich nur die »al fresco« gemalte Aula, als einen vorzüglichen Schmuck dieses reichen Gebäudes, anführen will. Bis jetzt sind erst zwei Wände derselben vollendet, doch die beiden andern werden hoffentlich nicht mehr lange der Belebung durch Meisterhände harren müssen. Ueber die beiden vollendeten Gemälde, welche die Theologie und die Jurisprudenz darstellen, ist indessen in öffentlichen Blättern und Journalen schon soviel Lobendes und Tadelndes ausgesprochen worden, daß Alles, was ich darüber noch sagen könnte, überflüßig wäre.

Die Stadt Bonn ist übrigens nicht groß, aber sehr volkreich, sehr freundlich und heiter. Im ältesten Theile derselben, nahe am Rhein, wo meistens Schiffer, Fischer und Handwerker wohnen, gibt es freilich einige Gassen und Gäßchen, in denen kaum zwei Personen einander ausweichen können, ohne sich zu berühren; aber im besseren Theile der Stadt sind die meisten Straßen bei weitem nicht so enge und düster, als man in andern alten Städten sie gewöhnlich antrifft. Drei oder vier große Plätze mitten in der Stadt erheitern diese und tragen zugleich zur Reinigung der Luft bei.

Bonn vergrößert und verschönert sich mit jedem Jahre, die immer zunehmende Bevölkerung macht das Bedürfniß größerer neuer Wohngebäude fühlbar; es wird viel gebaut an bisher unbebaut gebliebenen Stätten, und einer besonders dazu angestellten, aus unterrichteten und sachkundigen Männern bestehenden Commission ist es übertragen darüber zu wachen, daß die Stadt durch diese neuen Gebäude nicht nur an Raum, sondern auch an Schönheit gewinne.

An öffentlichen Vergnügungen ist Bonn eigentlich arm; das Schauspielhaus, in welchem ein Theil der kölner Truppe höchstens einmal die Woche spielt, verdient kaum den Namen eines solchen, obgleich es für eine Stadt wie Bonn geräumig genug ist. Unerachtet seiner auffallenden Uneleganz werden die Bälle ebenfalls in demselben gegeben, weil in der ganzen Stadt kein anderer Ballsaal vorhanden ist; ein unerklärlicher Mangel für einen Ort, in welchem so viele junge Leute versammelt sind, dem aber bei der jetzigen Baulust hoffentlich abgeholfen werden wird.

Noch schlechter als um den Tanz, steht es um die Musik. In Familienkreisen wird sie zwar mit Liebe und Eifer gepflegt und betrieben; auch gibt es einen Singverein in Bonn, aber keine öffentlichen Concerte; wer Musik hören will, muß nach Köln gehen, wenn irgend ein berühmter Virtuose sich dort hören läßt, oder in dem dortigen Theater eine große Oper, so gut es eben gehen will, gegeben wird, denn öffentliche Concerte, an bestimmten Tagen, gibt es dort eben so wenig als in Bonn.

Dieser Mangel an öffentlichen Vergnügungen hat indessen wenigstens das Gute, daß er die häusliche Geselligkeit befördert; auch wird es wenig kleinere Städte in Deutschland geben, wo sie geistreicher und anmuthiger sich gestaltet als in Bonn. Die große Anzahl berühmter und hochgebildeter Männer, die aus allen Gegenden Deutschlands mit ihren Familien hier versammelt sind, die täglich ankommenden Fremden, die oft längere Zeit hier verweilen, verbannen jene geisttödtende Einseitigkeit, die in aus lauter Eingebornen bestehenden Zirkeln so leicht fühlbar wird. Alles Spiel ist aus Privatzirkeln verbannt; ob dieses durchaus ein Gewinn für die Gesellschaft sei, wage ich nicht zu entscheiden, Gespräch allein muß die geselligen Stunden ausfüllen, aber zum Glück dreht es sich auch noch um andre Gegenstände, als um Politik, Zeitungsnachrichten und Stadtgeschichten. Gewöhnlich wird es mit vielem Witz und guter Laune geführt, besonders wenn der Abendtisch die ganze Gesellschaft versammelt. Denn da man in Bonn allgemein schon zwischen ein und zwei Uhr zu Mittage ißt, so haben die Thées die Soupées noch nicht zu verdrängen vermocht, die von jeher die Beförderer heiterer und geistreicher Geselligkeit waren.

Köln

Kaum hat man Bonn im Rücken, so ist auch, wie durch einen Zauberschlag, alles Schöne und Herrliche verschwunden, das bis dahin am Rhein uns entzückte. Zwischen öden, kahlen und flachen Ufern wogt der prächtige Strom der ihm nahenden unwürdigen Auflösung im schmählichen Sande fast traurig und widerwillig entgegen, und dem verwöhnten Auge bietet nur selten hie und da sich ein Punkt, auf welchem es mit einigem Wohlgefallen verweilen möchte. Der Weg zu Lande von Bonn nach Köln, unerachtet der schönen Chaussee, auf welcher man in weniger als vier Stunden ihn zurücklegt, ist unbeschreiblich öde und langweilig; wir zogen daher, unerachtet des schlechten Wetters, zu unserm Weiterkommen das Dampfschiff vor; ich war nun schon muthig genug geworden, um erfahren zu wollen, wie man auch bei Regen und Sturm sich auf demselben befindet. Nachmittags gegen drei Uhr geht es von Bonn ab, und langt zwischen sechs und sieben Uhr in Köln an.

Schwarze düstre Regenwolken hingen tief herab, und ergossen sich von Zeit zu Zeit in unbarmherzigen Strömen. Der Sturmwind heulte, der zürnende Rhein jagte seine schäumenden Wellen über einander her, auf dem Schiffe selbst aber herrschte die gewohnte Ruhe, und auch nicht das kleinste Schwanken desselben wurde bemerkbar. Der Steuermann stand an seinem Posten, so ruhig, als stände er im schönsten Sonnenschein bei gänzlicher Windstille da; nirgend eine Spur jenes ängstlichen geschäftigen Treibens, das bei solchem Wetter, auch ohne den mindesten Anschein von Gefahr, auf andern Schiffen so unangenehm eintritt. Der Wind blies uns gerade entgegen, ohne den gewohnten Gang des Schiffes zu hemmen; an einen Aufenthalt auf dem Verdeck war freilich nicht zu denken; selbst das gegen Sonne und Regen schützende Zelt hatte des Sturmes wegen aufgerollt werden müssen, wir mußten hinunter in die Kajüte, und in dieser sah es allerdings nicht sehr erfreulich aus.

Das böse Stündchen nach dem Mittagsessen war eben eingetreten, während welchem man sich selten zu lebhafter Unterhaltung aufgelegt fühlt, und einige Langeweile schien die Oberherrschaft gewonnen zu haben. Die Herren und Damen saßen an den Wänden und an den Tischen umher, Einige schrieben, Andere lasen, Bekannte flüsterten leise unter einander, einige Damen strickten und nähten, ein paar Männer hatten ein stilles Eckchen zum Nachmittagsschlaf gesucht und glücklich gefunden, ein dicker ältlicher Herr, dem es damit nicht hatte gelingen wollen, seufzte jämmerlich, und gab der Gesellschaft seine Bemerkungen über die Lebensgefahr, in welcher man auf dem Dampfschiffe doch immer schwebe, zum Besten.

Im Pavillon saß eine Gesellschaft Engländer nach ihrer gewohnten Landessitte noch bei der Flasche, stritt über die Emancipation der Irrländer, ohne sich um Wind und Wetter zu bekümmern, und that unter diesen Umständen sehr wohl daran.

So strichen ein paar Stunden auf bleiernen Flügeln langsam uns vorüber. Die Nachricht, daß Köln nahe vor uns läge, trieb mich hinauf auf das Verdeck, der Regen hatte aufgehört, ein freundlicher Sonnenblick erleuchtete die Stadt. Der wahrhaft imposante Anblick derselben übertraf bei weitem meine Erwartung, soviel ich auch früher von Andern davon gehört hatte.

Der Abstand zwischen den üppigblühenden Ufern der Garonne und den öden flachen Umgebungen dieser uralten Hansestadt ist freilich sehr groß, dennoch fiel die Lage von Bordeaux mir auf das lebhafteste hier ein. Wie dort die Garonne, so bildet auch hier der sehr breite Rhein einen weiten prächtigen Bogen, um den Köln, wie Bordeaux an der Garonne, in einem großen Halbzirkel sich hinzieht, an dessen äußerem Ende der schöne alte Beienthurm steht. Haus an Haus, Giebel an Giebel, über welche die zahlreichen Thürme der vielen Kirchen emporsteigen, deren Köln in früheren Zeiten, die Kapellen mit eingerechnet, so viele in seinen Mauern eingeschlossen haben soll, als das Jahr Tage hat. In ihrer Mitte erhebt sich eine räthselhafte dunkle kolossalische Gestalt. Es scheint kein Gebäude zu sein, dafür ist es zu groß, aber auch,

Kolorierter Kupferstich von Janscha und Ziegler 1798

Ansicht der Stadt Köln
mit dem Bayenturm im Vordergrund

der zu regelmäßigen Form nach, kein isolirt dastehendes Felsenstück; es ist der Dom, dieses hohe ehrwürdige Denkmal des kühnsten Emporstrebens des menschlichen Geistes und der Unzulänglichkeit menschlicher physischer Kraft, dessen erster Anblick auf mich einen unbeschreiblich schwermüthigen Eindruck machte. Seit Jahrhunderten harrt diese ursprüngliche große Ruine der Vollendung entgegen, und wird es immer; noch steht der Krahn, an welchem die mächtigen Quadern hinaufgewunden wurden; die Arbeiter haben Feierabend gemacht, Feierabend für ewige Zeiten, und kaum vermögen ihre Urenkel noch mit großer Anstrengung das begonnene Riesenwerk vor gänzlichem Verfall zu bewahren.

Trübe wandte ich den Blick von der schmerzlich schönen Erscheinung ab, er fiel zufälligerweise auf die großen Schiffsmühlen dicht vor Köln; getäuscht durch die schnelle Bewegung, in welcher der Strom uns auf sie zuführte, kamen sie wie formlose kolossale Seeungeheuer mir vor, mit gräulichen Flügeln, die halb rudernd, halb fliegend auf uns zueilten, um uns zu empfangen, oder auch in den Grund zu segeln. Jetzt landeten wir an der Brücke, der Anblick der vielen Masten im Hafen, die vielen Nachen, die mit Obst, Gemüse und Lebensmitteln aller Art beladenen Marktschiffe, das rege, thätige Leben ringsumher erinnerte mich lebhaft an Hamburg, obgleich dieser Hafen am Rhein nur ein sehr kleines Miniaturbildchen jenes großen weltberühmten an der Elbe genannt werden darf.

Sowie wir den Fuß ans Land setzten, entstand unter den in Köln nicht einheimischen Passagieren eine Art Wettlauf. Alles eilte dem nahen Gasthofe »zum großen Rheinberge« zu. Glücklicherweise war unser Quartier vorher bestellt, sonst hätten wir schwerlich noch Raum in demselben gefunden. Der erste Blick aus dem Fenster erklärte mir am folgenden Morgen, was die Reisenden bewegt, diesen Gasthof vor den vielen andern, zum Theil weit größern und elegantern in Köln vorzugsweise zu wählen: es ist die unvergleichlich schöne Lage desselben, hart an den Ufern des Rheines. Die große schöne Schiffsbrücke, die zu dem Köln gegenüberliegenden Städtchen Deutz hinüberführt, liegt gerade vor den Fenstern, sie wird auch als Spaziergang benutzt, und ist vielleicht der angenehmste, gewiß der lebhafteste um Köln. Das nie stockende Gewimmel von Fuhrwerken und Fußgängern auf derselben, der Anblick des Stromes, dessen weitere Windung, in welcher er den Niederlanden zueilt, das Auge verfolgt; das reich angebaute Ufer, der Stadt gegenüber, das tägliche Ankommen und Abgehen der mainzer und niederländischen Dampfschiffe, das lustig sich regende Leben im Hafen, Alles dieses zusammen bietet ein stets wechselndes, mannichfaltig bewegtes Schauspiel, dessen man in den ersten Tagen nie überdrüssig werden zu können meint, und auch so leicht nicht überdrüßig wird.

Die Stadt Köln macht, wenn man ihre Straßen betritt, keinen besonders freundlichen und erheiternden Eindruck, sie ist eine seltsame Zusammensetzung von Schön und Häßlich, von Alt und Neu, wobei ersteres immer noch das Uebergewicht behält, von beklemmender Düsterheit und freundlicher Helle. In steter Furcht, überfahren zu werden, betäubt vom Lärmen der Lastträger, der Karrenschieber und aller Unlust, eines in sehr beschränkten Räumen allerlei Gewerbe treibenden Volkes, windet man sich auf schlechtem, schlüpfrigem Steinpflaster durch düstre, enge Straßen, von hohen, die Luft beengenden Giebelhäusern umgeben.

Ringsumher, und in lockender Mannichfaltigkeit, stehen in großen Läden hinter hellen Spiegelscheiben Kunstsachen und alle erdenkliche Artikel des Luxus ausgestellt, aber man wagt nicht vor denselben betrachtend zu verweilen, wie in London oder Paris, denn an Trottoirs für die Fußgänger ist hier nicht zu denken. Mit jedem Athemzuge trinkt man den erstikkenden Qualm von Thran, Oel, Leder, Unschlitt und allen möglichen Waarenartikeln ein, die ringsumher Gewölbe, Keller und Speicher anfüllen. Man biegt um eine Ecke und plötzlich ändert sich die Scene, wenngleich nicht auf lange Zeit. Breite, helle Straßen liegen vor uns, große, geräumige, zuweilen mit Bäumen besetzte Plätze und der Duft der Resede, der Rosen, des Jelängerjeliebers weht aus naheliegenden Gärten herüber, deren Köln in seinen Mauern weit mehrere und größere umschließt, als man bei der übrigens sehr engen Anlage der Stadt es erwartet.

Die Bauart der Häuser bietet das nämliche Gemisch von Alt und Neu. Die Zahl der älteren, mit der Giebelseite der Straße zugewendeten Häuser bleibt freilich noch immer bei weitem die überwiegende, aber selbst in engen Straßen, zwischen hohen und niedrigen, vielleicht mehrere Jahrhunderte alten Häusern, erheben sich im modernen Geschmack erbaute ansehnliche Wohngebäude; über die Eingangsthüre der alten Häuser steht gewöhnlich eine Art fratzenhafter Maske als Verzierung, die aus der ältesten Zeit herstammt, und vom Volke Grienkopf oder Grinnkopf genannt wird. Was aber sowol die alten wie die neuen Häuser mit einander gemein haben, sind die spiegelhell polirten Fenster mit den schneeweißen Vorhängen hinter denselben, und überhaupt die hier schon beginnende niederländische Reinlichkeit, die sich aber leider nicht bis hinaus auf die Straßen erstreckt. In Hinsicht des Straßenkothes wetteifert Köln mit Paris, der alten Lutetia, was aber in einer so lebhaften Handelsstadt, bei der Enge der meisten Straßen, nicht leicht abzuändern sein möchte. Auch müde laufen kann man sich in Köln so gut als in Paris und Berlin, und vermißt dabei schmerzlich die, selbst in mancher kleineren Stadt, auf bestimmten Plätzen immer bereitstehenden Fiacker, um bei zu großer Ermüdung oder bei einem plötzlichen Regenschauer schneller und bequemer fortkommen zu können. Wie alle kleinen Städte längs dem Rhein, streckt auch diese große, in unverhältnißmäßiger Länge zu ihrer Tiefe, sich längs dem Ufer hin, und ein Gang von einem Ende der Stadt bis zum andern dehnt sich dadurch oft zu einer kleinen Fußreise aus, die durch das unbequeme Steinpflaster sehr ermüdend werden kann.

Der kölner Dialekt im Munde des Volkes, eine Art Plattdeutsch, das aber mit der eigentlich niedersächsischen Mundart nur eine sehr entfernte Aehnlichkeit hat, noch weniger mit dem deutschen Patois der benachbarten Flammänder, scheint eine ganz eigenthümliche, für sich bestehende Sprache zu sein. Fremden, selbst Niedersachsen bleibt sie anfangs ganz unverständlich, und Keinem wird es jemals gelingen, sie sich ganz anzueignen, und gäbe er sich auch die größte Mühe darum. Eine Menge durchaus fremdartiger Worte, sowie die Physiognomie, die Gestalt und das ganze äußere Wesen der echten Kölner, deuten durch mancherlei Eigenthümlichkeiten auf eine in längst vergangenen Zeiten sich verlierende Abstammung von einem fernen Volke, von aus dem Süden eingewanderten Kolonisten; einige gelehrte Sprachkundige behaupten sogar, daß manche Worte, besonders aber Ortsbenennungen, die man täglich hier im Munde des Volkes hört, unter der nämlichen Bedeutung auch in der griechischen Sprache sich wieder antreffen lassen, worüber ich freilich nicht urtheilen kann. In Bonn und der ganzen benachbarten Gegend, bis Koblenz zu, wird zwar auch eine Art Plattdeutsch gesprochen, aber der Kölner wird doch überall an seiner Sprache erkannt, die durch eine Menge verstümmelter, ursprünglich französischer Worte, welche während der langen Oberherrschaft der Franzosen in dieselbe aufgenommen wurden, noch seltsamer wird. Anfangs erscheint diese Sprache dem nicht daran Gewöhnten sehr rauh und unangenehm, besonders da das Volk in Köln, wie in allen großen Städten, einen sehr lauten Sprachton sich angeeignet hat; doch wird man nur einigermaßen mit ihr bekannt und lernt sie verstehen, so gewinnt sie etwas ungemein Ehrliches und Treuherziges, wie alle plattdeutschen Dialekte. Verstehen und sprechen können muß diese Volkssprache jeder Einwohner von Köln, denn sie bietet das einzige Mittel, sich, selbst den nicht ganz niedern Volksklassen, verständlich zu machen und zugleich ihr Vertrauen zu gewinnen; im Munde der Gebildeten hat sie sogar eine gewisse anmuthige Naivetät, die besonders im Munde der Frauen sehr angenehm werden kann; auch ist sie aus den engeren Familienkreisen, selbst der Vornehmeren noch bei weitem nicht ganz verbannt, und Anklänge aus ihr werden selbst beim Hochdeutschen der geistreichen und gebildetsten Männer und Frauen sehr merkbar. Das Hochdeutsche im Munde der Kölner hat überhaupt etwas Fremdartiges, das aber bei weitem nicht so unangenehm breit und platt auffällt, als zum Beispiel in Oestreich; auch bedienen sie sich mancher Ausdrücke auf eine ganz eigenthümliche Weise; frägt man eine kölner Dame, bleiben Sie heute Abend zu Hause? so antwortet sie »doch« anstatt ja. Eine Hamburgerin, eine Leipzigerin setzt ihren Hut auf und thut ihren Shawl um, eine Kölnerin zieht Beides an; ein Viertel auf fünf, heißt in Köln eigentlich ein Viertel auf sechs, nämlich fünf Uhr, und noch eine Viertelstunde dazu, wodurch der Fremde oft sehr irre gemacht wird, und so gibt es der Abweichungen von der gewohnten Bedeutung der Worte hier noch unzählige. Uebrigens halten die Kölner ihre eigentliche Volkssprache sehr in Ehren; sie im Theater zu hören, macht ihnen immer viel Freude, und manches Lied wird in ihr gedichtet, besonders zur lustigen Karnevalszeit, an dem Vornehme und Niedere sich höchlich ergötzen. Einige fremdartig klingende Worte und Ausdrücke aus der eigentlichen Volkssprache, und ein Vers aus einem darin geschriebenen Gedichte mögen hier noch einen Platz finden, um einigermaßen einen Begriff von ihrem eigenthümlichen Klange zu geben.

Einige Worte im kölnischen Volksdialekt.

Amelung – zu irgend etwas Lust oder Neigung empfinden.

Klappei, Schnatterelster, Plaudertasche.

Schlabbern, vergießen.

Schlabberteut, Einer, der ungeschickt etwas vergießt.

Pollefigen, die Fersen.
Wackbroden, die Waden.
Schabau, Branntwein.
Schafvoué, Wirsingkohl.
Kunkelfusen, Umschweife.
Klüngel, Umtriebe.
Klooch, Feuerzange.
Kottörsche, eine kleine Flasche.
Schaaf, Schrank.
Döckes, oft.
Klaaf, *Kall*, Geschwätz.

Aus fremden Sprachen entlehnte Worte.

Kudiat, Wachstube, »Corps de Garde«.
Baselmanes, seinen Kratzfuß machen, aus dem Spanischen, oder von »baiser les mains«.
Jampetaatsch, Possenreißer, von »Jean-potage«.
Rodderöhnsbäsche, Riechfläschchen, von »odeurs«.
Rattekahl, gänzlich, von Radical.
Et hoof nit, es ist nicht nöthig.
Et geit dirrn, es geht fort, beim Spiel gebräuchlich.
Ekkesch, nur.
Geng, geschwinde.

Charakterbezeichnungen.

Zibbel, ein dummer Mensch.
Lellbeck, Gelbschnabel.
Schnabbeck, ein vorlauter Mensch.
Gappstock, ein Maulaffe.
Drüchleech, ein trockner Patron.
Bapergeest, ein unruhiger, ewig beschäftigter Mensch.
Wippstätz, Springinsfeld.
Raafalls, ein Habsüchtiger.
Schnüssepitter, Sauertopf, Maulhänger.
Zinternöhres, eine schlaffe, gutmüthige Seele.
Möhnegrößer, Muhmengrüßer, Schleicher.
Hannesopräch, ein langer, steifaufrecht sich haltender Mann.
Huhsküchen, eine stille, gute Hausfrau.
Hattmanns-Ann, eine unbesonnene, vielgeschäftige Frau.
Sluddermatant, *Schlampampel* } eine unordentliche Frau

Fladderhex, eine nicht eben bösartige, geschwätzige Klätscherin.
Rament, Pohei, Unruhe.
Klörekall, einfältiges Geschwätz.
Törelör, langweiliges Einerlei.
Gegiefels, heimliches Lachen oder Kichern.

Fragment

aus dem Wellkumm-Disköösch (Discours), an die Frau Venezia gerichtet, als sie vor einigen Jahren nach Köln zum Karneval kam.

He (hier) es de Faasnaach de gescheidste Zick (Zeit) em Johr;
Woröm? dann zeig der Minsch sing Geckheit sonneklohr,
Dröm (darum) sid Eer auch gezeet, un allen Oer Trabanten
Met Läuvercher (Flittern) un met Triater (Theater) Diamanten,
Un ohne Flabes (Larve); joh! besüht mer et beim Leech (Licht)
Mer dräht (man trägt) et ganze Johr' ne Flabes vörm Geseech (Gesicht)
Wat muß nit of der Minsch bei krüddelichen (krittlichen) Saachen,
Als wör et schepp un güüs (als gälte es nur schöpfen und ausgießen) doch fründlich doon un laachen.
Joh! wann mer et bedenk, mer han de Zick erleev (erlebt),
Dat mer et Geld met Papp zosammen han gekleev (geklebt),
Wat wohr dohvör (zuvor) en Zick, wat brohchen sich uns Ahlen (unsre Alten)

De Köp nit döckes (oft) öm Stadtscholden zo bezahlen
Wat het eer Kühmen (ihr Aechzen) all, eer Spaaren uns gebaat (geholfen)
De Scholden han meer noch, und neu derbei gemaat u. s. w.

Der kölner Dom

Wer kennt den kölner Dom nicht fast so gut, als hätte er selbst vor diesem Riesenbau staunend und bewundernd gestanden, seit Boisserée mit unendlich treuer Beharrlichkeit sein großes, unglaublich mühevolles Werk vollendete! Nach diesem Meister nur mit Worten, oder auch mit dem Griffel eine umständliche Darstellung desselben unternehmen zu wollen, wäre ein eben so überflüßiges als unbelohnendes, ja ein fast frevelhaftes Wagniß.

Alle Kölner, vom Vornehmsten bis zum Geringsten im Volke, hängen mit warmem Patriotismus an diesem ihren alten Meisterwerk gothischer Baukunst. Sowie er dasteht, unvollendet, durch die unglückliche Wahl der zu bald verwitternden Steinart schon bei seinem ersten Entstehen dem, um viele Jahrhunderte zu früh eingetretenen, Verfalle geweiht, ist der ehrwürdige Tempel ihnen heilig und werth; und sie wollen in unveränderter Gestalt ihn erhalten wissen. Ganz Köln kam in Bewegung, als vor einigen Jahren, bei der nur zu nothwendig gewordenen Reparatur des edeln Baues, der seit Jahrhunderten obenstehende Krahnen von dem einzigen halbvollendeten Thurme heruntergenommen wurde, und das Volk ruhte nicht eher, bis es ihn wieder an seiner alten Stelle sah, der er doch keineswegs zur besondern Zierde gereicht.

Jeder Fremde, der betrachtend vor dem Dome verweilt, findet unter den Vorübergehenden sehr bald einen freiwilligen Cicerone, der sich zu ihm gesellt, und ohne eine Belohnung dafür zu erwarten, über Alles, was er zu wissen verlangen könnte, ihm gehörige Auskunft gibt; der Kutscher, dem ich bei meiner ersten Ausflucht in Köln anbefahl, mich vor allen Dingen rings um den Dom zu fahren, machte mir ein so freundliches Gesicht, als ob ich ihm einen Kronthaler zum Trinkgelde gegeben hätte. Auch führte er seinen Auftrag, dessen Schwierigkeit ich erst später einsah, zu meiner größten Zufriedenheit aus. Es ist unmöglich, eine Uebersicht des ganzen Gebäudes zu gewinnen, wenn man nicht ein eigenes, viel Zeit und Mühe kostendes Geschäft sich daraus machen will. Der Raum, den es einnimmt, ist ungeheuer groß; man glaubt unter den Trümmern nicht einer einzigen Kirche, sondern einer ganzen, aus Palästen und Tempeln einst bestehenden Stadt darin zu wandeln. Enge Straßen, kleine Häuser drängen sich von allen Seiten an den hohen Wunderbau heran und vergönnen keine freie Ansicht desselben, und dies ist leider bei fast allen Meisterwerken altgothischer Baukunst der Fall. Selbst der prachtvolle, leider aber auch nicht vollendete Münster in Straßburg macht hiervon keine Ausnahme, und nur den, freilich weit kleineren, dafür aber auch ganz ausgebauten Münster in Freiburg kann man von allen Seiten ziemlich ungehindert betrachten.

Ehrfurchtsvolles Staunen ergriff mich beim Anblick der Außenseite des Chors, dieses einzigen, völlig ausgebauten Theiles des majestätischen Tempels; ganz allein für sich betrachtet, erscheint dieses Chor wie eine der prachtvollsten und größten Kirchen aus dem Mittelalter. Schwindelnd blickte ich an seiner himmelanstrebenden Höhe hinauf, an alle die Säulen und Säulchen, Spitzbögen und kleinen Thürme, und mit künstlich in Stein gehauenen Verzierungen geschmückten Heiligennischen und Tabernakel, die alle, neben und über einander sich erhebend, ein symmetrisches Ganze bilden, von dessen erhabener Schönheit Worte keinen Begriff zu geben vermögen. Die in unendlicher Abwechselung in einander verschlungenen Verzierungen und Ringe an den kleinen Galerien, Fenstervertiefungen, Tabernakeln, die in verschwenderischer Fülle überall angebracht sind, nehmen, von unten gesehen, wie feine Filigranarbeit sich aus, so trefflich ist Alles für den Standpunkt berechnet, für welchen es bestimmt war.

Das haben Menschenhände geschaffen! dachte ich mit freudigem Stolz. Viele tausend Hände, die der hohe klare Geist eines einzigen Meisters in Thätigkeit setzte, dessen edler Name von seinem undankbaren Zeitalter der Nachwelt leider nicht aufbewahrt wurde! Dieser Einzige vermochte den Plan zu diesem Riesenbau aufzufassen; er schwebte leitend über all' die tausend Arbeiter, die seinem Gebote folgten, ohne eigentlich zu wissen, was sie thaten; und selbst, als er längst schon von dieser Erde sich aufgeschwungen hatte, folgten nachgeborne Geschlechter, Enkel und Urenkel Derer, die unter seinen Augen hier geschafft hatten, noch über zweihundert Jahre lang seiner Vorschrift.

Ach, aber mein froher Muth sank, als ich nun weiter an dem untern, ganz unvollendeten Theil des edeln Baues vorüberkam, als ich die mit Bretern überbauten Säulen, die trauernd dastehenden Trümmer Dessen, was nie zur Vollendung gelangen konnte, überschaute, den mit unglaublichem Kunstaufwande geschmückten, noch nicht halb fertig gewordenen Thurm, diesen herrlichen Torso eines großen im Werden zertrümmerten Meisterwerks. Mir war, als stände ich am Grabe jenes ernsten hohen Kunstsinnes, der, von eitlem Schimmer technischer Fingerfertigkeit und dem leidigen Maschinenwesen erdrückt, uns schwerlich wieder aufersteht.

Keine Ruine in der Welt, nicht die tief versunkene Herrlichkeit des alten Roms, nicht Pompeji und Herkulanum, selbst nicht die Ruinen von Palmyra können, nach meinem Gefühl, einen ernsteren, schmerzlich wehmüthigern Eindruck hervorbringen, als der Anblick dieses Doms! Sie *waren* doch einst, jene Städte, jene herrlichen Paläste, jene mit den Wunderwerken bildender Kunst geschmückten Tempel. Jahrhunderte lang standen sie da, in aller ihrer Herrlichkeit, und ein hochgebildetes mächtiges Volk zog in ihren prachtvollen glänzenden Hallen ein und aus, im stolzesten Bewußtsein des Hohen und Schönen, das es geschaffen und vollendet. Dann kam auch ihre Zeit, sie sanken und fielen; aber Erblühen und Vergehen ist das unabwendbare Gesetz im Kreislauf der Zeiten, dem auch das Herrlichste auf Erden unterworfen bleibt; und über jenen Trümmern weht der Geist der Poesie und der Erinnerung, und schafft sie zu dauernden Denkmälern einer großen Vergangenheit um. Wie ganz anders aber ist es hier, wo wir das noch nicht zur Hälfte ins Dasein getretene, aus Mangel menschlicher Kraft und Ausdauer, der Zerstörung anheimgefallen sehen müssen, wo bei jedem Schritt die Nichtigkeit des Lebens, der ewig ungleiche Kampf zwischen unserm Wollen und unserm Vollbringen uns recht anschaulich entgegentritt! Jene Ruinen bleiben ewige Denkmäler menschlicher Größe; diese Trümmer stehen da, ein trauriges Monument der Wandelbarkeit und Unzulänglichkeit unsers beschränkteren Daseins, dem Geiste der Schwermuth und ernster Erinnerung an die Eitelkeit und Vergänglichkeit des menschlichen Lebens und Schaffens geweiht.

Das Innere des Doms, eigentlich des Chors, als den einzigen zum Gottesdienst eingerichteten und geweihten Theil dieses Tempels, betrat ich zuerst bei dem am Geburtstage des Königs gehaltenen feierlichen Hochamte. Ich sah ihn prangend im vollsten

Schmuck kirchlicher Herrlichkeit; Wolken von Weihrauch stiegen zu dem von feierlichen Harmonien durchrauschten Gewölbe empor; eine große Anzahl Kerzen flammte auf dem Hochaltar, alle Geistlichen waren in vollem Ornate um diesen versammelt, und neben demselben saß der Erzbischof von Köln, angethan mit allen Insignien seiner hohen Würde, auf seinem thronartig erhabenen und geschmückten Sitz. Der ganze weite Raum war mit Betenden angefüllt. Die ganze kirchliche Feier machte einen so imponierenden Eindruck, daß ich einiger Zeit bedurfte, ehe ich um mich blicken mochte, dann aber schwand all' dieser Glanz vor der hohen Herrlichkeit des Tempels selbst, in welchem sie gefeiert wurde.

Der Gedanke, daß die mächtigen Eichen und Buchen entsprießenden Laubgewölbe der alten Druidenhaine das Vorbild aller gothischen Architektur gewesen, muß an dieser Stätte mit unwiderlegbarer Wahrheit Jeden ergreifen. Gleich kräftigen Stämmen eines uralten Forstes strecken die schlanken Säulen sich himmelan, bis sie über dem Kapitäl nach allen Seiten hin, in eine Krone von Aesten sich zerspalten, von denen jeder einzelne mit dem Aste eines benachbarten Stammes sich an der Spitze verzweigt und alle zusammen die in wunderbarer Symmetrie sich in einander verschlingenden Spitzbögen bilden, aus denen das fast unabsehbar hohe Gewölbe besteht, das wahrlich wie »ein zweiter Himmel in den Himmel« sich erhebt. Die alten schönen gemalten Fenster verbreiten eine ehrwürdige Dämmerung über die betende Gemeinde, und schimmern im Sonnenschein wie aus farbigen Edelsteinen zusammengesetzt.

Nur Eines, ein Einziges, und doch gerade ein Hauptstück des Ganzen, das vor allem Andern mit der Ehrfurcht gebietenden Größe des heiligen Tempels übereinstimmen sollte, fiel unangenehm störend mir auf: der der Würde des Ortes durchaus unangemessene Hochaltar, ein zierliches verschnörkeltes Werk ganz im kleinlichen Geschmack des Zeitalters von Ludwig dem Funfzehnten, mit allerliebst kannelirten Säulchen, mit allerlei artigen vergoldeten Zierathen überladen, und zur Seite des Altars zwei Statuen, Maria und Petrus, von weißangestrichenem Holz. Meine Verwunderung wurde zum zürnenden Unmuth, als ich vernahm, welchen Sieg Unwissenheit und Unverstand über das wahrhaft Schöne und Große noch in der zweiten Hälfte des vorigen Jahrhunderts hier davongetragen haben. Ein alter, des Platzes, an welchem er stand, durch edle Einfachheit vollkommen würdiger Hochaltar, der bis an das Gewölbe hinaufreichte und die Schönheit und Erhabenheit des prachtvollen Tempels dadurch noch anschaulicher machte, schien damals einigen der Domherren nicht zierlich und glänzend genug, obgleich er von Marmor erbaut war. Er wurde weggeschafft, zum Theil zertrümmert, und dieses moderne Machwerk im schlechtesten Styl, mit bedeutenden Kosten an seine Stelle gesetzt. Sogar ein paar Statuen von weißem Marmor, ehrwürdige Denkmäler der plastischen Kunst unserer Vorfahren, mußten jenen beiden hölzernen Bildern weichen.

In einer mit Marmor reichgeschmückten Kapelle hinter dem Hochaltar wird das berühmte Reliquienbehältniß der heiligen drei Könige bei Lampenlicht gezeigt, und gewährt noch immer einen wirklich blendend prachtvollen Anblick, obgleich es während seiner Abwesenheit von Köln von seiner ursprünglichen Herrlichkeit unendlich viel verloren haben soll. Während der stürmischen Zeiten der französischen Revolution wurde dieses hochverehrte Heiligthum der Stadt Köln von den Domherren nach Arensberg in Westfalen geflüchtet und erst nach zwanzig Jahren in dem traurigsten Zustande, seines köstlichsten Schmuckes beraubt und auf mancherlei Weise beschädigt, wieder zurückgebracht. Was nur möglicherweise geschehen konnte, um es wieder herzustellen, ist mit frommem Eifer dafür gethan worden. Die mit Diamanten und Perlen von unschätzbarem Werthe besetzten schweren massivgoldenen Kronen, welche die Schädel der drei weisen Könige schmückten, konnten freilich nur durch vergoldete ersetzt werden, und an die Stelle manches seltenen Edelsteines mußte hie und da ein Kristall oder eine Glaspaste treten; aber mit mühsamem Fleiß, unter der Leitung des edeln Kunstfreundes Wallraf, wurde doch wieder hergestellt, was sich nur irgend wieder herstellen ließ; die prächtige alte Schmelzarbeit, die an vielen Stellen abgesprungen, vernichtet, verloren war; die kunstreichen Bildwerke von getriebener Arbeit in Gold und Silber, welche, gequetscht und verbogen, kaum noch kenntlich erschienen: und so wurde dieses alte Heiligthum abermals, was es von jeher gewesen, ein Gegenstand religiöser Verehrung, vor welchem auch der Kunstfreund, welches Glaubens er immer sei, gern bewundernd verweilt.

Der fromme Eifer der Einwohner von Köln und ihre wirklich religiöse Liebe und Anhänglichkeit an ihren Dom und dieses ehrwürdige Palladium ihrer Stadt trat bei dieser Gelegenheit im reinsten Lichte hervor. Die zu der Wiederherstellung des werthvollen Reliquienbehältnisses ihrer Schutzheiligen nothwendige bedeutende Summe wurde von ihnen herbeigebracht; edle Frauen gaben freiwillig einen Theil ihres Schmuckes, um mit den kostbaren Steinen die verloren gegangenen zu ersetzen. Ueber zweihundert antike Kameen und geschnittene Steine, von nicht zu berechnendem Kunstwerth, waren die herrlichste Zierde des silbernen Sarkophages gewesen, wie man das an Reliquienkästen dieser Art öfters findet, obgleich die Ledas, die Danaen und andere mythologische Gegenstände hier nicht ganz am rechten Orte angebracht zu sein scheinen. Von diesen Antiken war ebenfalls ein großer Theil der vorzüglichsten geraubt oder sonst verloren gegangen, und auch diese wurden von Kunstfreunden aus ihren eigenen Sammlungen wieder ersetzt, sodaß die wenigen modernen Pasten und nachgemachten Kameen, die man noch hin und wieder entdeckt, sich unter der Menge der trefflichen, wahrhaft echten Antiken völlig verlieren, von denen zu hoffen steht, daß sie nächstens durch sorgfältig nachgeformte Abdrücke auch zu der Kenntniß auswärtiger Kunstkenner gelangen mögen.

Mein lange gehegter Wunsch, das viel gepriesene kölner Dombild endlich mit meinen eigenen Augen zu erblicken, dessen Erfüllung ich mehrere Male nahe gewesen, und den ich, durch widerwärtige Zufälligkeiten dazu gezwungen, immer wieder hatte aufgeben müssen, wurde mir endlich gewährt. In goldiger Pracht, in unverwüstlichem Farbenglanz der alten niederrheinischen Schule, welche von der Entstehung dieses Gemäldes eigentlich ihre glänzendste Periode datirt, strahlte es in einer der Seitenkapellen, die den vollendeten Theil des Domes umgeben, mir entgegen. Der Gegenstand, sowie die ganze Composition dieses alten, mit Recht hochberühmten Bildes ist durch Beschreibungen und Nachbildungen allbekannt.

Ein junger Maler war eben beschäftigt, die mittlere Tafel nachzuzeichnen, auf welcher der, aus dem Morgenlande herbeigezogenen weisen drei Könige Anbetung des neugebornen Heilandes dargestellt ist. Das für den Künstler erbaute, bis zu dem Gemälde hinreichende Gerüst machte es mir möglich, ersteres ganz in der Nähe zu betrachten, nachdem ich mich lange genug an der einfachen edeln Schönheit der ganzen Composition erfreut hatte. Daß dieses figurenreiche herrliche Bild nicht in Oel gemalt sei, lehrt der Augenschein; durch welche verloren gegangene Kunst aber diese Farben Jahrhunderte hindurch in unvergänglichem Glanze blühen, auf welche Weise sie auf dem weißen Kreidegrund, den man wähnt durch sie hindurchschimmern zu sehen, so dünn und doch so kräftig aufgetragen sind, und ohne allen sichtbaren Uebergang in einander sich auflösen, wie auf der feinsten Emaillearbeit, wird wol ewig ein nie zu lösendes Räthsel uns bleiben.

Die Ausführung, selbst der unbedeutendsten Einzelheiten, auf diesem ältesten wirklichen Meisterwerk der altdeutschen Schule erinnert lebhaft an van Eyck, Hemmling, Schorrel; wie auf den Gebilden jener Meister, so ist auch hier, lange vor ihrer Zeit, Alles der Natur treu nachgebildet, und zwar mit Mühe und Fleiß, aber durchaus nicht mühselig vollendet. Kein Lichtpunkt auf den Waffen, den reichen Gewändern, den juwelenreichen Geschenken der drei Könige ist vergessen, kein Blümchen, kein Gräschen in den Vorgründen vernachlässigt worden.

In hellschimmernder Waffenrüstung zieht auf einem Flügelbilde der heilige Gereon, eine echt deutsche Heldengestalt, an der Spitze seiner Waffenbrüder einher, die ihm aus Theben nach Köln gefolgt waren, wo sie in römischem Solde standen. Alle, dreihundertachtzehn an der Zahl, erlitten, wie die Legende erzählt, unter dem Kaiser Maximinian hier den

Märtyrertod, um dem christlichen Glauben nicht abtrünnig zu werden.

Auf dem zweiten Flügelbilde, als Gegenstück zu dieser heldenmüthigen Jünglingsschar, erblicken wir im fürstlichen Schmuck die britische Prinzessin Ursula, von ihren jugendlichen Gefährtinnen umgeben, welche mit ihr unter dem nämlichen Kaiser, an der nämlichen Stelle wie jene, ein gleiches Schicksal muthig und gläubig erlitten. Lauter holde, anmuthig blühende, durchaus nationell gehaltene Gestalten. Längs den Ufern des Niederrheins und in Köln selbst begegnen wir unter den eben heranwachsenden Mädchen vielen freundlichen, rosigen, kindlichrunden Gesichtern, die denen auf diesem Gemälde bis zur Portraitähnlichkeit gleichen. So sah ich auch in Godesberg täglich zwei neun- bis zehnjährige Kinder aus Düsseldorf, mit langen glänzenden hellblonden Zöpfen, die mir späterhin aus dem Gefolge der heiligen Ursula mehr als einmal entgegenzulächeln schienen.

Ueber den Namen des Meisters, der, nach der auf demselben bemerkten Jahreszahl, im Jahre vierzehnhundertundzehn, dieses, bei dem damaligen Zustande der Kunst an das Wunderbare grenzende, Gemälde hervorbrachte, sind die Gelehrten in diesem Augenblick mehr uneins, als sie es je zuvor gewesen. Die Züge auf der Säbelscheide eines Soldaten, in welchem ein sonst sehr achtungswerther Kunstkenner den Namen Philipp Kalf zu lesen glaubte, sind seitdem für fantastische, im orientalischen Geschmack sein sollende Verzierungen, ohne eigentliche Bedeutung, erkannt worden. Auch war es damals unter den Malern noch nicht gebräuchlich, ihre Werke mit ihrem Namen zu bezeichnen. In neuerer Zeit wurde das Gemälde einem Meister, Wilhelm von Köln zugeschrieben, von welchem um das Jahr dreizehnhundertundachtzig in alten Chroniken gesagt wird, daß er die Menschen gemalt habe als ob sie lebten; nun geht aber neuerdings aus andern alten Urkunden hervor, daß dieser Meister Wilhelm zur Zeit der Entstehung des Dombildes ein wenigstens siebenzigjähriger Greis gewesen sein müsse, von dem sich schwerlich erwarten läßt, daß er, in einem so hohen Alter, noch ein Werk von dieser Bedeutung und diesem Umfange habe unternehmen und ausführen können.

Albrecht Dürer's Tagebuch scheint endlich diese noch immer streitige Frage entscheidend beantworten zu wollen: Philippus Kalf, von dem übrigens Niemand etwas Bestimmtes weiß, wie auch Meister Wilhelm, de Herle genannt, von Köln, werden Beide beseitigt, und ein dritter, Meister Stephan, tritt als der Maler des Dombildes auf. Dieses befand sich ehemals in der Kapelle des kölner Stadtrathes, wo es aufgestellt war, und Albrecht Dürer bemerkt ausdrücklich, in seinem, während seiner ganzen Reise sehr pünktlich und ausführlich geschriebenen Tagebuche, zwei Weißpfennige, die er ausgegeben, um sich das Bild vom Meister Stephan von Köln in dieser Stadt zeigen zu lassen. Ein berühmteres, umfangreicheres und bedeutenderes Gemälde als das jetzige Dombild gab es in Köln damals ebenso wenig als jetzt; Dürer's Aufenthalt in jener Stadt fällt aber in die Jahre funfzehnhundertzwanzig oder einundzwanzig, also nicht viel über hundert Jahre nach der Entstehung des Bildes, wo der Name des Meisters, wenigstens bei den Kunstverständigen, noch in gutem Andenken stehen mußte. Auch wird der vorsichtige erfahrne Albrecht Dürer gewiß nicht unterlassen haben, sich auf das genauste nach dem Namen des Urhebers eines so vortrefflichen und seltenen Kunstwerkes zu erkundigen.

Meister Stephan von Köln scheint also für jetzt die Krone der Meisterschaft davonzutragen, und sein bis dahin unbekannter Name wird den Annalen der altrheinischen Malerschule auf das ehrenvollste einverleibt. Mag übrigens der Ehrenmann, der dieses Bild schuf, geheißen haben wie er immer wolle, er hat sich die Unsterblichkeit ermalt, und man braucht nur gute Augen und einen für Kunst und Natur empfänglichen Sinn, ohne alle eigentliche Kunstgelehrtheit zu besitzen, um dieses mit fester Ueberzeugung zu empfinden, wenn man vor diesem Meisterwerke betrachtend verweilt.

Seit mehreren Jahren schon wird an den, zur Erhaltung des kölner Doms nur zu nöthig gewordenen Reparaturen gearbeitet, und noch können Jahre vergehen, ehe Alles gethan ist, was gethan werden muß, soll er nicht endlich in Trümmern versinken. Bedeutende Summen werden zu diesem Bau verwendet; zahlreiche Arbeiter, Maurer, Zimmerleute, Steinmetzen sieht man dabei beschäftigt; ich selbst sah in einem der zum Dom gehörigen Räume an Hundert der letzteren große Quadersteine emsig behauen. Ueberall sieht man einzelne Theile des Riesenbaues mit Gerüsten umgeben, und alle diese Arbeiten werden kunstverständig und mit vieler Thätigkeit geleitet.

Diese angestrengte Thätigkeit ist um so lobenswerther, je weniger sie auf einen glänzenden Erfolg und den solchen Arbeiten gewöhnlichen Lohn der Bewunderung nach vollendeter Arbeit rechnen kann. Alles, was geschieht, und es geschieht in der That viel, zweckt nur dahin ab, dem gänzlichen Verfall, der in drohender Gestalt herannahte, vorzubeugen. Sinkende Säulen werden befestigt, verfallende Gewölbe vor dem Einsturz bewahrt, verwitterte Verzierungen theilweise ergänzt oder ganz erneuert. Wenn Alles dieses gethan ist, wird der Dom in unveränderter Gestalt dastehen, wie er seit Jahrhunderten gestanden; wer obenhin ihn betrachtet, wird nie einsehen wie Vieles für ihn geschehen, und nur dem Auge des Bauverständigen wird es nicht entgehen; denn gerade die Sorgfalt, mit der man strebt, das Erneuerte dem früher Bestandenen völlig gleich zu machen, verhindert, daß Ersteres bemerkbar werde.

Vorzüglich mußte ich die sorgsame Genauigkeit höchlich bewundern, mit der die zum Theil verwitterten Verzierungen und in Stein gehauenen durchbrochenen Rosetten wieder ergänzt, oder auch durch neue ersetzt werden. In der schwindelnden Höhe, in welcher sie dort oben angebracht sind, sehen sie wie zierliches Schnitzwerk aus, aber unten auf festem Boden erscheint eine solche, des gefahrdrohenden Einsturzes wegen heruntergenommene Rosette fast so groß wie ein Mühlstein. Um sie so nachzubilden, daß die Neue sich wieder oben in der Höhe an die Stelle der Alten einfügen läßt, wird die verwitterte Verzierung zuvörderst auf eine sorgfältig geebnete, und mit weißem feinem Sande bedeckte Fläche gelegt; nach dem Eindruck, den der Stein auf dem Sande zurückläßt, wird eine genau passende Patrone von Blech verfertiget, und diese dient dann dem Steinhauer zum Modell, von dem er kaum um einige Linien abweichen darf.

Alles dieses erfordert viel Sachkenntniß, viel Aufmerksamkeit, viel Geld, und vor Allem viel Zeit, Arbeit und Geduld; man darf sich also nicht wundern und auch nicht darüber klagen, daß dieses mühsame, in seinem Fortschreiten sich kaum sichtbar zeigende Unternehmen nicht so schnell zum Ende gebracht wird, als andere Bauten.

Sancta Maria in Capitolio

Unerachtet der aufgehobenen zahlreichen Klöster, der vielen eingegangenen, sogar abgebrochenen Kirchen, ist dennoch keine Stadt in Deutschland an alten herrlichen und merkwürdigen Kirchen so reich als diese alte Stadt, welche vor Zeiten die fromme, heilige benannt wurde. Eine der schönsten wie der ältesten ist unstreitig die Kirche St. Maria zum Kapitol, deren Name schon allein die größten Erinnerungen hervorruft. Auf einer kleinen Anhöhe, von grünen Bäumen umgeben, steht die schöne, im edelsten Styl des siebenten Jahrhunderts erbaute Kirche, auf dem nämlichen Platz, wo zu Zeiten der Römer das Kapitol über dem ihnen unterworfenen Rheinstrom thronte, dessen Anblick aber einige neuere große Wohngebäude jetzt dem Auge entziehen. Von dem Kapitol und dem an dieses stoßenden kaiserlichen Palast ist keine Spur mehr über der Erde sichtbar; nur ein uraltes Portal, der Lichthof genannt, das, obgleich sehr verändert, noch einige Spuren altrömischer Baukunst zeigen soll, wird noch jetzt als einer der ehemals zum Kapitol hinaufführenden Eingänge bezeichnet.

Die fromme edle, aber nicht glückliche Plectrudis von Heristal die Gemahlin des fränkischen Major

Domus Pipin und Aeltermutter Kaiser Karls des Großen, war im Laufe des siebenten Jahrhunderts die Erbauerin dieser schönen Kirche und zugleich Stifterin eines zu derselben gehörigen Nonnenklosters. Um den Erniedrigungen und Nachstellungen von Seiten einer hochbegünstigten Buhlerin ihres Gatten zu entgehen, welche Alpais hieß und ungescheut die rechtmäßige Gemahlin nicht nur von dem Ehrenplatz an der Seite ihres Gemahls vertrieb, sondern auch öffentlich die Rechte derselben im Hause wie am Hofe sich anmaßte, zog Plectrudis mit allen ihren Schätzen sich nach Köln in das von ihr gestiftete Kloster zurück, um dort ihr Leben zu beschließen. Pipin machte sich mancher Unthaten schuldig, er ließ den frommen Bischof von Lüttich, Lambertus, ermorden, weil dieser sich erdreistete, ihm das Sündhafte seiner Verbindung mit Alpais vorzustellen und ihn zur Abänderung desselben zu ermahnen; eine schwere That, die in jener Zeit fast für eine Todsünde galt, für welche nur durch demüthigende und harte Kirchenbußen Vergebung von dem ewigen Richter zu hoffen stand, denen sich zu unterwerfen, Pipin wenig Lust bezeigte.

Die fromme Plectrudis begann für das künftige Seelenheil des Mannes zu zittern, dem sie noch immer, unerachtet aller von ihm erlittenen Unbill, mit treuer Liebe ergeben war, und widmete von nun an in Gemeinschaft mit ihren Klosterjungfrauen alle ihre Tage der Fürbitte und frommen Bußübungen, zur Rettung der künftigen Seligkeit ihres sie schwer beleidigenden Gatten.

So lebte sie Jahre lang in klösterlicher Zurückgezogenheit und eifrigem Gebet für den Sünder, bis endlich ein neuer Strahl des Glückes ihr aufging, um den Abend ihres Lebens zu erleuchten. Pipin hörte von ihrem frommen stillen Leben, und sei es, daß er dadurch gerührt wurde, oder daß er der schönen Alpais überdrüßig geworden war, genug er gewährte den Ermahnungen des Bischofs Hubertus ein geneigteres Gehör, als er denen des unglücklichen Lambertus, des Vorgängers desselben, gewähren wollen. Alpais wurde vom Hofe entfernt und in ein Kloster geschickt, Plectrudis aber von ihrem reuerfüllten Gemahl zurückberufen und in alle ihr gebührenden Rechte ehrenvoll wieder eingesetzt.

Nach ihrem Tode wurde ihre entseelte Hülle in der Kirche beigesetzt, die sie selbst erbaut, und der Ort, wo ihre Gebeine ruhten, blieb Jahrhunderte lang bei Enkeln und Urenkeln ein Gegenstand frommer Verehrung.

Von innen wie von außen ist die Kirche St. Maria zum Kapitol eines der wohlerhaltensten Denkmale des edeln architektonischen Styles jener alten Zeit. Nichts kann erhebender und zugleich erheiternder auf das Gemüth wirken als der Eintritt in diesen ehrwürdigen Tempel, seit er durch die besondere Sorgfalt seines Kirchmeisters, des Herrn de Noel, aus dem tiefen Verfall, in welchem er im Anfange dieses Jahrhunderts unter der Alles zerstörenden Oberherrschaft der Franzosen gesunken war, in seiner alterthümlichen Würde und Herrlichkeit wiederhergestellt ist.

Das Innere der Kirche bildet ein längliches Kreuz; alte herrlich gearbeitete Säulen tragen das hohe Gewölbe. Ein hoher, ganz verfallener Chorstuhl, auf welchem die Nonnen des längst aufgehobenen Klosters ihre Plätze hatten, und der, ein Viereck bildend, sich rings um den Mittelpunkt dieses Kreuzes hinzog, wurde bei der Wiederherstellung der Kirche, die er entstellte, weggenommen, und die reine Harmonie, in welcher jeder Theil des edeln Gebäudes zu dem Ganzen steht, ist dadurch erst recht sichtbar geworden.

Ehrwürdige Denkmale der Vorzeit, Grabmäler, architektonische Verzierungen und künstliches Bildwerk in Holz und Stein lagen, unter Staub und Schutt halb vergraben, auf dem Fußboden umher; unter de Noel's Anleitung wurde Alles hervorgesucht, gereinigt, so viel als möglich ergänzt und dann wieder an schicklichen Plätzen in der Kirche vertheilt und geordnet. Die alten gemalten Kirchenfenster von ausgezeichneter Schönheit wurden wiederhergestellt, die daran fehlenden Scheiben durch neue nachgeahmte, so gut dieses möglich war, ersetzt. Freilich können diese mit den herrlichen Gebilden alter Kunst keinen Vergleich aushalten, doch werden letztere wenigstens durch sie vor gänzlichem Untergange geschützt, und der im Sonnenglanz von den alten Meisterwerken ausgehende strahlende Schimmer treibt die neueren in bescheidenes Dunkel zurück, sodaß man sie wenig bemerkt. Die Arbeit, die Mühe bei diesem Allen waren groß, fast unermeßlich, aber der erfreuliche Erfolg lohnt das treue Bemühen.

Die heiterste Zierde der Kirche, die Jedem, der sie betritt, sogleich erfreulich ins Auge fällt, sind eine Reihe sehr zierlich und fleißig gearbeiteter Basreliefs, welche rings um die Emporkirche, auf welcher die Orgel steht, dicht nebeneinandergestellt sich hinziehen. Jedes derselben besteht aus einer einige Fuß im Quadrat haltenden Tafel von grauem Marmor, auf welcher ein in weichem, mit einem weißen Anstrich überzogenem Stein gearbeitetes Heiligenbild, oder irgend ein Gegenstand aus der Legende derselben befestiget ist, sodaß der graue Marmor dem Bildwerk zum Hintergrunde dient; das Ganze erinnert, freilich sehr im Großen, an die kameenartigen Verzierungen auf bläulichem Grunde aus Wedgewood's Fabrik, die man vor mehreren Jahren überall fand. Die Zartheit, der Geist, der fleißige Kunstsinn, mit welchem diese kleinen Figürchen ausgearbeitet sind, ist in der That bewundernswerth. Auf jeder der Tafeln ist oben über dem Heiligenbilde von der nämlichen Steinart eine Verzierung in Form eines Baldachins oder Tabernakels angebracht, die seitwärts an eine Art Einfassung sich anschließt und gleichsam den Rahmen zu diesem kleinen Steinbildchen ausmacht.

Auch diese schätzbaren Kunstwerke lagen zum Theil zertrümmert und völlig vernachlässigt umher und mußten mühsam zusammengesucht und wiederhergestellt werden. Ursprünglich hatten sie jenen, jetzt nicht mehr bestehenden Chorstuhl der Nonnen geschmückt, der in alter Zeit über einem Altar sich erhob, auf welchem Schorrel's unsterbliches Meisterwerk, der Tod der heiligen Jungfrau, als Altargemälde stand, das späterhin als eines der herrlichsten Kleinode der Boisseréeschen Sammlung allbekannt und allbewundert wurde und nun mit dieser in den Besitz des Königs von Baiern nach München gekommen ist.

Beide Kunstwerke, Schorrel's Altarbild und die Reihe von Basreliefs, wurden von der Familie Hardenrath dieser Kirche geschenkt, das Gemälde im Jahre funfzehnhundertundfunfzehn, die Bilderwerke zehn Jahre später.

In jener Zeit, als die freien Reichsstädte in ihrer halb republikanischen, halb aristokratischen, dem alten Rom nachgebildeten Einrichtung noch bestanden, die freilich für die jetzige nicht mehr passen will, und die unermeßlichen Reichthümer, welche die freien Bürger durch weise Thätigkeit, Gemeingeist und Ordnung erwarben und erhielten, sie zugleich zum Zufluchtsort aller Kunst und Wissenschaft erhoben, damals entstanden in jenen kleinen Republiken edle Familien, in denen jede Bürgertugend erblich gewesen zu sein scheint, deren Streben vom Vater bis auf den nachgebornen Enkel dahin ging, für das Wohl, die Erhaltung, die Verschönerung der Vaterstadt zu sorgen, und deren Namen noch jetzt, bei ganz veränderten Zuständen, der späten Nachkommenschaft unvergessen bleibt.

Die alte freie Reichsstadt Köln war besonders reich an solchen Familien, die edelste unter ihnen aber, deren Name noch jetzt im frischen Andenken lebt und leben muß, weil man noch immer auf Stiftungen, Einrichtungen, Kunstwerke trifft, welche die Stadt ihr verdankt, war die Patrizierfamilie Hardenrath, die im Senate derselben von jeher die höchsten Stellen bekleidete. »Werdet ein Bürgermeister wie Hardenrath!« wurde zur Zeit der reichsstädtischen Verfassung jedem neuerwählten Bürgermeister in einer von einem Hardenrath gestifteten Kapelle feierlich von seinen Collegen zugerufen.

Diese, im Jahre vierzehnhundertundsechsundvierzig von einem Hardenrath an die Kirche von Maria zum Kapitol angebaute Kapelle besteht noch; die von ihrem Erbauer mit ihr verbundene Stiftung ist aber leider untergegangen. Die Hardenrath's waren geborne Beförderer und Beschützer jeder schönen Kunst, und dieser ihr würdiger Ahnherr scheint sich besonders der Kirchenmusik angenommen zu haben. Er stiftete in dieser Kapelle eine musikalische Messe, die jeden Morgen gefeiert werden mußte, setzte ein Kapital zur Besoldung eines Musiklehrers und der Sänger aus, und stiftete dadurch eine Schule, aus welcher in der Folge bei musikalischen Festen, in der Ferne wie in der Nähe, die Sänger herbeigezogen und freudig aufgenommen wurden. An den Wänden dieser Kapelle findet sich noch zur Stunde das Bild des bei dieser Schule zuerst angestellten Singlehrers und seiner Schüler »al fresco« gemalt; auch eine Reihe alter, sehr charakteristisch und geistreich aufgefaßter Mönchsköpfe; einige darunter, mit der Bischofsmütze geziert, sind, grau in grau gemalt, in derselben noch sichtbar.

Der Bürgermeister Hardenrath, dessen Andenken noch in später Zeit von seinen Nachfolgern bei den Wahlen so ehrenvoll gefeiert ward, hieß Johannes, und Jeder, der ehemals in Heidelberg und Stuttgart, oder später in München vor Schorrel's sterbender Maria stand, kennt die würdigen Züge des edeln Mannes, seiner wackern Hausfrau und seiner blühenden Söhne und Töchter, die Alle, von ihren Schutzheiligen umgeben, auf den Seitentafeln des Gemäldes, als Donatoren desselben, mit unbeschreiblichem Kunstaufwande abgebildet und der Nachwelt aufbewahrt sind.

De Noel's thätiges Bemühen erstreckte sich nicht blos auf das Innere der seiner Sorgfalt übergebenen Kirche, auch die sehr schöne Vorhalle derselben und die noch bestehenden zu ihr führenden Kreuzgänge sind mit alten Grabsteinen, mit Denkmälern früherer Bildnerei in Stein und Holz angefüllt, die bei dem Ueberhandnehmen des Abbrechens alter Kirchen durch ihn vor schmählichem Untergange bewahrt und hieher gerettet wurden, wo sie gereinigt und geordnet einen würdigen Platz fanden. Einige derselben bilden, ihrer früheren Bestimmung gemäß, das Leiden Christi versinnlichende sogenannte Stationen, zur Erbauung der Andächtigen.

Ein Albrecht Dürer zugeschriebenes Altargemälde in dieser Kirche scheint mir des Namens des großen Meisters nicht würdig; obgleich gut gemalt, ermangelt es des Geistes, der aus jedem der Gebilde desselben unverkennbar hervorleuchtet. Merkwürdiger, wenigstens ihres Alterthums wegen, waren mir zwei Abbildungen von farbiger Gipsmosaik aus dem Jahre dreizehnhundertvier, welche zwei Aebtissinnen in Lebensgröße und in ihrer völligen Ordenstracht darstellen, und ehemals als Leichensteine auf den Gräbern derselben lagen. Jetzt stehen sie an der Wand aufgerichtet nahe beim Eingange und nehmen sich in der heiligen Dämmerung, die sie umgibt, gespensterhaft genug aus.

St. Peter, St. Gereon, St. Kunibert, St. Ursula

Fern sei es von mir, meine Leser durch Beschreibung der großen Anzahl der durch hohes Alter oder Schönheit des architektonischen Styls merkwürdigen Kirchen zu ermüden, welche Köln in seinen Mauern umschließt. Nur gleichsam im Fluge, wie es mir selbst vergönnt war sie zu sehen, will ich an einigen der merkwürdigsten derselben ihn vorüberführen; denn eine Beschreibung alles Bedeutenden, was diese große uralte Stadt an Alterthümern, Kunstwerken und Gebäuden enthält, wäre ein Unternehmen, dem ich mich keinesweges gewachsen fühle. Reisende weilen nicht gern lange an einem Orte, wo kein Geschäft sie festhält; sie schwärmen gleich Bienen umher und nehmen nur Das, was auf leichtem Flügel sich forttragen läßt, mit sich, um es für minder genußvolle Tage in der Erinnerung aufzubewahren.

Zuerst nenne ich St. Peter, eine neuere, nicht große, aber außerordentlich schöne Kirche, im Anfange des sechzehnten Jahrhunderts an der Stelle einer schon längst vor Alter verfallenen aufgebaut, die, wie die Legende erzählt, schon im ersten Jahrhundert nach Christi Geburt, im Jahre vierundneunzig von dem ersten Bischof Maternus, der später den Heiligen beigezählt wurde, gestiftet worden sein soll. Berühmt ist diese Kirche wegen des allbewunderten großen Altargemäldes von Rubens, den Köln gern zu seinen Stadtkindern zählt; und obgleich diese Ehre von der Kunstgeschichte Kundigen der Stadt nicht allgemein zugestanden wird, so wird sogar noch das Haus bezeichnet, in welchem dieser große Meister geboren worden sein soll, es ist das nämliche, in welchem Maria von Medicis, verlassen und verstoßen, in tiefem Jammer ihr Leben endete.

Und hier treffen wir wieder auf einen jener Namen, der, wie der Name Hardenrath, noch immer mit Stolz und Ehrfurcht in Köln genannt wird, obgleich er längst erloschen ist. Ein Rathsherr, Jabach, war es, der zu Anfange des siebzehnten Jahrhunderts als ein eifriger Beförderer und Freund alles Nützlichen und Schönen, aller Kunst und Wissenschaft in Köln lebte und dieses Meisterwerk des großen Rubens der Kirche weihte. Das Gemälde selbst wird jeder Franzose geradehin für eine »belle horreur« erklären, und es wird mir sogar schwer, einen passendern Ausdruck dafür zu finden. Der Märtyrertod des heiligen Petrus, der mit dem Kopf nach unten von gräßlichen Henkergestalten an das Kreuz geschlagen wird, ist darauf, und zwar in Lebensgröße, mit einem Ausdruck, einer Wahrheit dargestellt, vor der man schaudernd zurückbebt.

Gern wandte ich den Blick von jenem grausenerregenden Gemälde ab, das gerade durch seine Trefflichkeit einen unbeschreiblich widrigen Eindruck auf mich machte. Ein Meer von Glanz, in unbeschreiblicher Farbenpracht, strahlte aus den hohen gemalten Fenstern beruhigend und erfreulich mir entgegen. Herrlichere und besser erhaltene Glasmalerei hat selbst Köln nicht aufzuweisen, und diese Fenster allein verdienen, daß man, bei einem längeren Aufenthalt, die Kirche des heiligen Petrus zu wiederholten Malen besucht.

Eine andere, durch Alter wie durch herrliche Architektur und eine große Anzahl in derselben aufbewahrter Alterthümer und Denkmäler sehr merkwürdige Kirche ist die des heiligen Gereon. Das Innere derselben macht besonders einen unbeschreiblich erhebenden Eindruck; es ist, als ob drei ehrwürdige Tempel sich über einander erhöben. Die Kirche besteht in drei, wahrscheinlich in verschiedenen Zeiten nach einander entstandenen Abtheilungen, von denen jede um mehrere Stufen über die zunächst folgende erhöht ist; ich entsinne mich nicht, etwas Aehnliches gesehen zu haben.

Wenn man vom Eingange hinauf zu dem Chore die ganze Länge des mit alterthümlicher Kunst reich geschmückten Tempels überschaut, oder von der Orgel hinab das Ganze übersieht, so fühlt man sich wie in einer andern Welt, in einem andern Lande, und der Anblick ist wirklich, eben durch seine Fremdartigkeit, zauberhaft. Auch das mit architektonischen Verzierungen reich geschmückte Aeußere der Kirche, mit der großen zehneckigen Kuppel und den beiden schlanken Thürmen, ist eines der edelsten Denkmäler alter Baukunst, das einen um so günstigeren Eindruck macht, da man ziemlich ungehindert durch andre Gebäude es übersehen kann.

Schon zu Anfange des vierten Jahrhunderts ließ die Mutter Constantins des Großen, die fromme Kaiserin Helena, die nach ihrem Tode in die Zahl der Heiligen aufgenommen wurde, die Gebeine des zu Ende des dritten Jahrhunderts ermordeten Märtyrers Gereon und seiner ihm gläubig in den Tod folgenden Heldenschar sammeln und diese Kirche zur Aufbewahrung und Verehrung derselben prachtvoll erbauen; sogar das Dach der Kuppel des Domes war nach orientalischem Gebrauch echt vergoldet, wie die Thürme von Moskau noch in unsern Tagen vor dem großen Brande es waren. Mit der Stiftung dieser Kirche verband sie zugleich die eines Klosters, dessen Bewohner die Kaiserin aus dem fernen Orient herbeirufen ließ. Späterhin wurde dieses Kloster in ein Domherrnstift umgewandelt, das zu Anfange dieses Jahrhunderts von den Franzosen nebst vielen andern aufgehoben worden ist.

Seit vierzehnhundert Jahren mag freilich manche Veränderung mit dem ehrwürdigen Gebäude vorgegangen und von seiner ursprünglichen Gestalt wenig mehr übrig sein; spätere Bauten vergrößerten es; in der Mitte des eilften Jahrhunderts wurde durch einen Erzbischof von Köln der Chor nebst den beiden schönen Thürmen hinzugebaut. Dennoch bildet es ein herrliches Ganze, an welchem nichts Zerstückeltes wahrzunehmen, und ist, sowie es jetzt dasteht, eine der bedeutendsten Zierden der Stadt. In einer der Seitenkapellen steht ein uralter Taufstein, aus dem nämlichen Granit gehauen wie die berühmten Säulen in Aachen, welche die übermüthigen Eroberer von dort nach Paris geschleppt haben, der vorzüglich beachtet zu werden verdient.

Sowie die Kirche des heiligen Gereon, ist auch die von St. Kunibert eine der ältesten in Köln. Schon im Anfange des siebenten Jahrhunderts wurde sie aus Beiträgen der Rheinschiffer von dem heiligen Kunibert selbst erbaut, der damals Erzbischof von Köln war, und dem heiligen Clemens, dem Schutzpatron aller Wasserfahrer, geweiht. Kunibert war ein Mann von hoher Geburt und großer Geisteskraft, die ihm in allen damaligen Welthändeln einen überwiegenden Einfluß verschaffte; aber der Ruf seiner Frömmigkeit war nicht minder groß, besonders seit er vom Himmel gewürdiget worden war, während er Messe las, das Grab der heiligen Ursula zu entdecken. Nach seinem Tode wurde er selbst der Schar der Heiligen beigesellt und wird in der nämlichen Kirche verehrt, die er dem heiligen Clemens erbauen ließ und die jetzt nach ihm benannt ist.

Unerachtet ihres noch immer sehr alterthümlichen Ansehens mag auch diese Kirche im Laufe von so vielen Jahrhunderten große Veränderungen erlitten haben und vieles Neuere hinzugefügt sein. Was sie aber vor allem andern auszeichnet, ist ein noch in gutem baulichen Stande erhaltenes altes Portal, im ältesten und trefflichsten Styl altdeutscher Baukunst, das augenscheinlich weit älter ist als die jetzige Kirche und vielleicht noch aus den Zeiten des heiligen Kunibert selbst bis auf uns gekommen sein mag.

St. Ursula möge denn den Beschluß dieser kurzen Kirchenschau machen, deren Unzulänglichkeit, einen umfassenden Begriff von der ehrwürdigen Herrlichkeit derselben zu geben, mir sehr fühlbar ist.

St. Ursula! ein Name, der, wenigstens in protestantischen Ländern, selten ohne ein gewisses heimliches Lächeln ausgesprochen wird, welches die britische Heldenjungfrau und ihre jugendlichen Gefährtinnen gewiß nicht verdienen. Ihr muthiger Tod und furchtbares Geschick kann unmöglich ganz erdichtet sein, obgleich Tradition und Legende die Geschichte derselben, an die man in Köln fast bei jedem Schritte erinnert wird, mit gewohnter Uebertreibung entstellt haben.

Uebrigens hat es um den Glauben an die Legende ein eigenes Bewandniß, wie überhaupt um allen altgeschichtlichen Glauben, besonders in Köln, wo das Nachdenken durch wirkliche Anschauung übertäubt wird, wo aus alten Kirchen und Kunstwerken die Stimme einer gewaltigen und würdigen Vergangenheit sich mächtig erhebt, und selbst der kalte todte Stein zu uns redet.

Daß der größte Theil der Heiligen, denen hier Kirchen und Altäre erbaut sind, einst gelebt hat, ist historisch gewiß; eben so auch, daß sie, sei es durch Dulden oder Thaten, sich ausgezeichnet und Vieles erlebt, wol auch erlitten haben. Warum sollten wir Protestanten hier, an den ihrem Andenken geweihten Stätten, uns weigern, Dem, was uns von ihrem Leben, Dulden und Schaffen erzählt wird, ein theilnehmendes Gehör zu leihen, warum durch kalten Spott den poetischen Genuß aus verkümmern, der allein den des Anblicks eines edeln Gebäudes oder Kunstwerks erhöhen kann? Warum nicht einen augenblicklichen Glauben der Legende schenken, wie wir bei jedem wohl ersonnenen und gut geschriebenen Roman, solange wir ihn lesen, es zu thun pflegen? Und wahrlich, hier ist mehr als Roman; die Heiligen waren Menschen, wie wir es sind; und was kann dem Menschen ein höheres Interesse einflößen als der Mensch? Mögen Unsinn und Aberglauben noch so sehr die Geschichte dieser Heiligen mit einem nebelartigen Nimbus umgeben haben, Wahrheit liegt doch als Kern in der Mitte, und diese dringt immer durch, wenn man sich nur die Mühe geben will, sie zu erkennen.

Zwei Kirchen sind in Köln der heiligen Ursula geweiht, als der Schutzpatronin der Stadt, an deren Ufern sie die Märtyrerkrone errang. Die eine derselben wurde zu Anfange des letztvergangenen Jahrhunderts auf Kosten der Ursulinernonnen im modernen italienischen Styl erbaut und gehört dem Kloster an, dessen Orden noch immer besteht, nachdem so viele andere aufgehoben worden sind. Das nützliche Bemühen dieser Klosterfrauen für die Erziehung und Geistesbildung junger Töchter ist fast überall, wo ihr Orden bestand, anerkannt worden und hat ihnen den Vorzug verschafft, ungestört nach althergebrachter Regel in ihren Klöstern fortleben zu dürfen.

Die eigentliche Kirche St. Ursula ist um viele Jahrhunderte älter als die der Ursulinerinnen. Erzbischof Aquilinus der Zweite, der schon im Jahre vierhundertachtzehn zu dieser hohen kirchlichen Würde gelangt war, also nur fünfunddreißig Jahre nach der angeblichen Epoche jener blutigen Greuelthat, erbaute schon hier, an der nämlichen Stätte, wo die unschuldigen Schlachtopfer gefallen sein sollten, ihrem Andenken eine Kirche, die aber in jener unruhigen Zeit durch Krieg und Brand nach einer nicht gar zu langen Reihe von Jahren in gänzlichen Verfall gerieht. In der Mitte des fünften Jahrhunderts wurde sie von einem kölner Bürger, Namens Clematius, wieder auferbaut. Im Laufe der Zeiten traten günstigere Tage ein; Köln wurde immer größer und mächtiger, Reichthum und Cultur nahmen zu, ohne den religiösen Sinn der Bürger zu verändern; große Summen wurden fortwährend auf Kirchen, Klöster und fromme Stiftungen verwendet, und so wurde auch die Kirche der heiligen Schutzpatronin der Stadt auf jede Weise verschönert und vergrößert.

Ein kleines uraltes Grabmal an einem Pfeiler in der

Kirche, das die Gebeine eines Knaben, der Vincentius geheißen, umschließt, nennt neben der Jahrzahl vierhundertzweiundsechzig noch den Namen Clematius, als den Stifter dieses Denkmals. Die jungfräulichen Märtyrerinnen, in deren Mitte auf dem Felde, wo sie den Tod erlitten, der kleine Vincentius zufällig begraben worden war, hatten ihn nicht neben sich dulden wollen und ihn mehrere Male hinausgeworfen, weshalb Clematius ihn hier zur Ruhe brachte; so erzählt die Sage.

Seitwärts, neben dem Chor der Kirche, steht das Grabmal der heiligen Ursula, ein Werk neuerer Zeit. Auf einem Sarkophag von schönem schwarzen Marmor liegt die Heilige in weißem Marmor abgebildet, und zu ihren Füßen die weiße Taube, die zur Entdekkung des Ortes, wo ihre Gebeine ruhten, behülflich gewesen. Einige lateinische Inschriften sind am Sarkophag angebracht; ganz unten in einer Ecke die Jahrzahl sechzehnhundertachtundfunfzig und der Name Johannes Lenz, wahrscheinlich der des Bildhauers, welcher dieses Monument verfertigte.

»Die goldne Kammer müssen wir noch besuchen«, riefen unsre kölner Freunde, nachdem wir die Alterthümer, an denen diese Kirche sehr reich ist, und das ganze ehrwürdig schöne Gebäude mit genügender Muße betrachtet hatten. Ich sträubte mich anfangs ein wenig dagegen; der Name schien eine Sammlung von Kirchenschätzen, reichen Meßgewändern und ähnlichen Dingen zu verkünden, wie man sie in katholischen Städten, besonders aber in Köln fast in allen Kirchen antrifft, und deren man so leicht überdrüßig wird, weil sie gewöhnlich sich wenig von einander unterscheiden. Indessen war zu dem Pfarrherrn der Kirche hingeschickt worden, um von ihm die Schlüssel zu dem, seiner besonderen Aufsicht anvertrauten Heiligthum zu erbitten. Er kam selbst, um uns in dasselbe einzuführen, und zu meiner Freude fand ich in ihm den Herrn Pastor Fochem, dessen Name jedem Freunde altdeutscher Kunst rühmlichst bekannt ist. Auch der meinige war ihm nicht fremd, und so war die Bekanntschaft bald gemacht, und wir hatten eines sehr gefälligen und unterrichteten Führers uns zu erfreuen.

Ein eigner seltsamer Geruch fiel beim Eintritt in das nicht große kapellenartige Gemach mir auf, der von der eingeschlossenen Luft und früherem Weihrauchsdampf herrühren mochte, denn ein kleiner Altar steht in demselben, vor welchem vermuthlich zuweilen Messe gelesen wird. Als wir aber, nicht ohne einen kleinen Schauder zu empfinden, die seltsame Verzierung der Wände bemerkten, konnten wir nicht umhin, diese, den Athem beklemmende Luft einer andere Ursache zuzuschreiben. Viele Tausende unendlich zarter menschlicher Gebeine sind hier recht zierlich in verschiedenartigen Mustern dicht aneinandergefügt und bekleiden alle Wände von oben bis unten mit der seltsamsten, schauerlichsten Mosaik, die sich nur denken läßt. Es sind die Ueberreste der heiligen

Jungfrauenschar, deren auf dem alten »ager Ursulanus«, auf welchem die Kirche steht, von den frommen Einwohnern von Köln schon vor vielen Jahrhunderten noch eine weit größere Anzahl ausgegraben wurde, als hier versammelt ist.

Eine sehr bedeutende Anzahl silberner lebensgroßer Büsten starrte aus dem Hintergrunde des Gemaches, auf mehreren Reihen von Repositorien unter und übereinander geordnet, mit kaltem metallischen Glanz uns an und vermehrte den fremdartigen schauerlichen Eindruck, den das Ganze hervorbrachte. Jede derselben enthält den Schädel eines der jungfräulichen Opfer, die hier fielen. Mit ernster Würde und religiöser Feierlichkeit nahm unser geistlicher Führer einige derselben herunter; eine Oeffnung oben auf der Scheitel der Büsten, die mit einem genaupassenden Deckel verschlossen ist, erlaubt, die in denselben aufbewahrten Schädel zu betrachten; Herr Pastor Fochem nahm mehrere derselben heraus und machte auf ihre edle Form uns aufmerksam. Ich gedachte dabei des würdigen Greises Blumenbach und wünschte ihn hieher; der Anblick dieser Ueberbleibsel längst in Staub zerfallener Schönheiten wäre ihm ein Fest, über welches er alle noch Lebenden auf Erden vergessen könnte. Wir waren nun schon des schauerlichen Anblicks gewohnt genug, um die seltene Schönheit dieser Todtenköpfe einzusehen und zu bewundern; viele derselben wurden sogar bei dem Namen, den sie im Leben getragen, uns genannt, und mancher wirklich rührende Zug aus der Legende uns mitgetheilt, den wir gern hörten.

Am ausgezeichnetsten durch die edle Form desselben ist der Schädel der heiligen Ursula, der zur Auszeichnung vor ihren Gefährtinnen in einer vergoldeten Büste aufbewahrt wird. Ein uralter Ring, in Form zweier zusammengefalteter Hände, und ein kleiner Perlenkranz, die man in ihrem Grabe gefunden, liegen bei demselben.

Das Haus Gürzenich

Die alten Kölner waren nicht nur sehr fromme, andächtige und daneben sehr reiche Leute, wie die vielen von ihnen erbauten und gestifteten Kirchen und Klöster beweisen; sie waren auch lebenslustig, liebten Tanz und Saitenspiel und die Freuden der Tafel; davon gibt das Haus Gürzenich, in welchem auch ihre Nachkommen noch in unsern Tagen den lustigen Faschingstanz halten, einen recht soliden und massiv bestehenden Beweis.

Dieses großartige, stattliche, in all' seiner äußeren Alterthümlichkeit wohlerhaltene Gebäude wurde während der ersten Hälfte des funfzehnten Jahrhunderts, bei dem durch den Beitritt der Stadt zu dem hanseatischen Bunde sich immer steigernden Wohlstande derselben, erbaut, um bei Bürgermeisterwahlen und andern öffentlichen Feierlichkeiten die damals von denselben unzertrennlichen Bankette dort zu halten. Den Namen Gürzenich trägt es einem kölner Bürger zu Ehren, welcher den Namen zu dem neuen Bau der Stadt als Geschenk überließ. Große Feste wurden hier im Lauf der Zeiten Kaisern und andern hohen Potentaten gegeben, von deren Pracht und Herrlichkeit die kölner Chronik Wunder erzählt.

So ließ zum Beispiel im Jahre vierzehnhundertvierundsiebenzig der Rath von Köln bei Anwesenheit des Kaisers Friedrich des Dritten und seines Sohnes auf dem Gürzenich »einen Tanz machen, wie auch der Kaiser begehrt hatte, um die schönen Frauen zu Köln zu besehen. Und des Kaisers Sohn, Herzog Maximilianus, hatte den ersten Tanz mit einer Jungfer von Vinstingen. Und hatte vor ihm tanzen nach fürstlicher Weise zwei Edelleute von seinem Hofe. Und darnach fügte der Bischof von Mainz und der Bischof von Trier, daß sich die Frauen und Jungfern mit Händen nahmen paarweis, wohl zu sechsunddreißig Paaren, und tanzten so ohne Mann vor dem Kaiser auf und nieder. Und man gab da Kraut und Wein, neuen und firnen.«

Ueber alle Maßen groß und prächtig ging es auf dem Gürzenich her, als Kaiser Maximilian, vielleicht der dort genossenen früheren guten Bewirthung eingedenk, im Jahre funfzehnhundertundfünf in Köln Reichstag hielt. Vornehme Geistliche, zahlreiche Abgesandte, nicht nur aus Deutschland, sondern auch aus Rom, aus England, aus Spanien, aus Frankreich und mehreren andern Ländern versammelten sich mit stattlichem Gefolge; vierunddreißig regierende Herren, Herzöge, Landgrafen und Kurfürsten zogen zu Schiffe und zu Pferde herbei, jeder von ihnen in stattlicher Begleitung, wie es seinem hohen Stande geziemte. Der Herzog von Wirtemberg und der Landgraf von Hessen allein brachten, ersterer fünfundachtzig, letzterer siebenzig Grafen und Ritter mit sich, deren jeder wieder sein Gefolge hatte. Regierende Fürstinnen und edle Frauen von hoher Geburt verschönerten durch ihre Gegenwart die Feste, die alle auf dem Gürzenich mit unbeschreiblicher Pracht und alle dem Aufwande gegeben wurden, den die damalige Zeit erheischte. Dann kamen trübere Tage, der Wohlstand sank, der Muth mit ihm; an große Feste wurde wenig gedacht, und bis vor einigen Jahren wurde das zu einer weit fröhlicheren Bestimmung errichtete Gebäude meistens nur als Lager- oder Kaufhaus zur Aufbewahrung vielen Raum erfordernder Waarenartikel gebraucht, was mit den Kellern und untern Räumen desselben noch der Fall ist.

Doch als Deutschland wieder frei wurde und die Gallier endlich abzogen, welche so lange die alte edle Stadt bedrückt hatten, kam auch Held Karneval mit seinem lustigen Gefolge wieder zurück in sein fröhliches Reich, und sein altes Absteigequartier mußte zu seinem Empfange wieder eingerichtet werden. Bei dem großen Faschingsball haben sich seitdem schon mehrere Male an viertausend seiner Getreuen in dem Saale des Gürzenich um ihn versammelt. Dieser Saal ist gewiß einer der größten in Deutschland, er nimmt den ganz ersten Stock des großen Gebäudes ein, schien mir aber, unerachtet er vierundzwanzig Fuß hoch ist, doch noch etwas zu niedrig, im Verhältniß zu seiner Länge und Breite. Eine Reihe hölzerner Pfeiler geht durch die Mitte desselben, was wol nothwendig sein mag, um eine Decke von diesem Umfange vor Einsturz zu sichern. Geschmackvoll decorirt, von einer hinlänglichen Anzahl von Kronleuchtern glänzend erleuchtet, von mehreren Tausenden bunter Masken bis zum Gedränge angefüllt, gewährt er am Fastnachtsabende, wo die Maskenfreude ihren höchsten Gipfel erreicht, einen Anblick, dem wol wenige an Heiterkeit sich vergleichen lassen mögen. Auch das berühmte Musikfest, das alljährlich zur Zeit des Pfingstfestes am Niederrhein in mehreren Städten abwechselnd gehalten wird, und zu welchem mehrere Hunderte ausübender Künstler und Dilettanten, und Tausende von Zuhörern aus der Nähe und Ferne herbeiströmen, wird, wenn die Reihe an Köln kommt, im großen Gürzenich-Saale gefeiert, der dann einen ruhigern, aber nicht minder heiteren und beseelten Anblick gewährt als am Fastnachtstage.

Das Innere des großen, in verschiedenen Epochen entstandenen Rathhauses, deren letzte mit der Erbauung des Hauses Gürzenich fast gleichzeitig fällt, haben wir nicht besucht; von außen ist es ein stattliches Gebäude, um welches zum Theil eine Reihe auf massiven Pfeilern ruhender Arkaden sich zieht. Die Façade desselben ist leider in den letzten stürmischen Zeiten der alterthümlichen in Stein gehauenen Verzierungen, welche sie schmückten, durch den damals waltenden Zerstörungsgeist beraubt.

Unerachtet der langen Oberherrschaft der Römer über die von ihnen selbst erbaute Stadt, ist dennoch in

Köln, der alten Agrippina, nur ein einziges Ueberbleibsel römischer Baukunst, und zwar aus der letzten Periode derselben, bis auf unsere Zeiten gekommen: ein von Ziegeln erbauter großer Thurm bei St. Claren, der rundum mit einer sehr groben Art Mosaik von eingemauerten buntfarbigen Ziegeln verziert ist.

Seit Kurzem erfreut sich Köln eines neuen Schauspielhauses, das während meiner dortigen Anwesenheit noch im Entstehen war und erst seit noch nicht Jahr und Tag vollendet wurde, und dessen Außenseite sowol als dessen innere Einrichtung von Kennern und Theaterfreunden gerühmt wird.

Gemäldesammlungen

Das Jabach'sche Familiengemälde, im Hause des Herrn de Groot, von Le Brun, wahrscheinlich zwischen 1662 und 1664 gemalt.

Goethe sah dieses Bild zum ersten Mal, als er in seiner Jugend mit Lavater und Basedow nach Köln kam, wo er die Gebrüder Jakobi antraf. Ich kann es mir nicht versagen, aus »Wahrheit und Dichtung« die auf dasselbe Bezug habende Stelle hier herzusetzen, wenngleich dieses Werk schwerlich einem meiner Leser ganz unbekannt geblieben sein sollte.

»Ein Gefühl aber,« schreibt Goethe einige Seiten vorher, »ein Gefühl, das bei mir so gewaltig überhand nahm und sich nicht wundersam genug äußern konnte, war die Empfindung der Vergangenheit und Gegenwart in Eins: eine Anschauung, die etwas Gespenstermäßiges in die Gegenwart brachte. Sie ist in vielen meiner größern und kleinern Arbeiten ausgedrückt.«

Und nun fährt er weiter unten fort:

»In diesen mehr drückenden als herzerhebenden Augenblicken ahnete ich nicht, daß mich das zarteste und schönste Gefühl so ganz noch erwartete. Man führte mich in Jabach's Wohnung, wo mir Das, was ich sonst nur innerlich zu bilden pflegte, wirklich und sinnlich entgegentrat. Die Familie mochte längst ausgestorben sein, aber in dem Untergeschoß, das an einen Garten stieß, fanden wir nichts verändert. Ein durch braunrothe Ziegelrauten regelmäßig verziertes Estrich, hohe geschnitzte Sessel mit ausgenähten Sitzen und Rücken, Tischblätter, künstlich eingelegt, auf schweren Füßen, metallene Hängeleuchter, ein ungeheures Kamin und dem angemessenes Feuergeräthe, alles mit jenen früheren Tagen übereinstimmend, und in dem ganzen Raume nichts neu, nichts heutig als wir selber.«

»Was nun aber die hierdurch wundersam aufgeregeten Empfindungen überschwenglich vermehrte und vollendete, war ein großes Familiengemälde über dem Kamin. Der ehemalige reiche Inhaber dieser Wohnung saß mit seiner Frau, von Kindern umgeben, abgebildet: alle gegenwärtig, frisch und lebendig wie von gestern, ja von heute, und doch waren sie schon alle vorübergegangen. Auch diese frischen und rundbäckigen Kinder hatten gealtert, und ohne diese kunstreiche Abbildung wäre kein Gedächtniß von ihnen übriggeblieben. Wie ich, überwältigt von diesen Eindrücken, mich verhielt und benahm, wüßte ich nicht zu sagen. Der tiefste Grund meiner menschlichen Anlagen und dichterischen Fähigkeiten ward durch die unendliche Herzensbewegung aufgedeckt, und alles Gute und Liebevolle, was in meinem Gemüthe lag, mochte sich aufschließen und hervorbrechen; denn von dem Augenblick an ward ich, ohne weitere Untersuchung und Verhandlung, der Neigung, des

Vertrauens jener vorzüglichen Männer für mein Leben theilhaft.« (S. »Wahrheit und Dichtung,« dritter Band der Taschenausgabe, Seite 287.)

Soweit Goethe; und was könnte man nach einem solchen Zeugniß noch zum Lobe dieses Gemäldes hinzusetzen, dessen Anblick auch mich auf das lebhafteste ergriff und einen unbeschreiblichen Eindruck von ruhigem Glück und behaglichem Familienleben hervorbrachte. Daß es das nämliche Bild sei, welches Goethe so ehrend erwähnt, entdeckte ich erst später, bei wiederholtem Lesen seines Buches. Ob es aber noch auf dem nämlichen Platze steht, wo Goethe vor einigen und funfzig Jahren es gesehen, kann ich nicht mit Gewißheit bestimmen, doch ist es mir wahrscheinlich; denn die Familie de Groot, in deren Besitz das treffliche Familiengemälde sich jetzt befindet, stammt in gerader Linie von diesem Herrn von Jabach ab. Auch hat, wie glaubwürdige Zeugen mich versichern, in den Zügen der Enkel und Urenkel des trefflichen Mannes eine auffallende Aehnlichkeit mit denen ihrer edeln Vorfahren sich erhalten. Das Zimmer, in welchem das sehr große Gemälde fast die halbe Wand einnimmt, stimmt im Ganzen mit Goethe's Beschreibung davon ziemlich überein; nur ist es, wenngleich durchaus nicht auf störende Weise, seit jener Zeit etwas modernisirt worden. Ein Teppich ist an die Stelle des bunten Estrichs getreten und das ungeheuere Kamin ist verschwunden.

Nur eine kurze Beschreibung der ganzen Composition will ich mir noch erlauben Dem, was unser großer Meister darüber sagt, beizufügen.

Ganz zur Seite des Bildes, dem Anschauer zur Linken, sieht man den Vater, einen schönen, rüstigen, freundlichen Mann im mittleren Alter, in seinem Lehnstuhl recht häuslich bequem dasitzen. Er zeigt mit der Hand auf einen ganz in der Ecke des Bildes neben ihm stehenden Kasten mit Büchern, die vielleicht ihm so eben überbracht worden sind. Ein neben demselben stehender Globus, Zeichengeräth, eine Büste und ähnliche, recht malerisch auf- und nebeneinander gruppirte Gegenstände deuten auf Kunstliebe, heitern Lebensgenuß und einen gebildeten, über das Gewöhnliche hinaus sich erhebenden Geist. Auf einer gepolsterten Ruhebank mit einer Seitenlehne, wie sie bei unsern Voraltern die Stelle der jetzigen Sofas vertraten, sitzt neben ihrem Gemahl die sehr schöne blonde Hausfrau, die noch in jugendlicher Frische blühende Mutter von vier Kindern, von denen das jüngste, ein Säugling von wenigen Monaten, auf einem rothsammetnen Kissen, das sie mit dem linken Arm unterstützt, auf der Seitenlehne der Ruhebank liegt.

Es scheint ein Sonntagmorgen zu sein, an welchem alle Arbeit ruht und Mutter und Kinder, in der damaligen würdigen und malerischen Tracht sonntäglich geputzt, sich im Cabinete des Vaters versammeln dürfen, ohne Furcht ihn in seinen Geschäften zu stören. Zwischen Vater und Mutter steht ein etwa sechsjähriges ganz allerliebstes kleines Mädchen, und ein noch jüngerer muthwilliger Knabe mit einem herrlichen Lokkenkopf gukt, über die Schulter der Mutter sich vorbeugend, mit großen lachenden Augen zum Bilde heraus. Er hält sein Hündchen im Arm und daneben auch sein Steckenpferd. Neben der Mutter, in der andern Ecke des Gemäldes, dem Vater gegenüber, steht, in einem Kleide von geblümtem Seidenstoff recht stattlich angethan, die älteste Tochter, gar ein zierliches, sittsames und schönes Kind zwischen vierzehn und sechzehn Jahren. Im Vordergrunde ist der Liebling des ganzen Hauses und der geduldige Spielkamerad der Kinder, ein sehr schönes Windspiel, angebracht; im Dämmerlicht des Hintergrundes aber, hinter dem Vater, erblickt man in einem dort hängenden Spiegel das Bild des Malers, mit Pinsel und Palette vor der Staffelei beschäftigt. Der Maler Le Brun war ein Freund des Hauses; dieses Gemälde, das er mit so viel Liebe als Kunst entwarf und ausführte, ist sein gelungenstes Werk in dieser Art, und so mochte er auch im Bilde sich ungern von dem ihm theuern Familienkreise ausschließen, dem er genußreiche schöne Stunden verdankte.

Köln ist, abgesehn von dem durch den unvergeßlichen Kanonikus Wallraf gestifteten Museum, auch noch reich an einzelnen Kunstwerken und Kunstsammlungen, zu welchen Zutritt zu erhalten den durchreisenden Kunstfreunden eben nicht schwer wird; schwerer vielleicht ist es sie aufzufinden, oder auch nur ihre Existenz zu erfahren, wenn man nicht das Glück hat, wie wir, einen kunstliebenden Freund, der mit der Localität seiner Stadt genau bekannt ist, zum Führer zu erhalten. Freude an der Kunst und am Besitz ihrer Erscheinungen ist durch viele Jahrhunderte hindurch in Köln, dem Ursitz altdeutscher Kunst, vom Vater auf den Sohn fast erblich geworden. Die vortheilhafte Lage der Stadt, in der Nähe der Niederlande, wo die eigentliche Lust des Sammelns gewissermaßen einheimisch ist, hat diese auch den Kölnern eingeflößt, indem sie ihnen die Mittel erleichterte, sie zu befriedigen. Die letzte unruhvolle, stürmische Zeit aber, in der auch das Heiligste von modernen Barbaren hervorgerissen, Kirchen und Klöster zerstört, geplündert, ihrer herrlichsten Kunstwerke beraubt wurden, die man um einen Spottpreis der Menge hinwarf, mußte, auch abgesehn von der Liebe zur Kunst, die patriotischgesinnten Einwohner bewegen, zu retten, was nur irgend vor Zersplitterung und Untergang zu retten möglich war.

Die reichste Privatsammlung von Gemälden ist unstreitig die des Herrn Lieversberg. In einem großen Zimmer im obern Stock seines Hauses trifft man eine mit Sachkenntniß geordnete zahlreiche Sammlung von neuern, theils italienischen, theils niederländischen Gemälden an, unter denen mehrere von berühmten Meistern und bedeutendem Kunstwerth sich befinden. Doch am Rhein gewinnt die altniederrheinische Schule eine besondere Anziehungskraft, vor

Allem in Köln, der eigentlichen Wiege alter deutscher Kunst, wo noch seit undenklicher Zeit bis an den heutigen Tag eine Straße nach ihren ehemaligen Bewohnern die Schilderergasse genannt wird.

Auf Reisen muß man vor allen Dingen lernen, manchem an sich Werthvollen zu entsagen, wenn man nicht durch übermäßige körperliche und geistige Anstrengung, durch Ermüdung und Zeitzersplitterung sich um jeden eigentlichen Genuß bringen will; wer Alles sehen will, sieht am Ende gar nichts und trägt nur den eiteln Ruhm davon, mit dem Gesehenen daheim groß zu thun, ohne weder sich selbst noch Andern darüber genügende Rechenschaft ablegen zu können.

Deshalb blieb ich auch hier, wo so Vieles mich anzog, der alten Gewohnheit, mir selbst ein Ziel zu stellen, treu. Ich begnügte mich damit, einen flüchtigen Blick auf alles Schöne zu werfen, was dieser Saal enthielt, und eilte den Räumen im untern Stockwerk zu, welche den altdeutschen Meistern geweiht sind.

Das herrlichste Kleinod dieser Sammlung sind zwei große figurenreiche Gemälde von Lukas von Leyden, wie man selbst in großen Galerien sie selten antrifft, auf Goldgrund, mit großer Farbenpracht höchst zart und fleißig mit allen seinen Eigenheiten von dem edeln Meister ausgeführt, der zu vielen andern Zweigen der Kunst sich hingab, in den letzten Jahren seines kurzen Lebens zu körperlich schwach war und endlich in seinem neununddreißigsten Jahre viel zu zeitig starb, um der Nachwelt viele Werke von diesem Umfange hinterlassen zu können.

Acht auf Goldgrund mit unsäglichem Fleiße gemalte kleine, zu einander gehörende Tafeln, welche einzelne Scenen aus der Leidensgeschichte des Heilandes darstellen, sind in dieser Sammlung als augenscheinlicher Beitrag zur Geschichte der Kunst am Niederrhein der größten Aufmerksamkeit würdig, die sie durch den Glanz der Farben und des Goldes und die zarteste Ausführung auch ohnehin auf sich ziehen. Sie stammen aus einer sehr frühen Zeit, der Name des Meisters, der sie malte, ist unbekannt; vielleicht war es jener Wilhelmus de Herle, Wilhelm von Köln genannt, dem man bis jetzt das kölner Dombild zugeschrieben hat. Noch hielten ihn die Fesseln der byzantinischen Schule, die damals so schwer auf dem Künstler und der Kunst lasteten; an Perspective ward noch nicht gedacht, und die Hauptfiguren stehen noch so ziemlich in einer Reihe neben einander; den Köpfen wie der Gestalt mangelt noch Seele, Leben und Ausdruck. Aber sie scheinen doch von einem wärmeren Hauch des Lebens durchdrungen, der ihnen zunächst freiere Bewegung mittheilen wird. Man sieht, wie des alten Meisters ahnungsvoller Seele Wahrheit und Natur vorschwebten, und wie er in unbefriedigendem Streben sich abmühte, ein Ziel zu erringen, das er erkannte, dem aber sich zu nähern, seinen glücklichern Nachfolgern vorbehalten war. Eines seiner Motive auf der Tafel, welche die Gefangennehmung des Heilandes darstellt, würde selbst dem größten Maler Ehre machen: Judas, im Augenblick, da er seinem Herrn den Verrätherkuß gibt, sucht sich seitwärts, so viel als möglich hinter ihn zu stellen, weil er sich scheut, dem strafenden Auge des göttlichen Meisters zu begegnen.

Vieles könnte ich noch nennen und beschreiben, was in dieser merkwürdigen Sammlung mich erfreute, fühlte ich nicht das Unzulängliche und endlich Ermüdende aller Beschreibungen von Gemälden, besonders der altdeutschen Schule, wo man immer darauf zurückkommen muß, die Pracht der Farben und die vollkommene Ausführung besonders herauszuheben. Nur eines einzigen Bildes will ich noch erwähnen, das vielleicht oft übersehen wird, mir aber, als ein neuer Beweis, daß das berühmte sogenannte danziger Gemälde wirklich von van Eyck sei, sehr merkwürdig erschien.

»Haben Sie kein Gemälde von van Eyck?« fragte ich Herrn Lieversberg, der nicht, wie sonst wol zuweilen geschieht, den Werth seiner reichen Sammlung durch auf Gerathewohl ertheilte berühmte Namen zu erhöhen sucht. Er machte auf ein langes, schmales, in einer Ecke hängendes Bild mich aufmerksam, augenscheinlich ein zu einem größern Altargemälde gehörendes Flügelbild, und ich traute vor Erstaunen kaum meinen Augen. Nur eine einzige Figur war darauf abgebildet, der Engel Michael mit der furchtbaren Wage, aber genau in derselben Stellung, wie in der Mitte jener berühmten Darstellung des jüngsten Gerichts. Zug für Zug derselbe Kopf, das nämliche Gesicht, dessen Züge, durch vieljährige Bekanntschaft mit dem danziger Bilde, mir deutlich vorschweben. Es war dieselbe Heldengestalt, nur, durch eine mir unerklärliche Laune des alten Meisters, statt in der schimmernden Rüstung, vom Kopf zum Fuße in ein langes weißes Mönchsgewand gekleidet. Vom Rücken her über die Schultern fließt ein goldbrokatner mit Rauchwerk gefütterter Mantel, am Boden sich weit ausbreitend, in schönen Falten herab.

Der Herr Banquier Oppenheim besitzt eine bedeutende Sammlung von Gemälden, die ich aber wegen einiger in den Zimmern eben vorgenommenen Veränderungen nicht sehen konnte. Nur zwei derselben aus der altdeutschen Schule, die ich besonders zu sehen wünschte, ließ der sehr gefällige Sohn des Hauses, dessen Aeltern eben abwesen waren, mir in eines der untern Zimmer hinabtragen. Eine große figurenreiche Composition von van Eyck will ich weiter nicht erwähnen und nur des zweiten Bildes gedenken, das durch naturgetreue Wahrheit, Ausführung und anmuthige Naivetät des Gegenstandes mich dermaßen anzog, daß ich mich gar nicht wieder davon abwenden konnte; auch hat dieses Gemälde vor einigen Jahren, wie ich glaube, zu einer in irgend einem Taschenbuch oder einer Zeitschrift abgedruckten sehr artigen Novelle den Stoff geliehen. Das bedeutend große Gemälde stellt den zierlich mit aller soliden Pracht der damaligen Zeit aufgeschmückten, an der Straße liegenden Laden eines Goldschmieds vor, zu welchem ein junges schönes Brautpaar hereintritt, um die Trauringe zu kaufen. Meisterhaft gedacht und gemalt ist der Kopf des hinter seinem Tische sitzenden alten Goldschmieds; eine ganz unbeschreibliche Mischung von Ernst und heimlicher Schalkheit spricht aus den klugen, verständigen, durchaus nicht unedeln Zügen des Gesichts. Während er anscheinend sich nur mit dem goldnen Ringe geschäftigt, den er gegen den Probierstein hält, sieht man ihm deutlich an, daß er das junge Paar nicht wie gewöhnliche Käufer betrachtet, sondern daß es ihn näher interessirt, sei es nun im guten oder im bösen Sinn. Der dem Alten zunächst am Tische stehende Jüngling scheint nur vor allen Dingen den Handel bald abschließen zu wollen, um sich wieder der Geliebten ungestört zuwenden zu können; die Braut aber steht mit halb niedergeschlagenen Augen dabei, halb beschämt, mit dem reinsten Ausdruck jungfräulicher Liebe und mädchenhafter Schüchternheit in den anmuthigen Zügen. Es ist ein Bild, in das man immer tiefer sich hineinsieht, je länger man davor steht, bis man endlich glaubt, es Leben und Bewegung gewinnen zu sehen. Ein alter Maler, Petrus Christi, hat im Jahre vierzehnhundertneunundvierzig es gemalt.

Eine nicht sehr zahlreiche, aber auserlesene Sammlung Gemälde, meistens niederländischer Cabinetsstücke von den besten Meistern, schmückt die eleganten Zimmer in dem Hause der Frau von Schaafhausen, einem der größten und schönsten in Köln. Die Krone dieser Sammlung ist ein wunderschöner St. Sebastian, eine unaussprechlich rührende Gestalt, aus deren gen Himmel gewandtem Blick schon der Abglanz der den Heiligen dort erwartenden Seligkeit strahlt. Der ehemalige, vor einigen Jahren für die Kunst und alles Schöne und Gute viel zu früh verstorbene Besitzer und auch Stifter dieser Sammlung, Herr Schaafhausen, hatte zur Zeit, als die siegreichen Alliirten in Paris versammelt waren, das unbegreifliche Glück, dieses unschätzbare Gemälde im Laden eines Trödlers aufzufinden. Vermuthlich war es seit jener unglückseligen Periode der französischen Revolution dort verborgen geblieben, in welcher der verblendete Pöbel mit Tigerwuth die Paläste der Reichen plündernd zerstörte; Herr Schaafhausen erkaufte es für den Preis von sechs Franken!

Einen herrlichen Sonnenaufgang von Vernet, ein kleines wunderschönes Familienbild von dem berühmten aber seltenen Meister Gonsalez Coxies will ich nur flüchtig erwähnen. Sehr erfreulich ist ein ganz kleines Bild von Lukas Kranach, von welchem sein oft, unter allerlei Gestalten gemaltes hübsches Bäkkermädchen uns recht anmuthig zulächelt. Die artige Bäckerin ist in ganzer Figur darstellt, recht damenhaft geputzt in rothem Sammetkleide, mit Federbarett und allem dazu gehörigen Schmuck.

Eines höchst effectvollen Bildes muß ich zum

Schluß noch gedenken, eines fast lebensgroßen Portraits des Mädchens von Orleans, von Rubens gemalt. Dieses Bild kam vor langer Zeit als Geschenk des Königs von Frankreich an den damaligen Erzbischof nach Köln. Ein aufgespannter, durchaus rother Teppich, vielleicht die Wand eines Zeltes, bildet den Hintergrund dieses höchst frappanten Gemäldes, die Heldenjungfrau, eine edle, schlanke, jünglingsartige Gestalt, mit einer eisernen Rüstung und einem kurzen Wappenrock bekleidet, liegt vor einem Kruzifix betend auf den Knieen; neben ihr die eisernen Handschuhe. Das weiche blonde Haar fließt unter dem Helm ihr tief über den Rücken hinab. Ein unbeschreiblicher Ausdruck verborgenen stillen Wehes spricht aus dem zarten, einfachen, fast ländlichen Zügen des lieblichen Köpfchens. Es scheint als hätte die Büste dabei zum Vorbilde gedient, die während der Revolution nach Paris gerettet wurde und jetzt vermuthlich wieder an ihrem ehemaligen Platze in der Stadt Orleans aufgestellt worden ist; denn die Aehnlichkeit mit derselben ist unverkennbar.

Wallraf und sein Museum

Beide waren, so lange Wallraf lebte, so innigst ineinander verzweigt, daß es auch jetzt, seit der treueste, uneigennützigste aller Sammler dahin ist, unmöglich wird, sie in der Idee von einander zu trennen. Wallraf selbst gehörte an Geist und Gemüth zu den ungewöhnlichsten Erscheinungen seiner Zeit; im Leben viel verkannt, nach dem Tode, wenngleich im Ganzen nicht besser verstanden, doch hochgepriesen; ein Loos, das wol Jeden trifft, der mit einer Festigkeit, die man wol Heldenmuth nennen dürfte, einem Ziele zustrebt, das er in treuverschwiegner Brust sich selbst gestellt, und das den Leuten um ihn her thöricht bedünken muß, von dem er aber nicht ablassen kann, nachdem er es einmal erkannt und mit aller Kraft seines Gemüthes erfaßt hat.

Der Name Wallraf ist seit einigen Jahren bekannt genug, und doch weiß die Welt wenig von seinem eigentlichen Wesen. Mir aber führte ein glückliches Ungefähr einen seiner vertrauten Jugendfreunde zu, der mit warmem Enthusiasmus an dem Andenkens des ihm vorangegangenen Freundes hängt, wie Alle, welchen das Glück vergönnt wird, ihm näher zu stehen. Von diesem habe ich manchen Zug aus Wallraf's

Leben erfahren, der sehr genau den Gang bezeichnet, welchen das Geschick mit ihm nahm, um ihn zu dem Punkte zu führen, an welchem er zuletzt stand, und der mir nicht unwerth dünkt, hier mitgetheilt zu werden.

Ferdinand Wallraf wurde in dem nämlichen Jahre wie Goethe, und nur einen Monat früher als dieser geboren. Ein besonders günstiger Stern muß den Kindern des Sommers im Jahre siebzehnhundertneunundvierzig geleuchtet haben, denn auch Wallraf kam mit den glücklichsten Anlagen reich begabt zur Welt, welche während seines Heranwachsens so schnell und kräftig sich entwickelten, daß er schon in seinem einundzwanzigsten Jahre als Lehrer bei dem sehr reich dotirten Montanergymnasium in seiner Vaterstadt angestellt werden konnte. Sowol seine sehr ausgebreiteten und gründlichen Kenntnisse als sein Betragen erwarben ihm Gunst und Achtung seiner Vorgesetzten; sein milder, sanfter Charakter, seine bei Anderer Schwächen unermüdliche Geduld verschafften ihm die innigste Anhänglichkeit und Liebe bei der jungen Welt, die ihn umgab. Die Anzahl der Studirenden bei diesem Gymnasium war damals bis auf neunhundert gestiegen; überhaupt muß Köln in jener Zeit für einen Hauptsitz aller Wissenschaft und Gelehrsamkeit gegolten haben, denn die Zahl der Studenten in diesem und den beiden andern Gymnasien ging weit über zweitausend hinaus.

Wallraf's Jünglingsjahre waren sehr glücklich. Seine Existenz war sorgenfrei; er liebte die ihm auferlegte Pflicht und erfüllte sie treulich; aber sie ließ ihm Muße genug, um auch für die höhere Ausbildung seines Geistes und seiner Talente leben zu können. Naturkunde, Botanik, musikalische Uebungen füllten seine Erholungsstunden aus; auch beschäftigte er sich gern mit mathematischen Studien; aber vor Allem zog das Studium der Alten ihn an. Innigst vertraut mit dem Geiste der alten griechischen und römischen Dichter, fühlte er schon früh sich eingebürgert in die längst versunkene größere Welt, der sie Unsterblichkeit gegeben, und vergaß darüber oft die, in welcher er lebte, sammt ihrem kleinlichen Treiben. Mit wahrhaft antikem Patriotismus hing er an seiner Vaterstadt, aber sein Geist, seine Gedanken, sein ganzes inneres Wesen waren mehr in Rom und Athen daheim als in Köln.

Auch eine Freundin war ihm geworden, die sich seiner Jugend annahm und mit mütterlicher Liebe für ihn sorgte; die Gattin des damals in Köln sehr berühmten Arztes Mendt, eine seltene liebenswürdige Frau, die als solche allgemein verehrt und geliebt wurde, und deren Andenken noch jetzt, lange nach ihrem Tode, unvergessen bleibt. Ihre günstige Stellung im Leben, ihr reines Gemüth, die höhere Bildung ihres Geistes, welche über ihre Zeitgenossinnen sie weit erhob, eigneten sie ganz dazu, die Führerin und Beschützerin ihres jungen Freundes zu werden und auch in geselliger Hinsicht höchst vortheilhaft auf seine

Sitten und sein Betragen einzuwirken. Zu ihr flüchtete Wallraf mit seinen Plänen, seinen Wünschen, mit seiner Freude an der Natur, an der Kunst, an den Alten, die sie redlich mit ihm theilte. Sie war die Vertraute aller seiner Gedanken; und auch im späteren Alter hat er den Schmerz, sie verloren zu haben, nicht überwinden können.

Einige Jahre vergingen unserm Freunde in dieser für ihn sehr glücklichen Gestaltung seines Lebens. Poesie und bildende Kunst sind zu enge mit einander verbunden, als daß sein von dem Geiste der alten Poeten durchdrungenes Gemüth sich nicht auch letzterer hätte zuwenden sollen. Er sah in seiner alten ehrwürdigen Vaterstadt von zahllosen Kunstwerken sich umgeben, die theils in Kirchen und Klöstern fast unbeachtet zerstreut waren, theils in den Händen von Privateigenthümern, die meistens den Werth derselben wenig erkannten. Er fing an den Schätzen, die von allen Seiten ihn umgaben, mehr Aufmerksamkeit zuzuwenden, als bisher geschehen; und nun ging eine neue Welt ihm auf, eine lichthelle, glanzvolle Welt, die sich unwiderstehlich seiner bemächtigte. Der lange in seinem Gemüthe schlummernde Funke hatte gezündet, um nie wieder zu erlöschen; die in ihm erwachte Kunstliebe stieg gar bald bis zur Leidenschaft und machte von nun an das Glück, aber auch zugleich, im gewöhnlichen Sinne des Wortes, das Unglück seines ganzen künftigen Lebens.

Kein Liebender hat jemals inniger, treuer an der

Geliebten gehangen als Wallraf an der Kunst, Keiner ihr je schwerere Opfer gebracht als er dieser Göttin seines Lebens bis an das Ende desselben. Sein ganzes Sinnen und Trachten ging von nun an nur darauf hinaus, zu sammeln, zu retten, zu bewahren, was unerkannt und unbenutzt im Staube unterzugehen drohte. Er versagte sich nicht nur jede Bequemlichkeit, sondern auch jedes nicht durchaus unentbehrliche Bedürfniß des Lebens; im Winter blieb sein Zimmer unerwärmt; er hungerte, er fror im eigentlichen Sinne des Wortes, aber er kaufte Handzeichnungen, Kupferstiche, alte Gemälde, geschnittene Steine von dem auf diese Weise ersparten Gelde und fühlte keinen Mangel.

Seine Freundin konnte nur mit bänglicher Sorge diesem seinen Treiben zusehen. Sie versuchte, ihm das Gefährliche desselben deutlich zu machen, ihm vorzustellen, wie er auf diese Weise sich selbst in jeder Hinsicht zu Grunde richten müsse; aber ein von Enthusiasmus entflammtes, von Leidenschaft tief erfülltes Gemüth gab noch nie Vernunftgründen nach. Und so blieb denn der edeln Frau nichts weiter für ihren Freund zu thun übrig, als ihm den Weg, von dem er nun einmal nicht abweichen wollte, so viel möglich zu ebnen und zu erleichtern. Ihr in Köln in großem Ansehen stehender Gatte brachte auf ihr Bitten durch Fürsprache bei seinen Freunden es dahin, daß Wallraf bei der schon im vierzehnten Jahrhundert in Köln gegründeten Universität zum Professor der Botanik ernannt wurde. Eine Präbende bei dem Damenstift zu St. Maria vom Capitol, die wenigstens tausend Thaler jährlich einbrachte, war mit dieser Stelle verbunden; ein Einkommen, das in jener Zeit weit beträchtlicher war, als es jetzt uns scheinen mag, und Frau Mendt durfte mit Recht für ihren Freund von dieser günstigen Veränderung seiner ökonomischen Umstände das Beste hoffen. Wallraf war kein Jüngling mehr, er hatte das dreiunddreißigste Jahr erreicht, und in diesem Alter hört man doch gewöhnlich auf, sich rücksichtslos dem Antriebe des Augenblicks zu überlassen.

Aber die gute verständige Frau sah ihre Erwartungen nicht erfüllt; mit den Mitteln, sie zu befriedigen, waren auch Wallraf's Wünsche gewachsen. Er fuhr fort, zu darben, zu hungern, zu frieren, sich in seiner Kleidung nur auf das Unentbehrlichste zu beschränken, um Kunstsachen zu kaufen, die ihm jetzt, da er als sammelnder Kunstfreund bekannt geworden war, von allen Seiten zuströmten, und mußte dabei den Schmerz empfinden, das Unzulängliche aller dieser Opfer einzusehen. Der Entschluß, eine Kunstsammlung für seine Vaterstadt zu begründen, hatte schon damals mit Riesengewalt ihn ergriffen und mit allen seinen Gedanken, Gefühlen und Plänen sich dermaßen fest verzweigt, daß es ihm unmöglich war, von ihm abzulassen. Daß er mit den pecuniären Mitteln, die zu der Ausführung desselben ihm zu Gebote standen, auch bei der kärglichsten Lebensweise unmöglich ausreichen könne, war ihm nur zu klar geworden;

im peinlichen Nachsinnen darüber kam er endlich auf den Gedanken, durch eine Art von Tauschhandel sein patriotisches Streben sich zu erleichtern, und der Plan glückte weit über sein Hoffen hinaus. Er fing an, wo sich nur irgend die Gelegenheit dazu bot, um geringen Preis allerlei kleinere Kunstartikel zu kaufen, wie sie eben dem Geschmack seiner Mitbürger in der damaligen Zeit zusagten; Heiligenbilder und Scenen aus der Geschichte derselben, oft sehr vorzüglich in Kupfer gestochen, Gipsbüsten, geistliche Bücher, geschnittene Steine und Pasten, Doubletten von Mineralien und andern naturhistorischen Gegenständen. Alles dieses suchte er, oft mit großem Gelingen, gegen Gemälde und andre Werke alter Kunst zu vertauschen, die oft in unzugänglichen Winkeln vergessen und unbeachtet im Staube moderten und von ihren Besitzern weder erkannt noch geschätzt wurden. Und so gelang es ihm, für verhältnismäßig wenig Geld, das er aber fortwährend unter unglaublichen Entbehrungen sich absparte, nach und nach die große Anzahl merkwürdiger und zum Theil vortrefflicher Gemälde sich anzueignen, welche das Museum schmücken, das seinen Namen trägt.

Die Sache fing allmälig an, unter seinen Mitbürgern Aufsehen zu erregen, die eben nicht *Alle* ihm wohlwollten. Für einen Thoren hatten schon Viele ihn längst erklärt; jetzt fing man an, auch die Redlichkeit seines Charakters in Frage zu stellen, und selbst seine Freunde wurden einigermaßen irre an ihm; er hatte deren einige, die größtentheils durch ähnliche, wenn gleich weniger leidenschaftliche Kunstliebe als die seine, ihm verbunden waren, unter denn sich auch der Freund befand, dem ich diese Notizen über Wallraf's Leben verdanke.

Sie waren zugegen, als er einst für einen, den heiligen Franziscus vorstellenden Kupferstich eine auf Kupfer trefflich gemalte schlummernde Diana an sich brachte; ein ungefähr viertehalb Fuß langes und etwas über zwei Fuß hohes Bildchen, das, ob mit Recht oder Unrecht, weiß ich nicht, für einen echten Correggio galt. Der Kauf schien den Freunden doch ein wenig zu ungleich, und sie konnten sich nicht enthalten, ihm die Gewissensfrage vorzulegen, ob es wohl ganz rechtlich wäre, für einen Kupferstich, der ihm zwölf Frank koste, ein Gemälde zu nehmen, das kaum mit zweihundert Karolin für bezahlt zu achten sei.

Kunstwerke haben keinen absoluten Werth, erwiederte Wallraf gelassen; Alles hängt von Geschmack, Cultur, Zeit, Verhältnissen und sonstigen Umständen dabei ab. Fragt selbst den bisherigen Besitzer dieses Bildes, ob ihm der heilige Franziscus nicht lieber sei als diese Diana.

Allerdings, fiel dieser ein, ist mir das Bild meines heiligen Schutzpatrons weit mehr werth als dort die nackte heidnische Göttin. Nun habe ich sie alle drei glücklich beisammen, meinen Schutzpatron, den meiner Frau und den meiner Tochter, setzte er wie triumphierend hinzu und ging, seelenvergnügt über den glücklichen Tausch, mit seinem heiligen Franziscus nach Hause.

Lachend gratulirten jetzt die Freunde dem guten Wallraf zu dem Kauf; ihre Zweifel in Hinsicht der Rechtlichkeit desselben waren völlig gehoben, sie erboten sich sogar, ihm zu ähnlichen zu verhelfen zu suchen.

Das kann mit gutem Gewissen auch der Redlichste und Rechtlichste unter euch, erwiederte Wallraf freundlich aber ernst. Nichts von allen den Kunstsachen, die ich zusammenbringe, ist mein Eigenthum, Alles gehört meinen Mitbürgern, meiner Vaterstadt. Ich nehme es nur in einstweilige Bewahrung, damit unkundige Hände es nicht beschädigen, oder es endlich gar aus Köln weggeführt werde.

Und er hat redlich Wort gehalten bis an das Ende seines, unter unerhörter Anstrengung diesem einzigen Zwecke gewidmeten Lebens.

Im Jahre siebzehnhundertsechsundneunzig wurde Wallraf zum Rector der Universität erwählt und wurde unter der Oberherrschaft der Franzosen sieben Jahre nach einander in dieser akademischen Würde bestätigt. Die Eigenmächtigkeit der fremden Usurpatoren hatte alle bisherigen Einrichtungen über den Haufen geworfen, und die Universität war eigentlich froh, in Wallraf einen eben so gewandten und verständigen als gutgesinnten Vermittler zwischen ihr und der ihr aufgedrungenen neuen Behörde gefunden zu haben. Sie ertheilte ihm zugleich eine eben freigewordene Präbende von achthundert Thalern jährlich, welche sie zu vergeben hatte. Wallraf's Einkommen wurde dadurch bedeutend vermehrt, und er freute sich dessen, ohne in seiner gewohnten ärmlichen Lebensweise deshalb das Mindeste zu verändern.

Bis er zum Rectorat ernannt wurde, hatte er, auch als Professor der Botanik, die mit seiner ehemaligen Lehrerstelle am Montanergymnasium verbundene Wohnung beibehalten. Sie war groß und geräumig genug, um alle die zahllosen Bücher und Kunstsachen aufzubewahren, die im Laufe der Jahre sich dermaßen chaotisch um ihn angehäuft hatten, daß der genügsame Mann kam Raum genug für seine persönliche Bequemlichkeit übrig behielt; das Gymnasium konnte ihrer entbehren und ließ ihn ungestört im Besitz. Nun aber wurden Neid, Schelsucht, kleinliche Nebenabsichten in dem Gemüth seiner ehemaligen Collegen plötzlich rege; man fing an, ihn wiederholentlich zur möglichst schnellen Räumung der Wohnung aufzufodern. Wallraf ergab sich darein, wenn gleich ungern; er bat nur um Frist, bis er eine für ihn passende Wohnung gefunden; auch gab er sich Mühe darum und mochte wol dabei oft sorgenvoll an das mühselige und gefährliche Ausräumen aller seiner unendlichen Habseligkeiten gedenken.

Seinen ehemaligen Herren Collegen verging indessen darüber die Geduld; sie beschlossen, ihm einen Theil der Mühe, vor welcher ihm graute, zu ersparen, und Wallraf fand eines Tages beim Nachhausekommen zu seinem größten Entsetzen sein sämmtlich Mobiliar im Hofe unter freiem Himmel, seine Kunstschätze, Gemälde, Bücher, Kupferstiche, geschnittenen Steine längs der Wände des unten aller Welt offenstehenden Corridors unter- und übereinandergehäuft; es war ein Anblick, von welchem man kaum begreift, wie er ihn überleben konnte. Seine Herren Collegen hatten mit Hülfe einer Unzahl dazu angenommener Arbeitsleute dieses große Werk in wenigen Stunden vollbracht, zu dessen Ausführung Wallraf vielleicht Wochen gebraucht haben würde, um es mit aller dabei nöthigen Sorgfalt zu vollbringen.

Wallraf war trostlos, und wer möchte ihm dieses verargen. Mitten in seiner Vaterstadt sah er sich mit Allem, was er für diese durch fortgesetzte schwere Opfer errungen, unter freiem Himmel ohne Schutz und Obdach. Durch die unbarmherzige Willkür ehemaliger Freunde aus den ihm werth gewordenen vier Wänden hinausgestoßen, ohne zu wissen, wohin er für den Augenblick sich wenden könne, um nur das Liebste, was er besaß, in leidliche Sicherheit zu bringen.

Jetzt aber traten seine, über die Mishandlung, welche er erfahren, empörten Freunde thätig für ihn ein. Wallraf's milder, stets zum Vergeben geneigter Sinn hätte Alles, ohne die Thäter zur Strafe ziehen zu wollen, ertragen, aber seine Freunde handelten für ihn. Auf ihr Verwenden bei den oberen Behörden wurden die Lehrer des Montanergymnasiums für jede Beschädigung verantwortlich gemacht, die Wallraf's Eigenthum durch ihr widerrechtlich eigenmächtiges Verfahren erleiden würde, und zwei auf ihre Kosten angestellte Wächter mußten Tag und Nacht es bewachen, um es vor Raub zu bewahren.

Der französische Präfect, an welchem Wallraf, von seinen Freunden getrieben, sich persönlich wenden mußte, räumte ihm einstweilen die für eine französische Domaine erklärte leerstehende Dompropstei zur Wohnung und Aufbewahrung seiner Kunstsachen ein, und Napoleon selbst, der während seiner Anwesenheit in Köln Wallraf persönlich kennen gelernt, sicherte ihm in der Folge den freien Gebrauch dieses sehr großen Gebäudes auf seine ganze Lebenszeit zu.

Im Jahre siebzehnhundertachtundneunzig wurde Wallraf von Paris aus zum »conservateur des arts et des antiquités« in Köln und der Umgegend ernannt, was ihm, als höchst förderlich zu seinem Zwecke, allerdings sehr angenehm sein mußte; leider aber raubte ihm der Tod im nämlichen Jahre den Schutzengel seines Lebens, die edle Frau, der er Alles verdankte. Wie ein solcher Verlust auf das Gemüth unsers Freundes wirken mußte, ist leicht zu erachten. Bleich, krank, völlig gebrochenen Muthes wankte er lange einher; sein Schmerz ergoß sich nicht in Klagen, aber sein ganzes Aeußere verkündete, was er in tiefbetrübter Seele litt.

Um die nämliche Zeit ereignete sich ein Vorfall,

der, obgleich man ihm eine gewisse komische Seite nicht absprechen kann, dem armen Wallraf dennoch viel Aerger und Verdruß verursachte.

Die durch ganz Europa auf Raub und Plünderung ausgehenden sogenannten Kunstfreunde in Paris hatten endlich auch von der mit alten herrlichen Kunstwerken überfüllten Stadt Köln Kunde erhalten. Sie hielten untereinander Rath, wie sie sich wenigstens einen Theil derselben aneignen könnten; den gewohnten Weg des geradezu Wegnehmens einzuschlagen, wollten hier die Verhältnisse nicht erlauben, man mußte feiner dabei zu Werke gehen, und die Art und Weise, wie dieses anzufangen sei, wurde bald gefunden.

Eine sehr große Anzahl künstlich ausgestopfter, recht schöner ausländischer Vögel war eben zur Hand, wahrscheinlich Doubletten aus früher geraubten Museen und Naturaliencabineten. Kluge Leute wissen Alles zu gebrauchen; die Vögel wurden zierlich aufgestutzt, sauber eingepackt und kunstverständigen Vertrauten der Gesellschaft übergehen, die sie nach Köln führten. Dort angelangt, zogen nun die neuen Papagenos mit ihren schweigsamen Volieren von Haus zu Haus, um ihre bunte Waare zum Verkauf auszubieten. Die Vögel waren gar zu allerliebst, so bunt, so schön, so niedlich, von so glänzenden Farben; wer sie sah, besonders unter den Leuten des Mittelstandes, konnte sich des Wunsches nicht erwehren, mit einigen dieser hübschen Geschöpfte sein Zimmer auszuschmücken. Sie sollten auch vereinzelt verkauft werden, aber der Preis, welcher dafür gefordert wurde, war hoch und die Zeiten schwer.

Die Herren Verkäufer äußerten indessen, daß sie sich wol entschließen könnten, die schönen bunten Vögel gegen verräucherte Bilder und ähnlichen alten unbrauchbaren Plunder einzutauschen, und nun ging es in den Häusern an ein Suchen, ein Poltern, ein Rumoren ohne Gleichen. Vom Speicher, aus Rumpelkammern und Verschlägen wurden alte verstaubte Gemälde an das Tageslicht geschleppt, an die keine lebende Seele seit Jahren gedacht; gemalte Fenster, altes Schnitzwerk, tausenderlei Dinge, die seit undenklicher Zeit unbeachtet aller Welt im Wege gestanden. Der Handel ging vortrefflich, Käufer und Verkäufer waren zufrieden, und ehe Wallraf ein Wort davon erfuhr, waren schon mehrere Kisten, vollgepackt mit nie zu ersetzenden Kunstwerken, auf dem Wege nach Paris.

Wallraf wollte darüber verzweifeln; gern hätte er Himmel und Erde bewegt, um diesem Unfuge zu steuern. Er wandte sich an die damals in Köln allein geltenden französischen Behörden, er brachte in Paris schriftlich seine Klagen an, vergebens, denn dem alten, etwas ordinairen, aber doch als wahr erprobten Sprichwort zufolge, pflegt eine Krähe nicht leicht einer andern die Augen auszuhacken. Seine Klagen fanden kein Gehör, und der Vogelhandel ging nicht nur fort, sondern wurde immer brillanter.

Wallraf's Freunde erinnerten ihn zwar scherzend an seinen eignen ehemaligen Tauschhandel mit Kupferstichen, aber sie nahmen doch seiner wirklich großen Bekümmerniß sich an. Sie vertheilten sich in mehreren Straßen der Stadt, gingen von Haus zu Haus, zu Bekannten und Unbekannten und machten den Leuten begreiflich, wie die Franzosen auf diese Weise die ganze Stadt aller Kunstwerke zu berauben Willens wären, welche seit vielen hundert Jahren der größte Schmuck derselben gewesen seien.

Das Wort »Franzose« brachte die braven Bürger sogleich wieder zur Besinnung; es war an und für sich ein Argument, gegen welches sich nichts einwenden ließ. Die noch vorhandenen Kunstwerke wurden wieder an ihren Ort gebracht, die Thüren verschlossen, die Vogelhändler fanden keine gutwilligen Käufer mehr. Grimm im Herzen gegen Wallraf, den sie als den Urheber dieser Veränderung betrachteten, zogen sie mit dem Rest ihrer bunten Waare, leider aber auch mit dem Ertrage der früher verkauften, sich wieder nach Paris zurück.

Die großen Räume seiner neuen Wohnung verleiteten indessen den guten Wallraf zu immer bedeutenderen Ankäufen, die den Werth seiner Sammlung vermehrten, durch die er aber zugleich in eine drückende Schuldenlast versank. Bei fortgesetzter strenger Sparsamkeit und der frugalsten Lebensweise reichte dennoch sein Einkommen bei weitem nicht hin, um seiner Lieblingsneigung und zugleich den immer sich steigernden Ansprüchen zu genügen, die von einer andern Seite an ihn gemacht wurden. Wallraf hatte eine einzige früh verwitwete Schwester, als Mutter von neun lebenden Kindern, bei sehr geringen Vermögensumständen, bedurfte sie seines Beistandes, den er ihr als treuer Bruder von jeher sehr liebevoll gewährte. Er selbst versagte sich Alles, die Schwester aber bewahrte er vor Mangel und Noth; er leitete die Erziehung ihrer Kinder, und als diese heranwuchsen, ließ er vier ihrer Söhne auf seine Kosten studiren. Er that es gern mit willigem, freudigem Herzen, aber seine Sorgen wurden dadurch vermehrt, seine Lage immer drückender, und außer der Freude an der Kunst, die ihn nie verließ, hatte er wenig Freude und Frieden mehr in der Welt. Seine Freundin war bei den Todten, und von Seiten seiner Verwandten erntete er späterhin nur Undank und Kummer, wo er Freude und Dank für sein späteres Alter zu gewinnen gehofft hatte.

Die nach Paris zurückgekehrten Vogelhändler hatten indessen ihren Freunden eine höchst lockende Beschreibung von den Schätzen gemacht, welche sie in dem alten düstern Köln, in Klöstern und Kirchen verborgen, hatten zurücklassen müssen. Daß alle geistliche Stiftungen längs dem linken Rheinufer nächstens würden aufgehoben werden, war damals schon so gut als gewiß, und welche reiche Ernte an Gemälden, Manuscripten, gemalten Fenstern u. s. w. mußte den pariser Kunstfreunden dann werden! wäre nur der eigensinnige »Conservateur des antiquités« Wallraf aus dem Wege geräumt!

In der festen Ueberzeugung, daß er sich nie dazu verstehen würde, wurde Wallraf auf ihren Antrieb jetzt aufgefordert, als Beamter der französischen Republik entweder den Bürgereid zu leisten, oder seine Stelle niederzulegen. Man hatte sich in seinen Vermuthungen nicht geirrt; der arme Wallraf gerieth durch diesen Antrag in einen inneren Kampf mit sich selbst, in eine an Verzweiflung grenzende Noth, wie er noch nie sie empfunden. Wie konnte, wie sollte er hier entscheiden! Als freier Reichsstädter war er ein geborner Republikaner im edelsten Sinne des Wortes, und im steten Umgange mit dem Geiste der alten Römer und Griechen war dieser ihm angeborne Freiheitssinn noch erhöht und gehoben. Er war fest überzeugt, daß ein freies Volk eben so groß, ebenso glücklich sein könne als ein von einem Könige beherrschtes, und in dem Eide selbst lag nichts, wogegen sein Gefühl von Recht und Unrecht sich empörte. Aber einer der beliebtesten Kanzelredner, ein echter Mann des Volkes, den Wallraf selbst achtete und liebte, hatte noch vor dem Einrücken der französischen Armee von der Kanzel herab die Leistung dieses Eides als ein unverzeihliches Vergehen gegen göttliche und menschliche Gesetze geschildert und dadurch das Volk gegen die auf diese Weise Beeidigten furchtbar aufgebracht; er stellte sie mit den pariser Schreckensmännern und Königsmördern in eine Reihe, und

Haß, Verachtung, Abscheu folgten ihnen, wo sie sich zeigten. Durfte, konnte Wallraf, als Geistlicher, als Lehrer, als Rector der Universität einer solchen Unbill sich aussetzen, wenngleich sein Gewissen die That selbst, welche ihn der allgemeinen Verachtung preisgeben mußte, nicht misbilligte? Durfte er die Achtung, die Liebe, das Vertrauen seiner Mitbürger verscherzen, um seine Stelle sich zu erhalten? Und durfte er gerade in diesem Augenblick sie aufgeben, wo er durch sie bei der sichtlich nahen Aufhebung aller geistlichen Stiftungen allein in den Stand gesetzt werden konnte, seiner Vaterstadt, der er sein ganzes Leben geopfert, die Kunstschätze von achtundfungzig Klöstern zu erhalten? Vergebens quälte er sich ab, um die Lösung dieser Fragen zu finden; tief im Innersten seines Gemüthes zerrissen, härmte er sich und ging bleich wie ein Todter umher, ohne zu einem Entschlusse gelangen zu können.

Der Geistliche, dessen Predigt das Volk so furchtbar gegen den französischen Eid aufgeregt, gerieth indessen mit Wallraf in gleiche Verlegenheit; auch ihm wurde ein Amt übertragen, in welchem er viel Gutes stiften konnte, bei welchem aber die Leistung jenes verhaßten Eides nicht zu umgehen war. Der geistliche Herr sträubte sich lange und heftig dagegen, mußte aber endlich nachgeben. Er war zu geachtet und zu geliebt in der Stadt, als daß der öffentliche Tadel hätte schwer auf ihn lassen sollen; die Meinungen und Ansichten des Volkes wurden milder, und

Wallraf durfte jetzt getrosten Muthes dem Beispiel des allgemein verehrten Mannes folgen. Er that es mit innerem Widerstreben und duldete es gelassen, durch sein inneres Bewußtsein getröstet, wenn noch lange nachher die Leute auf den Straßen zuweilen mit Fingern auf ihn wiesen und zu einander sagten: »das ist er, der den Eid geleistet hat.«

Im April des Jahres achtzehnhundertundzwei fiel endlich der lange gefürchtete Schlag. Die geistlichen Stiftungen längs dem linken Rheinufer wurden durch den ersten Consul Bonaparte aufgelöst, ihr Vermögen eingezogen, ihre Besitzungen, welche fast ein Drittel des ganzen Bodens ausmachten, für französische Domainen erklärt. Die Mitglieder der reichen Kapitel, Abteien und anderer Stiftungen erhielten, ohne Unterschied der Person und des Ranges, eine lebenslängliche Pension von fünfhundert Franken statt der bisher genossenen reichen Pfründen. Alles übrige Geld ging in französische Hände; der zur Unterhaltung der kirchlichen Gebäude nothwendigen Fonds wurde gar nicht gedacht.

Auch Wallraf verlor seine beiden Präbenden; den eignen Verlust wußte er gelassen zu tragen, aber sein sonst so mildes Gemüth empörte sich über die Ungerechtigkeit, mit welcher die geraubten Güter verwaltet wurden, ohne des eigentlichen Zweckes ihrer Stiftung zum Besten der Armen und der Schulen zu gedenken. Er sprach laut und heftig dagegen, aber Alles blieb, wie es einmal war, und seine Stimme verhallte wie in einer Wüste.

Sein Museum wurde indessen durch die Raubsucht der fremden Herrscher unglaublich bereichert. Er sammelte, rettete in diesen trüben Tagen der Verwüstung, soviel er immer konnte. Der Maler Fuchs und sein würdiger Freund und Schüler de Noel, der jetzt der Ordnung und Erhaltung des von Wallraf gestifteten Museums sich mit lobenswürdigem Eifer annimmt, standen bei der Auswahl der des Aufbewahrens würdigen Gegenstände mit ihrem Rathe ihm bei. Wallraf wurde durch die Menge derselben fast erdrückt; sein großes Haus wurde ihm zu enge, kein freier Tisch, fast kein Stuhl, den er einem Besuchenden hätte anbieten können, war in seinem Wohnzimmer zu finden; sogar sein Bett war mit Gemälden und Kupferstichen beladen. Bei dieser Ueberfülle war an kein Ordnen der verschiedenartigsten Gegenstände zu denken; zahllose Fremde, die nach jener Zeit ihn besuchten und oft, ohne selbst einigen wahren Gewinn davon zu haben, ihn seiner kostbarsten Stunden beraubten, haben seine Sammlung in diesem Zustande gesehen und hinterdrein oft darüber gespottet.

Bei der allgemeinen Zerrüttung alles Langebestehenden war auch die Universität nicht verschont worden. Eine Centralschule wurde anstatt derselben errichtet, bei welcher Wallraf als Lehrer der Aesthetik mit einem Gehalt von beinah tausend Thalern angestellt wurde. Er nahm mit großem Eifer und vielem

Gelingen der Bildung seiner Schüler sich an und freute sich der Gelegenheit, auch hier mannichfaltiges Gute zu stiften.

Doch immer schwerer wurde ihm die Schuldenlast, die ihn drückte, von der nicht abzusehen war, wie er sich jemals würde von ihr befreien können. Bei seinem sehr verringerten Einkommen machte die jährliche Bezahlung der Zinsen schon allein ihm Sorge und Kummer, und nun kam noch von einer Seite, wo er dieses am wenigsten erwarten konnte, eine Vermehrung derselben hinzu, die sein ohnehin wundes Gemüth tief und schmerzlich verletzte.

Die Schwester, der er von jeher mit großen Aufopferungen Gutes gethan, die ihm unsäglich viel zu verdanken hatte, fing an, durch ziemlich laut ausgesprochene Unzufriedenheit ihm das Leben zu erschweren. Sogenannte gute Freunde hatten der beschränkten Frau vorgestellt, wie die Kunstsammlung ihres Bruders wenigstens eine Million Franks werth wäre, die er im Begriff stehe der Stadt zu schenken, während sie und ihre Kinder, die doch das nächste Anrecht an seinen Nachlaß hätten, nach seinem Tode würden leer ausgehen müssen. Ränkesüchtige Sachwalter mischten sich hinein, fachten den Funken der Zwietracht zur hellodernden Flamme auf und verleiteten die bethörte Frau zu nicht zu entschuldigenden Vorwürfen gegen ihren tiefgekränkten Bruder. Wallraf war schmerzlich betrübt, aber er zürnte der Schwester nicht; er fuhr sogar fort, ihr regelmäßig das ihr von ihm bestimmte Monatsgeld auszahlen zu lassen, was er, selbst in der größten eignen Bedrängniß, nie unterlassen, und äußerte oft, er könne nur als eine Verblendete sie bedauern.

Der pecuniäre Werth der Wallraf'schen Sammlung war freilich mit einer Million Franks viel zu hoch angeschlagen; aber daß das Ganze die Hälfte dieser Summe einbringen würde, wenn es nach Wallraf's Tode in London oder Paris öffentlich versteigert werden sollte, ließ mit großer Wahrscheinlichkeit sich im Voraus berechnen, und Wallraf selbst leugnete dieses nicht ab. Außer den Gemälden, den Kupferstichen, Handzeichnungen, werthvollen alten Münzen, antiken Gemmen und andern Gegenständen enthielt sie noch eine Menge alter seltner Manuscripte und Bücher aus der frühesten Zeit nach Erfindung der Buchdruckerei, sogenannte Incunabeln, für den Kenner und Liebhaber von unschätzbarem Werth, die besonders in London oft mit schwerem Golde aufgewogen werden. Doch alles Dieses war Wallraf's unbestrittnes selbsterworbnes Eigenthum. Von Patriotismus und leidenschaftlicher Kunstliebe getrieben, hatte er mehr als vierzig Jahre seines Lebens in selbstgewählter Armuth und Dürftigkeit hingebracht, um es für seine Vaterstadt zusammenzubringen. Hätte er gelebt wie Andre seines Gleichen, und wie sein Rang, sein Einkommen, sogar seine Gesundheit es eigentlich forderten, so wäre sein Nachlaß nach seinem Tode gewiß nicht von der Bedeutung gewesen, daß darüber unter seinen Erben Streit hätte entstehen können. Wallraf's ganzes Leben war eine Kette von Entbehrungen, aber auch ein überzeugender Beweis, wie viel selbst der arm und hülflos Geborne vermag, wenn er mit festem Muth und unabänderlichem Ernst Alles daran setzt, um ein hohes, sich selbst gestelltes Ziel zu erreichen.

Daß aus Bösem gewöhnlich Gutes entspringt, wenn man nur Geduld hat es abzuwarten, ist eine alte Behauptung, die öfterer ausgesprochen wird als geglaubt. Wallraf aber erfuhr die Wahrheit derselben während seines langen Lebens mehrere Male auf recht auffallende Weise. Das eigenmächtige Verfahren seiner ehemaligen Collegen am Montanergymnasium, durch das er mit aller seiner Habe plötzlich unter freien Himmel versetzt wurde, so hart er im ersten Augenblicke sich davon getroffen fühlte, verhalf ihm zu einer lebenslänglichen freien Wohnung, die ganz seinen Wünschen entsprach. Die Intrigue der pariser Vogelhändler, durch die sie ihn von seiner Stelle zu vertreiben meinten, bestätigte ihn in derselben, und das harte Verfahren seiner Schwester war die Veranlassung seiner Befreiung von der ihn drückenden Schuldenlast, und gewährte ihm ein ruhiges friedliches Alter, in Ehre und Ansehen bei seinen Mitbürgern.

Der Magistrat der von dem Joche der Franzosen endlich wieder frei gewordenen Stadt wurde von der traurigen Lage des patriotischgesinnten Greises unterrichtet, er trat hülfreich ein, um ihn aus derselben zu ziehen und zugleich der Stadt das mit so großer Aufopferung erworbene Geschenk desselben zu erhalten. Alles, was Wallraf an Kunstsachen gesammelt hatte, wurde von diesem zu Begründung eines städtischen Museums dem Senat feierlich übergeben, blieb aber unter seiner Verwaltung. Die Stadt übernahm dagegen alle seine Schulden und sicherte ihm auf eine, sein muthmaßliches Lebensziel übersteigende Reihe von Jahren eine sehr anständige Pension zu, von welcher nach seinem Tode, bis zum Ablauf der bestimmten Zeit, seine Schwester einen bedeutenden Theil genießen sollte. Diese gab sich damit zufrieden, besonders da Wallraf sogleich Anstalt traf, ihr einen bestimmten Antheil seines Einkommens noch bei seinen Lebzeiten zuzusichern.

Wallraf fühlte durch diese neue Einrichtung sich sehr glücklich. Von drückenden Sorgen befreit, konnte er heitern Muthes dem Spätabende seines Lebens entgegengehen. Er war jetzt ein achtundsechzigjähriger Greis, lebte aber fast noch sparsamer als zuvor, anstatt sich die Pflege und Bequemlichkeit zu gewähren, die sein höheres Alter erforderte. Er selbst behauptete, durch die Länge der Jahre dieser frugalen Lebensweise so gewohnt zu sein, daß es ihm schwer fallen würde, von derselben abzugehen; eigentlich aber ging sein ganzes Streben nur darauf aus, die seiner Vaterstadt jetzt angehörnde Sammlung durch neue Ankäufe noch zu vermehren.

Keine Bitten, keine Vorstellungen seiner um ihn besorgten Freunde und Freundinnen vermochten, ihn zu einer Abänderung seiner Lebensweise zu bringen. Durch Uebersendung seinem Alter zuträglicherer, besserer Speisen ihm beizukommen, war unmöglich; jeder Versuch dieser Art würde sein feines Gefühl verletzt haben; ließ er doch Vormittags nie bei seinen wohlhabenden Freunden sich blicken, um nur nicht das Ansehen zu gewinnen, als erwarte er, zu Tische eingeladen zu werden. Sein gewöhnliches Mittagsmahl bestand in einem Teller Kartoffeln oder gelbe Rüben, die er im Winter in seinem Zimmer auf einem dazu eingerichteten eisernen Ofen schmoren ließ. Er lebte mitten in einer neuen Generation, den Söhnen und Töchtern älterer ihm vorangegangener Freunde, die ihm zum Theil ihre Bildung verdankten und ihn wie ihren Vater liebten und ehrten. Die Tochter eines seiner edelsten und vertrautesten Freunde war sein Liebling; als Kind hatte sie ihn umspielt, und mit seinen Lehren war auch seine warme Kunstliebe in ihre junge Seele übergegangen. Als junge Frau sorgte sie mit kindlicher Liebe für ihn und suchte Alles hervor, um ihn zu erfreuen. Diese war bei seinen frugalen Mahlzeiten zuweilen gegenwärtig; dann pflegte er wol aus seinem reichen Schatze eine antike, aus edeln Steinen gebildete Trinkschale herbeizuholen, sie mit seltenem feurigen Weine zu füllen, dem einzigen Geschenke, das seine Freunde ihm darzubringen wagen durften, und, indem er sie sich von seiner jungen

Freundin kredenzen ließ, fröhlichen Muthes auszurufen: jetzt frühstücke ich wie ein alter Römer!

Unter dem Vorwande, seiner männlichen Unbeholfenheit zu Hilfe zu kommen, durften die Freundinnen es wagen, ihn jeden Winter mit einem stattlichen, warmen und weichen Schlafrock zu versehen; die Männer sorgten dafür, daß es ihm wie an einem großen weiten Mantel von einem ganz eignen Schnitt fehle, den er, wenn es in seinem ungeheizten Zimmer kalt war, um sich warf und, indem er einen Zipfel desselben über die Schulter schlug, sich recht malerisch damit drapirte. Bei seiner hohen stattlichen Gestalt und den geistreichen ausdrucksvollen Zügen seines Gesichts sah er dann in der That einem alten Römer nicht ungleich.

Im Jahre achtzehnhundertundachtzehn versetzte die unerwartete Ankunft eines mit antik römischen Marmorbildern beladenen Schiffes den armen Wallraf in einen wirklich fieberhaften Zustand. Jugendlich begeistert, gleich einem der Geliebten entgegeneilenden Jüngling, eilte er an den Rhein, um wenigstens das Verzeichniß der angekommenen Statuen, Büsten, Basreliefs, Sarkophagen zu sehen, deren Erscheinung am vaterländischen Ufer ihm wie ein Wunder vorkam. Er traute seinen Augen kaum, während er die lange Liste plastischer Kunstwerke durchlief, die alle, in oder nahe bei Rom ausgegraben, von bewährten Kennern in jener Stadt für den verstorbenen König von Würtemberg zusammengebracht worden waren und jetzt, da der Tod desselben die Bestellung ungültig gemacht, einstweilen nach Holland geführt werden sollten, um dort vielleicht Käufer zu finden. Der Eigenthümer derselben ließ sich bewegen, sie auch in Köln auszupacken und öffentlich auszustellen.

Wallraf erblickte die Büsten des Kaisers Germanicus und dessen Tochter Agrippina, der ersten Gründerin von Köln; diese hohen edeln Ahnenbilder der geliebten Vaterstadt konnte er unmöglich wieder zu den Thoren derselben hinausziehen sehen. Und nun noch dazu diese Meduse in ihrer furchtbaren Herrlichkeit, und so viele andre Gebilde antiker Kunst! Er ging wie taumelnd umher, unaufhörlich der Möglichkeit nachsinnend, wenigstens einen Theil all' dieser Herrlichkeiten für Köln zu erwerben. Die Ankunft eines reichen und bedeutenden Kunstfreundes aus einer benachbarten Stadt steigerte sein Gefühl bis zur zitternden Angst. Viere der Büsten, eigentlich die Krone dieser Sammlung, waren an Jenen schon so gut als verkauft; Wallraf eilte zu ihm, um den Kauf wo möglich rückgängig zu machen. Den Erfolg seiner Bemühungen bezeugt folgendes Billet, das Wallraf am nämlichen Tage empfing, und das hier ein Plätzchen finden mag, weil es für Beide, den Schreiber wie den Empfänger, gleich ehrend ist.

»An den Kunstpatriarchen von Köln, den biedern Professor Wallraf.«

»Ich hoffe, Sie haben sich durch das lange Gespräch von diesem Morgen hinlänglich überzeugt, daß ich ein unbestreitbares Recht auf vier jener Büsten habe und diese durch Kauf mein Eigenthum sind. Kein Richter könnte sie mir nach den in Händen habenden Beweisen streitig machen. Indessen habe ich gesehen, wie sehr Ihnen, würdiger Herr Professor, die Sache zu Herzen geht, und ich würde mich schämen, wenn ich so hart wäre, Sie in Ihren Freuden stören zu können. Zuerst Sie – dann die Stadt Köln, das sind die Rücksichten, die mich bewogen haben, Ihren friedlichen Erwerb nicht zu stören und Ihnen das Ganze zu überlassen, ohne dem Verkäufer wegen der gegen mich eingegangenen Verbindlichkeiten irgend eine Unannehmlichkeit zu verursachen. Genießen Sie die schönen Sachen ganz; ich gönne sie Ihnen gern, doppelt gern, seitdem ich gesehen, was Sie dafür gethan. Wer in der Welt noch nicht Ihr Freund ist, der muß es werden. Ich gehöre und zähle mich zu Ihren wärmsten Verehrern und wünschte, Sie hielten mich werth, Ihr Freund zu sein.«

»Köln den 30. Juli 1818.«

Entzückt, überselig, eilte Wallraf sogleich, Alles, was er an baarem Gelde besaß, zum Abschluß des Kaufes hinzugeben und dann mit der Bitte um dreijährige

Vorausbezahlung seiner Pension sich an den Stadtrath zu wenden, um »seine zur Ehre der Stadt für den Ankauf eingegangenen Verbindlichkeiten zu erfüllen und die herrlichen Kunstschätze, ohne Gefahr der Veräußerung, in ihren Mauern zu bewahren.« Dies sind seine eignen Worte in der von ihm eingereichten Bittschrift. Er erhielt, was er verlangte, aber nichts darüber, und war zufrieden wie immer.

Der Abendhimmel seines sinkenden Lebens wölbte sich von nun an immer heiterer über ihm. Von liebenden Freunden umgeben, von seinen Mitbürgern geachtet und geehrt, sah er still zufrieden die letzten Tage seines Lebens dahinfließen. Bei ihrer Anwesenheit in Köln besuchten die verbündeten Monarchen ihn mehrere Male in seinem Museum und ehrten ihn und sich selbst durch gerechte Anerkennung seines seltenen geistigen Vermögens und seines Verdienstes um die Vaterstadt. Von dem Könige von Preußen, jetzt auch der seinige, erhielt er den rothen Adlerorden; der Kaiser von Oestreich und die übrigen Fürsten und Herren ließen beim Abschiede werthvolle Ringe mit antiken geschnittenen Steinen und Kameen, wie sie den Kunstfreund am meisten erfreuen mußten, ihm zum Andenken zurück.

In ungestörter Heiterkeit des Geistes, und ungeachtet seines zunehmenden Alters noch immer rüstig und gesund, verlebte er noch einige Jahre. Allmälig aber äußerten sich bei ihm einige beunruhigende Symptome von Brustwassersucht und wurden immer bedenklicher, bis er im Jahre achtzehnhundertdreiundzwanzig wirklich sich so krank fühlte, daß er zu ärztlicher Hülfe seine Zuflucht nehmen und einer für seinen Zustand passendern Diät sich unterwerfen mußte.

Im März des folgenden Jahres wurde er bettlägrig, sein Geist aber blieb heiter und hell, und auf seine Veranstaltung waren es auch seine Umgebungen. Er hatte sein Bette in die Mitte eines großen Saales stellen lassen, dessen Wände mit seinen vorzüglichsten Lieblingsgemälden prangten. Seine Freunde nahmen wegen Eintheilung der Tagesstunden genaue Abrede unter einander. Drei derselben waren immer um ihn und wurden alle zwei Stunden von drei andern abgelöst. Seine körperlichen Leiden waren weder heftig noch anhaltend, sein Zustand keineswegs mit naher Gefahr drohend. Er hatte viele Stunden im Tage, in welchen er auf die absichtlich heiter gewählte Unterhaltung seiner Freunde mit gewohnter Lebhaftigkeit eingehen konnte. Oft aber wandte er das Gespräch auch ernstern Gegenständen zu, und immer, bis zum letzten Hauche seines Lebens, blieb sein Umgang belehrend und erhebend.

Am sechzehnten März verlangte er bei voller Geisteskraft und aus freiem Entschluß, zufolge dem Gebrauche seiner Kirche die letzte Oelung zu empfangen, und hielt nach Vollendung der geistlichen Ceremonie noch dem Kaplan einen recht eindringlichen derben Sermon über die Eile und wenige Würde, mit der er diese kirchliche Handlung vollbracht hatte.

Den Tag und den darauffolgenden brachte er wie gewöhnlich zu, und Keiner von Allen, die ihn umgaben, ahnte das nahe Ende seines Lebens.

Am achtzehnten März schlummerte er, von einem Schlagfluß getroffen, schmerzlos und sanft ein, um in einer bessern Welt zu erwachen.

Die Nachricht von Wallraf's Ableben versetzte alle Einwohner der Stadt in tiefe Trauer. Die Exequien des edeln Greises, der mit unerhörter Aufopferung sein ganzes Leben in Armuth und Dürftigkeit hingebracht hatte, wurden mit fast fürstlicher Pracht begangen. Drei Tage lang blieb seine entseelte Hülle unter würdigen Umgebungen in einem schwarz drapirten Saale ausgestellt. Der größte Theil der Einwohner von Köln drängte sich herbei, um ihn im Tode zu sehen; und als der Tag des Begräbnisses herankam, war es in der ganzen Stadt, als ob aus jedem Hause ein geliebter Vater zu Grabe getragen werden solle. Der Trauerzug, der unter feierlichem Glockengeläute dem Sarge folgte, war fast unübersehbar, zahllose Fußgänger und alle Wagen und Equipagen in der Stadt schlossen ihm sich an.

Noch bis zur heutigen Stunde liegt Wallraf's Museum in dem ihm von der Stadt eingeräumten neuen Local zum großen Theil noch ungeordnet da, und es ist unmöglich, dem Ganzen eine erfreuliche Uebersicht abzugewinnen. Glücklicherweise ist auf Wallraf's treuen Schüler und Freund, den wackern de Noel, mit dem warmen Gesicht für Kunst und Alterthum seines edeln Lehrers auch ein großer Theil von dessen patriotischer, kein Opfer scheuender Sinnesart übergegangen; denn auf die uneigennützigste Weise, von außen wenig unterstützt, nimmt dieser brave Mann des Kunstnachlasses seines verewigten Freundes sich an. Alle Stunden beinahe, die seine eignen Geschäfte und seine übrigen Verbindungen ihm übriglassen, verwendet er darauf, dieses fast unübersehbare Chaos zu ordnen, zu sichten und es auf würdige Weise im Sinne seines Stifters zu dem Zwecke einzurichten, zu welchem alle diese Kunstgegenstände zusammengebracht wurden.

Die reiche Kupferstichsammlung sowie auch die nicht minder merkwürdige der Handzeichnungen sind einstweilen der öffentlichen Bibliothek übergeben. Die Sammlung alter Münzen, antiker Vasen und Schalen sowie der geschnittenen Steine und Kameen liegen noch ungeordnet und werden nicht gezeigt.

Einige Zimmer im Erdgestock des Hauses sind mit den heterogensten Gegenständen angefüllt, die sich selbst untereinander über ihr unerwartetes Zusammentreffen zu wundern scheinen. Kleine nicht übel gearbeitete colorirte Wachsbildchen in erhabner Arbeit, die vielleicht noch aus jener Zeit herstammen, in welcher Wallraf eine Art Tauschhandel mit solchen Sächelchen trieb, stehen neben den interessantesten Alterthümern aus der römischen Zeit, die am Ufer des Rheines ausgegraben wurden; antike Bronzen, Vasen, kleine Hausgötter, neben mit den Köpfen wachelnden chinesischen Pagoden; eine Menge Isisbilder, antike irdene und gläserne Schalen und Krüge in den verschiedenartigsten Formen; eine Unzahl kleiner, aus dem Haushalt der alten Römer zu uns herübergekommener Gegenstände, dann auch Basreliefs, Votivsteine, Sarkophagen; dann wieder Gegenstände christlicher Verehrung aus einer späteren, wenngleich noch immer sehr alten Zeit; altes Schnitzwerk, zum Theil trefflich gearbeitet und vergoldet, das aus den aufgehobenen Kirchen vor der Zerstörung hieher gerettet ward, alte Glasmalereien und tausend ähnliche Dinge mehr. Möge dem guten de Noel Muth und Geduld werden, um diesen Wirrwarr zu entwirren, das Gleichgültige zu beseitigen und das Vorzügliche dem Auge des Kunstfreundes zugänglicher zu machen!

In einem Zimmer diesem gegenüber sind die Werke antiker plastischer Kunst schon besser geordnet und aufgestellt; hier stehen neben vielen andern die Büsten des Germanicus und der Agrippina, welche Wallraf mit so großer Aufopferung unter wirklicher Herzensangst erwarb und noch in den letzten Jahren seines Lebens seiner Vaterstadt zum Geschenke darbrachte. Merkwürdig vor Allem ist ein Brutuskopf, der in Rom ausgegraben wurde; der Rumpf ist modern, der Kopf aber wirklich antik, von ausgezeichnet schönem Charakter und trefflich gearbeitet.

Die Krone von allen hier aufgestellten Antiken ist und bleibt aber eine kolossale Makse der Medusa, von deren furchtbarer Schönheit die Titelvignette die-

7.4.1987

Das Treppenhaus des Römisch-Germanischen Museums in Köln bietet seit kurzem einen neuen Blickfang: eine dekorative Marmormaske der Gorgo Medusa in monumentalem Format. Der 75,5 cm hohe Kopf war 1818 von dem Kölner Sammler Ferdinand Franz Wallraf von einem römischen Kunsthändler angekauft worden. In Deutschland wurde das Medusenhaupt schnell zu einer beliebten Sehenswürdigkeit: Goethe wurde eine Zeichnung zugeschickt, Johanna Schopenhauer bildete es in einer Reisebeschreibung ab, und mindestens vier Kunstinstitute erwarben Gipsabgüsse. Nachdem das Original im Jahre 1943 bei einem Bombenangriff in Bruchstücke zertrümmert worden war, bot ein wiederentdeckter Abguß jetzt die Möglichkeit zur Rekonstruktion aus über zwanzig Fragmenten. Auch einige Ergänzungen im Geschmack der Romantik sind jetzt möglichst getreu rekonstruiert worden. Die Maske hatte ursprünglich als dekoratives Schmuckelement am 135 n. Chr. geweihten Doppeltempel der Venus und Roma auf dem Forum Romanum gedient. F.A.Z./Rheinisches Bildarchiv

hrer und Verführer

Neue politische Taschenbücher

Senatoren und das Frauenstimmrecht eingeführt. Dennoch richteten immer wieder populistische Politiker Appelle an die Massen, wie etwa Huey P. Long, Gouverneur von Louisiana und vielleicht Roosevelts gefährlichster Gegner, der mit reaktionären und rassistischen Parolen die Bewegung wiederbelebte. Später versuchten das Joseph McCarthy und George Wallace. Heute wird das Etikett fast jedem Politiker angehängt – kein Wunder, daß sich die Forschung schwertut mit diesem Begriff. „Vielleicht sollte man weniger von Populismus reden“, meint Puhle selbstkritisch; es ist ein zu weites Feld, das da „von Mao Tse-tung bis Franz Josef Strauß, von der mexikanischen Revolution bis zu Faschismus, von Fidel Castro zu Perón und Indira Gandhi, zu Jimmy Carter und Ronald Reagan reicht.“

Auch Lyndon LaRouche ist sicherlich

politischen Spiritualismus. Helmut Lorscheid und Leo A. Müller haben diese obskuren Organisationen beobachtet und in ihrem Buch anschaulich beschrieben – „Deckname: Schiller“. In den siebziger Jahren vollzog das Ehepaar und mit ihm die EAP, die „Europäische Arbeiterpartei“, über Nacht die Wende vom Trotzkismus zum Rechtskonservatismus. „Das Erstaunliche bei dem radikalen Umbruch der Partei: Es gab so gut wie keine Austritte und Fraktionskämpfe, keine Spaltungen und Proteste.“ Heute leiten die LaRouches das Schiller-Institut, treten bei Wahlen als „Patrioten für Deutschland“ auf.

Lyndon LaRouche lebt in der Vorstellung, er halte das Schicksal der Welt in seinen Händen. Sein Weltbild ist ein Labyrinth ohne Leitfaden. Überall wittern er und seine Frau Komplotte, in deren Mittelpunkt das ses Buches eine getreue Abbildung gibt, welche aber freilich, des sehr verkleinerten Maßstabes wegen, immer nur eine unvollkommne Idee von der seltenen Herrlichkeit des Originals gewähren kann, das Jeden, der es erblickt, mit Bewunderung erfüllt.

Folgender Brief des vor einiger Zeit in Rom verstorbenen berühmten und gelehrten Alterthumskenners Visconti an den damaligen Besitzer dieses Medusenhauptes, am zwanzigsten October des Jahres achtzehnhundertundsiebenzehn geschrieben, gewährt einen deutlichern Begriff von der Schönheit und Merkwürdigkeit desselben, als meine Beschreibung zu geben vermöchte.

»Sie wünschen den Gegenstand des berühmten runden Basreliefs zu kennen, dessen glücklicher Besitzer Sie sind. Dasselbe stellt die Medusa vor, welche auch als eifrige Beförderung des Ackerbaues, oder auch als Bewohnerin der im äthiopischen Meere gelegenen gorgadischen Inseln den Beinamen Gorgone führt.«

»Dieses schöne Mädchen, Tochter des Phorkys und der Ceto, oder Jungfrau, oder Seegeschöpf, zählte unter ihre seltenen Reize ein unvergleichlich schönes goldfarbiges Haupthaar, von dem Ovid singt:

> Viele der Werber auch hofften, voll Eifersucht gegen einander
> Sie zu besitzen, doch strahlte vor allen Reizen des Körpers
> Herrlich die Locke hervor.

Von ihren Reizen leidenschaftlich hingerissen, entbrannte Neptun in Liebe zu ihr und entheiligte den Tempel der Minerva. Die Göttin, über diese frevelhafte Entweihung ihres Tempel entrüstet, verwandelte Medusens Haare, wie Ovid singt:

Wandelte gleich der Gorgone Gelock
in scheußliche Nattern,

und gab ihrem Haupte die fürchterliche Zauberkraft, das Gesicht eines Jeden, der sie betrachtete, zu versteinern.«

»Perseus hieb ihr zuletzt, mit dem Schilde der Pallas und dem Schwerte Merkurs gerüstet, das Haupt ab. Die aus dem abgeschlagnen Haupte zu Boden gefallenen Blutstropfen erzeugten in Afrikas Wüsten eben so viele giftige Schlangen, weshalb diese dort so häufig sind. Die Kriegsgöttin nahm nach der Aussage des Euripides dies schreckliche Haupt in ihren Schild auf, und es wurde dasselbe stets bei den Alten mit heiligen Schauern betrachtet; weshalb es auf Gräbern als Schutzmittel gegen Bezauberung und in Tempeln zur Entfernung der Frevler ausgehauen war.«

»Dieses Ihr antikes Basrelief, das Haupt der Medusa vorstellend, ist nahe bei dem Tempel des Friedens aufgefunden worden, und die kühne, edle griechische Arbeit deutet auf das Zeitalter dieses berühmten Tempels.«

»Das Ganze mißt ungefähr fünf römische Palmen im Durchmesser und ist aus hartem griechischen Marmor gearbeitet. Ueberraschend sind an demselben die schlangenartig sich windenden Haarmassen, welche dem Ganzen eine so geschmackvolle Rundung geben. Zwei das Gesicht beschattende Flügel geben ihm nicht blos das Seltsame einer außerordentlichen Erscheinung, sondern sie beziehen sich auch auf die Mythologie. Man gab nämlich der Medusa und ihren Schwestern goldne Flügel, vermittelst welcher letztere, als sie die Gorgone getödtet sahen, sogleich nachflogen, um den Perseus zu zerreißen, den sie auch eingeholt haben würden, hätte ihn der wunderthätige Helm des Pluto, womit er bedeckt war, nicht unsichtbar gemacht.«

»Zwei große Schlagen sind auf der Stirn der Medusa einander zugekehrt; ihre schuppigen Leiber fassen mit ihrem Gewinde die jungfräulichen Wangen ein und bilden unter dem Kinn, in einem fürchterlichen Knoten geschürzt, einen gräßlichen Halschmuck. Zwei schlicht eingewundne Bandzipfel hängen im Geflecht von Schlagen und Haaren zu beiden Seiten des Gesichts hinab; diese in zwei kleine eichelförmige Knöpfe auslaufenden Bänder, womit die Alten die Heiligkeit des Ortes zu bezeichnen pflegten, deuten hier auf den Friedenstempel, dessen Schmuck das Medusenhaupt war.«

»Stirn und Augenbrauen dieser Medusa sind mit so vieler Kunst gearbeitet, daß man gleichsam die hingeschwundene Schönheit, das Verbrechen, den Schmerz und den Zorn auf denselben liest. Die Augen haben jenen wildeindringenden Blick, der noch jetzt ihren Feinden Grausen einzuflößen scheint.«

»In diesem Ihren vortrefflichen und sehr wenig beschädigten Marmorwerk zeigt der griechische Künstler die Schönheit, den Zorn und den Schmerz und hat mit jener den großen Künstlern eignen Kühnheit darin mit aus dem Gefühl geschöpften Zügen zugleich das Handeln und das Leiden der Seele ausgedrückt. Die Zeichnung ist rein und trägt den Stempel jenes glücklichen Zeitalters, in welchem ein Titus, die Freude des menschlichen Geschlechts, lebte.«

»Dies antike Bildniß, auf seine erfoderliche Höhe gestellt, wird von Künstlern als das Werk eines der vorzüglichsten griechischen Bildhauer anerkannt werden, welche durch eine geistreiche Bearbeitung dem kalten Marmor Geist und Leben einzuhauchen verstanden.«

Der sehr zahlreichen Sammlung von Gemälden, meistentheils aus der alten niederrheinischen Schule, ist eine bedeutende Reihe von Zimmern im obern Stocke des Hauses eingeräumt. Daß nicht alle von gleich hohem Kunstwerthe sind, daß manches sich darunter befinden muß, was nur durch die frühe Zeit, aus welcher es herstammt, hier eine Stelle verdient, geht schon aus der Art, wie diese Sammlung zusammengebracht wurde, hervor. Die Zahl des wahrhaft Schönen und Bedeutenden, das sie enthält, bleibt indessen noch immer groß, selbst wenn alles Mittelmäßige neben dem ganz Werthlosen ausgesondert werden sollte. Der sehr geschickte Restaurator, Herr Laurent, hat mit schonend leiser Hand im Laufe des vergangenen Sommers mehrere der vorzüglichsten Gemälde von hundertjährigem Staube, Weihrauch und Kerzendampf befreit, die, seit dieser dicke entstellende Schleier gelüftet wurde, in erneuter Farbenpracht strahlen.

Wie unter den plastischen Kunstwerken die Medusa, so trägt hier unter den Gemälden Schoreel's sterbende Maria vor allem andern den Preis davon. Schoreel's Pinsel und Geist sind darin unverkennbar, und nach den daran angebrachten Wappen wie der Gestalt der auf den Flügelbildern abgebildeten Donatoren, ist es von der nämlichen Familie von Hardenrath gestiftet worden, welche das große, den nämlichen Gegenstand darstellende Altargemälde von dem nämlichen Meister der Kirche St. Maria zum Kapitol schenkte. Leser, welche dieses treffliche Meisterwerk noch nicht kennen, das viele Jahre lang der schönste Schmuck der Boisserée'schen Sammlung war und jetzt in der königlichen Gemäldegallerie zu München sich befindet, finden in meinem, unter dem Titel »Johann van Eyck und seine Nachfolger« gewagten Versuch, das Leben einiger altdeutschen Maler zu beschreiben, bei dem Artikel Schoreel eine ausführliche Beschreibung desselben. Welches von Beiden in Hinsicht auf Kunst, Ausführung, Farbe und Schönheit des Gedankens und der Anordnung dem andern vorzuziehen sei, ist nicht leicht zu entscheiden. Das kölner Bild ist weit kleiner als das Boisserée'sche, es bildet ein nicht hohes längliches Viereck und wurde wahrscheinlich für eine kleine Hauskapelle der Familie Hardenrath gemalt. Das Bette, auf welchem die Heilige sanft entschlummerte, steht mit der einen Seite längs der Wand im Hintergrunde gestellt und nicht wie auf dem größeren Bilde nur mit dem Hauptende. Zierliche Ordnung, bei altväterlicher Einfachheit, herrscht hier wie dort in dem Zimmer der heiligen Jungfrau, sie ist etwas älter dargestellt als auf dem größern Gemälde; das schöne bleiche Köpfchen ruht wie schlummernd auf einem mit Schnüren und Bändern zierlichst geschmückten Kopfkissen; keine Spur von Todeskampf ist sichtbar, der sanftgeöffneten Lippe scheint so eben der letzte Hauch zu entschweben. Einer der Jünger tritt zu der offenstehenden Thüre herein; mehrerer derselben umstehen mit dem Ausdruck des tiefsten Schmerzes das Bette, Petrus, von einem prächtigen weiten Talar von Goldbrokat umflossen, kniet, in einem Buche lesend, an der Bettseite.

Wie auf dem größern Bilde ist auch auf den Flügelbildern von diesem die Familie des Stifters desselben, von ihren Schutzheiligen umgeben, dargestellt, die nämlichen Heiligen wie dort, nur etwas anders gruppirt; hinter den beiden Männern der heilige Dionys und der heilige Georg, eben wie dort auch. Der heilige Georg trägt bei voller Rüstung einen wunderlichen

Kopfputz, eine Art perückenartiger Mütze von rother Wolle, voll kleiner krauser Löckchen. Zur Schonung der Haare sollen die Ritter des Mittelalters solche Mützen unter dem Helm getragen haben, und in alten Rüstkammern finden sich dergleichen noch zuweilen vor. Auf dem zweiten Flügelbilde sind ebenfalls wie auf den größeren die heilige Christina mit ihrem Mühlenstein und die heilige Jodula, der ein kleiner Teufel das Licht ihrer Laterne auslöschen will, hinter ihren vor ihnen knieenden Schutzempfohlenen abgebildet. Es ist ein wunderschönes Bild, in welches man immer tiefer sich hineinsieht, je länger man davor verweilt.

Höchst merkwürdig, wegen seines noch über die Entstehung des Dombildes hinausreichenden hohen Alters, ist eine Darstellung des jüngsten Gerichts, trefflich gemalt, von großer Farbenpracht, besonders jetzt, nun sie durch Herrn Laurent's kunstreiche Hände gereinigt ist, aber in der Composition an das gräßlich Fratzenhafte grenzend; vor Allem in Hinsicht der Teufelsgestalten, die mit ihren an Armen, Händen, Füßen angebrachten gräulichen Gesichtern umherschwärmen, um die armen Seelen einzuängstigen, denen ohnehin schon bange genug ist. Wie wenig von dem eigentlichen Geiste der Kunst zur Zeit der Entstehung dieses Bildes in die Malerei übergegangen war, erblickt man recht deutlich, und zwar noch deutlicher als auf diesem Hauptbilde, auf zwölf kleinen, auf Goldgrund höchst sauber und vollendet gemalten

Bildern, die, immer drei übereinandergestellt, die Flügelbilder dieses großen Gemäldes sonst ausmachten. Sie sind das Privateigenthum eines Kunstliebhabers, in dessen Hause ich durch Herrn de Noel's Vermittelung sie gesehen, und stellen das Märtyrerthum von zwölf verschiedenen Heiligen recht anschaulich dar. Ein Gegenstand, von welchem man sonst schaudernd sich abwendet, den man aber hier mit großer Gelassenheit betrachten kann, weil es den frommen Leuten ziemlich einerlei zu sein scheint, was mit ihnen geschieht; sie sehen ganz freundlich dazu aus. St. Johannes sitzt in seinem siedenden Oelkessel wie in einem lauwarmen Bade; St. Bartholomäus sieht, während er geschunden wird, aus, als würde er von zarten Händen sanft frottirt. Auch die Henker sind gar nicht die scheußlich-verzerrten blutdürstigen Mordknechte, wie sie wol sonst auf ähnlichen Gemälden dargestellt werden, sie sehen ganz honett, wie ehrliche emsige Handwerksleute aus, die das ihnen Aufgetragne ohne große Anstrengung redlich vollbringen. Aber wie das Alles gemalt ist! mit welcher Ausführlichkeit, wie sauber, wie fein, mit welchen Farben: man muß es sehen, denn beschreiben läßt es sich nicht.

Nur ein vielleicht noch älteres Gemälde in diesem Museum will ich wegen des Gegenstandes noch erwähnen, der mir so ausführlich dargestellt und wirklich gut gemalt noch nicht vorgekommen ist. Das Fegefeuer ist darauf abgebildet. Unten flammt das grimmige Feuermeer, der Herr Christus thront oben darüber in den Wolken und zeigt mit dem Finger darauf hin, über ihm schwebt eine Menge kleiner Engel ohne Hände und Füße, auf himmelblauen Flügeln umherflatternd, in langen dünnen, ihnen in der Luft nachziehenden, ebenfalls blauen Gewändern, die unten in zwei Spitzen ausgehen, ungefähr wie ein Schwalbenschweif, so sehen sie in diesem Costum jenen Vögeln nicht unähnlich.

Eine mitleidige Heilige, durch fleißiges Messelesenlassen der überlebenden Freunde der Verstorbenen dazu bewogen, gießt kühlendes Weihwasser in die lodernden Flammen. Ein reichdrapirter Engel in Jünglingsgestalt hat eben ein durch das Feuer und die Fürbitte frommer Verwandten schneeweiß geläutertes Seelchen aus dem flammenden See herausgefischt und hält das kleine, kaum einen Zoll lange Figürchen auf der Hand.

Doch für jetzt genug von Gemälden; Wallraf's Schätze werden erst, wenn sie besser geordnet sind, in vollem Glanze sich zeigen, wozu Raum genug vorhanden, und womit jetzt erst der Anfang gemacht werden konnte. Herr de Noel hat dabei die Idee, zur Bequemlichkeit der das Museum Besuchenden die Zimmer, in welchem die altdeutschen Gemälde hängen, einigermaßen zu meubliren, und zwar mit uraltem Prachtgeräth aus den Zeiten unserer Vorfahren, was in Köln wol leichter auszuführen sein möchte als in jeder andern Stadt. Einige, zum Theil nach alter Art sehr künstlich gearbeitete Stühle, Tische und

Schränke, die er mit Mühe zusammenbrachte, nehmen an dem Platze, wo sie stehen, sich so gut und zu dem Ganzen passend aus, daß man wünschen muß, es würde ihm möglich gemacht, diesen Plan wirklich auszuführen.

Das kölner Carneval

Von Hause aus sind die Kölner ein lebensfrohes, zum heitersten Humor sich neigendes Völkchen, das in mancher seiner ihm eigenthümlichen Gewohnheiten noch Spuren seiner frühsten südlichen Abkunft durchblicken läßt. Am meisten ist dieses der Fall bei der durchaus an Italien erinnernden Art, mit welcher hier seit Jahrhunderten die kurzen lustigen Tage des Carnevals begangen wurden, in öffentlich allgemeiner ungestörter Lust und Freiheit, wie sonst in keiner andern Stadt in ganz Deutschland.

In den ersten Zeiten der neueren französischen Oberherrschaft wurde auch dieses, zum eigentlichsten Leben der Kölner gehörende Volksfest sowie manches andre an sich Gute und Lobenswerthe unterdrückt. Die fremden Herrscher trauten den freisinnigen Kölnern nicht und mochten unter dem althergebrachten Mummenschanz allerlei ihnen drohende Gefahren wittern. Späterhin waren sie freilich so vernünftig, das erlassene Verbot wieder zurückzunehmen, aber es war nun zu spät. Der alte Geist des Frohsinns war von der unter fremdem Joche seufzenden Stadt gewichen; die Gegenwart der ungebetenen Gäste hemmte den freiern Erguß der frohesten Laune; die Bürger von Köln fühlten sich nicht mehr ganz ungestört »zu Hause und unter sich,« und, unerachtet der gnädigen Nachsicht, mit welcher die französische Regierung sie zu behandeln geruhen wollte, das alt fröhliche Volksfest, an welchem alle Stände sonst öffentlichen Antheil genommen, wollte sich nicht wieder zu Dem gestalten, was es ehemals gewesen.

Der gebildetere vornehmere Theil der Einwohner von Köln zog in Privatcirkel sich zurück, um mit eleganten Maskenbällen und ähnlichen Feten das heitere Fest für sich allein zu feiern, ungefähr so, wie dieses in allen andern großen Städten geschieht. Die öffentliche Volkslust blieb den untergeordnetern Ständen überlassen und sank endlich bis zum Pöbel herab. In sinnloser, ärmlicher, oft ekelhafter Vermummung zog dieser unter wüstem Geschrei nun durch die Straßen; öffentliche Theilnahme an einem Feste dieser Art wurde Allen, die nicht zu Jenen gehörten, dadurch unmöglich, und die ganze Volkslust in ihrer ehemaligen edleren Gestalt war in drohender Gefahr, allmälig aus dem öffentlichen Leben ganz zu verschwinden.

Köln, wie ganz Deutschland, wurde endlich von dem fremden Joche befreit, und Muth und neuerwachende Lebenslust kehrten in die Brust der Bürger zurück. Als der Wechsel des Jahres späterhin die Faschingszeit wieder heranbrachte, erwachte mit ihr das Andenken an die während derselben früher genossenen Freuden. Die abgeschlossenen Ergötzlichkeiten innerhalb der eignen vier Wände boten doch immer nur einen sehr ungenügenden Ersatz für die ehemalige allgemeine öffentliche Lust, die damals in das gewöhnliche Alltagsleben einen höchst wohltätigen Stillestand gebracht hatte; Jeder gedachte der schönen Jugendzeit, in der er in Gesellschaft der Aeltern, der Verwandten und Freunde an dieser Theil genommen, und der Verlust, den man durch das Sinken derselben erlitten, wurde immer fühlbarer, je länger man darüber dachte. Eine Gesellschaft frohherziger Männer aus den gebildeteren Ständen trat endlich zusammen und berieth sich untereinander, wie man das alte Volksfest in seiner ursprünglichen Gestalt wieder herstellen könne, sodaß Niemand sich scheuen oder schämen müsse, daran Theil zu nehmen. Daß dieses nur durch einen sinnvollen, glänzenden, sich öffentlich in den Straßen zeigenden Maskenzug geschehen könne, war bald Allen klar, nur galt es noch, die Idee aufzufinden, welche diesem Zuge zum Grunde gelegt werden könne.

Der glücklichste Gedanke dazu bot von selbst sich dar und wurde schnell und geistreich aufgefaßt. Er lag in der Sache selbst; denn was konnte natürlicher, schicklicher und zugleich ergötzlicher sein, als den Helden Carneval aus seiner langen Verbannung mit seinem bunten heitern Gefolge in sein altes lustiges Reich, dessen Hauptstadt Köln ist, wiederkehren, ihn seinen Thron wieder besteigen und seine getreuen Vasallen ihn wieder von neuem huldigen zu lassen. Wie glücklich, mit welchem feinen Takt diese heitre, wirklich poetische Idee im Jahre achtzehnhundertdreiundzwanzig ausgeführt wurde, haben damals Zeitungen und Tagesblätter durch ganz Deutschland verkündet.

Nicht minder glücklich und erfreulich war in dem darauffolgenden Jahre der mit nicht minderem Gelingen ausgeführte Einfall, die Prinzessin Venezia mit ihrem fremdartigen italienischen Maskengefolge bei ihrem Verlobten, dem Prinzen Carneval, in Köln einen Besuch abstatten zu lassen. Der humoristische Ernst, mit welcher alle bei der Zusammenkunft so hoher Personen übliche Ceremonien eben so prachtvoll als belustigend beibehalten und durchgeführt wurden, regte alle Welt, ohne Ausnahme, zur öffentlichsten und fröhlichsten Theilnahme an dem lustigen Treiben an; die ganze Stadt war während der diesem Feste gewidmeten Tage voll Jubel und Freude. Der vorgesetze Zweck war erreicht, das kölner Carneval wieder in seine alten Rechte eingesetzt, und keine Ausbrüche roher Ausgelassenheit schreckten die Gebildeteren mehr von dem heitern Feste zurück.

Die allgemeine Theilnahme und Freude an dem wiedererweckten Carneval wuchs in den zunächstfolgenden Jahren fast unglaublich. Die Gesellschaft, welche zuerst den glücklichen Einfall gehabt hatte, das Wunder seiner Wiederbelebung auf eine eben so sinnige als geistreiche Weise zu bewirken, wandelte in ein Comité sich um, der zuletzt aus mehr als hundert, vom lebhaftesten Eifer beseelten Mitgliedern bestand.

Alljährlich hielt die Gesellschaft, sobald die Faschingszeit wieder herannahte, regelmäßig ihre Zusammenkünfte, bei welchen ein aus ihrer Mitte erwählter Präsident den Vorsitz hatte. Mit komischer Feierlichkeit setzte dann Jeder seine mitgebrachte Geckenkappe auf, eine kleine bunte, mit der Zahl elf bezeichnete Mütze von althergebrachter Form, in welcher während der eigentlichen drei Faschingstage auch sonst sehr ernste Geschäftsmänner sich frei und öffentlich zeigen, um ihre Theilnahme an dem allgemeinen Feste kund zu thun, das auf kurze Zeit alle Standes- und Geschäftsverhältnisse gleichsam aufhebt.

Lustige Carnevalslieder, deren alljährlich zahllose neue ins Publicum kommen, eröffneten die Sitzungen jenes für die allgemeine Freude sorgenden Comité; humoristische, oft sehr geistreiche und witzige Reden wurden gehalten, der Hauptzweck aber blieb immer, ein neues Motiv für den großen Maskenzug zu erfinden, der bei der nun bestehenden Einrichtung dem Feste unentbehrlich geworden zu sein schien.

Im Jahre achtzehnhundertfünfundzwanzig ließ man den Prinzen Carneval bei seiner Braut in Venedig einen Gegenbesuch abstatten. Hanswurst, sein Vielgetreuer, blieb während der Abwesenheit des Regenten als Reichsverweser im Reiche der Thorheit zurück und hatte große Gefahren zu bestehen. Die dem Feste dieses Mal zum Grunde gelegte Idee war der Kampf unbefangner Fröhlichkeit und Freiheit mit den bösartigen Elementen, welche theils in der menschlichen Natur selbst, theils aber in der Außenwelt liegen, namentlich Mismuth, Stumpfsinn, ängstliches Hängen am Conventionellen u. s. w. Daß Held Carneval den Sieg über diese Feinde davontragen mußte, versteht sich von selbst.

General Isegrimm führte den Zug derselben an; Mephistopheles war sein Fahnenträger; ein Heer der wunderlichsten Caricaturen bildete die feindliche Armee.

An der Spitze der kölner Truppen stand der in den Annalen der Stadt durch Patriotismus und Heldenmuth berühmte Jan von Werth; Till Eulenspiegel ritt als Adjutant ihm zur Seite; eine lange Reihe ernster und komischer, theils phantastisch ersonnener, theils auf die frühere Geschichte der Stadt Bezug habender Charaktermasken folgte ihm. Auch fehlte es nicht an Hülfstruppen, aus dem Reiche der Thorheit und des Frohsinns befreundeten Städten abgesandt; aus Abdera, Cleve, Schöppenstädt, Schilda u. s. w.; Herzog Adolf von Cleve, der Stifter der clevischen Narrenzunft, war ihr tapfrer Anführer, ihm zur Seite ritt der clevische Narr in seinem wunderlichen Costum.

Das Heer der vermittelnden Mächte bildete unter der Anführung Ulrichs von Hutten den vierten Zug; Erasmus von Rotterdam, der einst das Lob der Narrheit geschrieben, begleitete ihn. Alle vier wirklich prachtvolle Züge trafen an dem eigentlichen Fastnachtstage auf dem Neumarkte zusammen, jeder von einem eignen Musikchor begleitet. Die diplomatischen Verhandlungen begannen unter dem Vorsitz des Reichsverwesers, dem alten deutschen Hanswurst. Carnevalslieder wurden gesungen, Reden in Prosa und in Versen gehalten, Kanonen abgefeuert, Alles wurde mit humoristischem Ernst und würdiger Feierlichkeit betrieben. Der Friedenstractat wurde endlich unter großem Jubel unterzeichnet, und der Triumphzug begann, zog unter Glockengeläut, Kanonendonner und Musik durch den größten Theil der Stadt, an seiner Spitze in einem sinnreich geschmückten Triumphwagen die siegende Jungfrau Colonia. So führte jedes darauffolgende Jahr eine neue Erfindung, der Freude zu huldigen, herbei, welche lange vor ihrer Ausführung die Gemüther eben so angelegentlich als heiter beschäftigte.

In dem ersten Hefte des fünften Bandes über »Kunst und Alterthum« hatte Goethe selbst, bei Gelegenheit der Zusammenkunft des Prinzen Carneval mit der Prinzessin Venezia, über die erneute kölner Faschingslust sich sehr beifällig ausgesprochen. »Von dem ästhetischen Werth eines Symptoms dieser Art mag künftig die Rede sein,« schreibt er am Schlusse jenes Aufsatzes; »soviel aber ist gewiß, man darf dem Fürsten Glück wünschen, unter dessen Schutz und Schirm sich etwas der Art ereignen konnte.«

Im darauffolgenden Jahr sandten die über Goethe's öffentlich ausgesprochnen Beifall mit Recht hocherfreuten Anordner des Festes ihm eine Skizze ihres

Planes für das zunächst zu erwartende zu, welches eben der oben mit leichten Zügen angedeutete Kampf der Fröhlichkeit mit dem Unmuth war, und luden in nachfolgendem Sonett ihn zur persönlichen Theilnahme an demselben ein.

An Goethe.

Es nah'n des heitern Faschings bunte Tage,
Woran, der Väter schönem Brauch getreu,
So gern der Kölner, sonder Arg und Scheu,
Vergißt des Alltagslebens Sorg und Plage.

Was auch der kalte Finsterling drob sage,
Ist dennoch sein Gerede uns nur Spreu,
Seitdem dein Genius, stets hell und neu,
Der Welt verkündet, daß es bei uns tage.

Und daß die Freud' uns immer mehr entzücke,
Erklären wir des Griesgrams schnöder Tücke
Auf ew'ge Zeiten heuer Haß und Krieg.

An Dich nun wenden dringend wir die Bitte:
Kehr ein bei uns, zu schauen unsre Sitte,
Dann feiern doppelt wir den schönen Sieg.

Goethe antwortete auf diese Einladung in einem Gedicht, das, in die letzte Sammlung seiner Werke aufgenommen, jetzt in Aller Händen sich befindet. Nur folgende drei Strophen desselben mögen hier einen Platz finden, indem sie die freundlichste Apologie des frohen Festes enthalten.

Auch dem Weisen fügt behäglich
   Sich die Thorheit wol zur Hand,
Und so ist es gar verträglich,
   Wenn er sich mit Euch verband.

Selbst Erasmus ging den Spuren
   Der Moria scherzend nach,
Ulrich Hutten mit Obscuren
   Derbe Lanzenkiele brach.

Löblich wird ein tolles Streben,
   Wenn es kurz ist und mit Sinn;
Heiterkeit zum Erdenleben
   Seit dem flücht'gen Rausch Gewinn.

Die Carnevalszeitung gab damals von diesem wie von allen folgenden Maskenzügen umständlichen Bericht, der dann sogleich in der »Abendzeitung« und ähnlichen Tageblättern aufgenommen und dadurch in Deutschland allgemein verbreitet wurde. Was aber diese Blätter unmöglich darstellen konnten, ist die unsägliche Lust, mit der Jeder, selbst ohne zu dem eigentlichen Maskenzuge zu gehören, an dem Maskenscherze Theil nimmt und sich in denselben hineinfindet, die harmlose Heiterkeit, mit welcher selbst der persönlich werdende, mitunter ziemlich kecke Scherz aufgenommen und, ohne Erbitterung zu erregen, durch einen ähnlichen erwiedert wird.

Man muß es sehen, man muß es, von dem allgemeinen Strudel ergriffen, mit erleben, um nur daran zu glauben.

»Das Carneval ist vorüber, dieser kurze lustige Schalttag im ernsten Leben der Kölner,« schrieb im Jahre achtzehnhundertachtundzwanzig ein eben in Köln anwesender Freund, aus dessen Brief ich hier einen kurzen Auszug mittheilen will.

»Schon sechs Wochen vor Fastnacht meldeten sich in den hiesigen Blättern Gastwirthe, Kaufleute und auch Mitglieder des Comité mit allerlei für Geist und Körper berechneten Auffoderungen und Erbietungen, bis am dritten Februar die erste Carnevalszeitung erschien. Von dieser Zeitung kommen während des Carnevals elf Stücke heraus; denn elf ist hier die große mystische Narren- oder, wie es in Köln heißt, Geckenzahl; auch steht diese Nummer auf allen Geckenmützen, in denen hier alle Welt öffentlich herumläuft. Wie diese Zahl gerade zu dieser Ehre kommt, weiß Niemand genau anzugeben; aber sie steht mit allen Faschingsspäßen in genauer Verbindung; ein Lastträger, dem einer meiner Bekannten ein Pack Bücher gab, um es nach der wirklich mit Nummer elf bezeichneten Wohnung desselben hinzutragen, legte lachend das Packet nieder und meinte, der Herr könne sich wol einen andern Gecken suchen.«

»Die Mitglieder des Comité versammelten sich schon seit einigen Wochen an jedem Sonntage, um die auszuführenden Züge und Feierlichkeiten zu besprechen; die Carnevalszeitung liefert das Resultat ihrer Verhandlungen, dann folgen humoristische, oft satirische Aufsätze in Versen und in Prosa; dann Manifeste, Verordnungen von Seiten des Prinzen Carneval und seines Reichsverwesers Hanswurst; Anzeigen, Familiennachrichten, wie in andern Zeitungen auch. Jedes zu einiger Oeffentlichkeit gekommene Vorgefallne in der Stadt muß dazu den Stoff liefern; an Anzüglichkeiten und an oft etwas zu keckem Witz fehlt es dabei nicht; aber wer sich getroffen fühlt, schweigt klüglich still, ohne sich davon etwas merken zu lassen; wer einen Scherz dieser Art ernstlich übelnehmen wollte, würde in dieser Zeit der Freiheit und der allgemeinen Lust sich nur lächerlich machen.«

»Diesmal erschien von der Carnevalszeitung Nummer zwei zuerst; Nummer eins kam gar nicht, dafür aber ein Beiblatt, weil Damen diese lieber lesen als die Zeitungen selbst. Die abermalige Abwesenheit des aus *vermuthlichen* Gründen verreis'ten Prinzen Carneval, und daß es seinem würdigen Reichsverweser die Schlichtung des großen Streites zwischen der alten und neuen Zeit übertragen, wurde den vielgetreuen Kölnern officiell kund gethan. Gesandtschaften aus Bundesstaaten wurden angemeldet, welche bei der Entscheidung des wichtigen Zwistes als Zeugen gegenwärtig sein wollten; aus Cleve, aus Dulken, von der Mosel, aus dem Eifelgebirge: alle diese Orte sind, wie Schöppenstädt und Schilda, ihrer privilegirten Narrheit wegen berühmt, in der sie aber vor uns Andern wol wenig voraushaben mögen. Die beiden Anführer der streitenden Mächte waren in einem recht zierlichen Holzschnitt auf den Zeitungsblättern zu schauen: der Repräsentant der alten Zeit, als ein rundbäuchiger, wohlhabiger, etwas dickköpfiger Bierphilister mit einer stattlichen Zopfperücke; der der neueren als ein übermoderner Elegant.«

»Donnerstag vor Fastnacht begann das Fest. Das Abfeuern von elf Kanonen verkündet der Stadt schon gleich nach Mitternacht den Eintritt desselben und den freien Einzug der Thorheit. Nachmittag um drei Uhr zog der Herr von Gestern, der Repräsentant der alten Zeit, ein und durch alle Straßen. Dreißig bis vierzig Wagen voll altmodischer Herren und Damen folgten ihm, dazwischen die wunderlichsten Caricaturen, die man sich denken kann. Auch sein Mobiliar brachte der Herr von Gestern auf mehrere Wagen geladen mit. Ein vier Fuß langes Clavier, mehrere ehrwürdige Perückenstöcke, welche die jetzige verderbte Welt nur noch aus Traditionen kennt; altes Gerümpel aller Art, wunderliche geschnitzte Schränke, Tische mit drei Beinen, Stühle mit einem; aber auch die großen schweren, über und über mit Eisen beschlagenen Geldkasten fehlten nicht, welche die Kasse enthielten. Das Ganze bot den possierlichsten Anblick von der Welt und wurde von den Zuschauern mit Jubeln und Lachen empfangen.«

»In den folgenden Tagen zeigten einzelne Masken sich auf den Straßen, besonders viele sehr drollig aufgeputzte Kinder; an Arbeit und Geschäft dachte keine

Seele, aller Handel löste in Wandel auf der Straße sich auf; wohin man sah, erblickte man fröhliche lachende Gesichter, Scherz und Kurzweil waren überall an der Tagesordnung. Ein Geck, wie er selbst sich nannte, foderte in der Carnevalszeitung seine Collegen auf, sich der Thorheit, die doch Jeder an sich habe, nicht zu schämen, sondern sie öffentlich zu zeigen, und nun fuhren Sonntag Nachmittag mehrere hundert, sonst recht anständige, geachtete Männer unmaskirt in ihrer gewöhnlichen Kleidung, aber die Narrenkappe auf dem Kopf in Procession durch die Stadt, und dann über die Schiffsbrücke zum Kaffee nach Deutz. Gegen zehn Uhr Abends zogen sie zu Fuße wieder über die Brücke zurück; jeder von ihnen trug eine aus vier Farben zusammengesetzte papierne Laterne vor sich her. Von Ferne gab das eine Illumination, wie man sie sich nicht schöner denken kann, es sah aus, als ob ein Meer von glühenden Riesenblumen sich über den dunkeln Rheinstrom heranwälze; in der Nähe verlor der Anblick freilich viel von seinem zauberischen Glanz.«

»Montag Morgen sah man auf dem sehr großen Neumarkt eine kolossale Narrenkappe sich erheben, einem Thurm ähnlich, um dessen Außenseite eine Schneckentreppe sich wand. Von allen Thürmen wurde gebeiert, so nennt man hier eine seltsame Art von Geläute, das bei allen Volksfesten üblich ist. Kanonen wurden gelöst, einzelne Masken erschienen und unterhielten, jede nach ihrer Art, das in dichtem Gedränge auf dem Markte herumwogende Volk; alle Fenster der benachbarten Häuser, wie ebenfalls die in den Straßen, durch welche der Zug kommen sollte, waren mit Zuschauern dicht besetzt: ein lebensreicher fröhlicher Anblick, wie nur irgend einer in der Welt. Und doch ging Alles vollkommen ruhig und friedlich ab, kein Schreien, kein Zank, auch nicht die mindeste Unordnung trat in die allgemeine Freude störend ein.«

»Endlich ließ die den Zug der alten Zeit begleitende Musik sich vernehmen, uralte Menuets, Murkis, Sarabanden, schöne Arien und Lieder, die unsre Urgroßmütter gedudelt haben mögen. Zuerst erschienen die kölner Funken, elf an der Zahl, nebst Offizier und Corporal, als Leibgarde des Herrn von Gestern. Diese Funken sind eigentlich die alten kölner Stadtsoldaten in der feuerrothen Uniform, welche vor Zeiten die aller freien Reichsstädte war. Dann folgte der Herr von Gestern mit seinem ehrwürdigen Gefolge von alten Herren und Damen in altmodischen Staatswagen und allerlei Fuhrwerk aus der alten Zeit, von dem man kaum begreift, wie es noch zusammengebracht werden konnte. Geistliche und weltliche Trachten längst nicht mehr existirender Würden und Aemter, die ehemaligen hiesigen Bannerherren mit ihren Fähnlein, eine Menge Reuter in Zopfperücken, Aerzte und Gelehrte in ihrer ehemaligen längst vergessenen Tracht machten die lange bunte Reihe noch bunter. Auf einem offnen Wagen sah man drei gewaltig pudernde und Zöpfe bindende Friseurs in voller Arbeit; auf einem andern sehr langen Fuhrwerk eine altmodische Schule: der Schulmeister prügelte, die Schulmeisterin zankte, die Kinder lernten das Einmaleins und riefen frischweg zwei mal zwei ist elf. Kinder unter den Zuschauern, die sich der ambulirenden Schule zu nahe wagten, wurden ohne Umstände hinaufgelangt, aber der echte kölner Geist war in ihnen schon lebendig, sie ließen sich dadurch gar nicht in Verlegenheit setzen, nahmen Platz auf den Schulbänken und schrien lustig mit, zwei mal zwei macht elf.«

»Hanswurst kam auf einem kolossalen, über und über vergoldeten Schaukelpferde angeritten; einige Quacksalber und Marktschreier in ihren Buden, der Capellmeister Radicati mit seinen Virtuosen, eine altmodische Küche, ein altmodisches dinirendes Paar, eine altmodische Apotheke, und Gott weiß, was Alles noch, zogen vorüber; auch ein Maler aus der alten Zeit, eine auffallend schöne Makse; ganz zuletzt der ehemalige hinkende Bote, dieser fuhr auf einer Schleife, und theilte links und rechts kleine sehr possierliche Kalender aus.«

»So zog der Zug, während seine Musik in allerlei veralteten Melodien sich gar anmuthig hören ließ, rings um den Markt und stellte dann neben der großen Narrenkappe sich in Reihe und Glied. Eine lustige Galopadenmusik ließ von der andern Seite sich hören, und heranzog mit seinem glänzenden Gefolge der Repräsentant der neuen Zeit, der Herr von Heute, ihm voran seine Leibgarde, ein Corps Damen zu Pferde mit riesig großen Locken und Hüten, wie sie eben Mode sind, auf Trompeten und andern Blechinstrumenten blasend. Ein Heer höchst moderner Elegants folgte ihm. Dann zog das Dampfschiff vorüber, welches im vergangenen Sommer im Bingerloch stekken geblieben war; es war noch immer nicht recht aus demselben wieder hinaus und mußte alle zehn Schritte Halt machen; eine Menge Harlekins flogen umher und suchten ihm weiter zu helfen; und hinterdrein folgten, ganz trübselig auf Eseln reitend, elf der mit dem Schiffe damals gestrandeten Passagiere. Dann kam die hiesige Volksbühne, dat Hansecken genannt, eigentlich ein sehr vorzügliches Marionettentheater; auch das neue kölner Schauspielhaus, an welchem eben gebaut wird, zog vorüber. Ein Wechselcomptoir folgte, die Kasse der neuen Zeit mit Papieren, einem kolossalen Silbergroschen und einer Riesengestalt mit einem großen rothen Schilde beladen. Der indische Jongleur war auch mit im Zuge; die Giraffe, die in Paris soviel Aufsehen erregt, mehrere Taschenspieler, der Maler der neueren Zeit, Engländerinnen und Engländer in Menge, Franzosen, Italiener, die neuen Griechen, die nach dem Willen ihres Kaisers modernisirten Türken, zuletzt noch viele Personen aus den neuesten Schau-, Lust- und Trauerspielen und den neuesten Opern. Das Alles, und noch viel mehr zog unter dem Klange neuer Tänze und Carnevalslieder rings um den Markt, stellte sich dann dem Zuge der alten Zeit gegenüber; Harlekin bestieg seinen thronartigen Sitz oben auf der großen Narrenkappe, und die Verhandlungen zwischen den beiden streitenden Parteien begannen mit komischer Feierlichkeit und humoristischem Ernst.«

»Von beiden Theilen wurde theils singend, theils in Prosa und Versen sprechend viel hin und her verhandelt; Harlekin als Vermittler blieb auch nicht stumm, zuletzt gelang es ihm, den Herrn von Gestern und den Herrn von Heute zu vereinen, indem er Beide unter die große Narrenkappe, das Symbol ihres beiderseitigen Strebens, brachte. Gerührt umarmte er sie, und dieses war das Signal für beide Züge, sich im allerwunderlichsten Contrast durcheinanderzumischen.«

»So ging der fast unabsehbar lange Zug nun in bunter Verworrenheit durch die ganze Stadt und alle Welt zog ihm nach, oder suchte, durch Gäßchen und Gänge den Weg nehmend, ihm in einer andern Straße wieder zu begegnen. Die Masken im Zuge wurden immer lustiger und gesprächiger, sie redeten Bekannte und Unbekannte, die ihnen in den Weg kamen, im Geiste ihrer Rolle an, und erhielten meistens passende Antworten. Jedes Wort wurde ein Maskenscherz, die ganze Stadt der Schauplatz einer großen improvisirten Komödie, von viel tausend Mitspielern aus dem Stegreife aufgeführt.«

»Abends war im Gürzenich der große Faschingsball. Zweiundsiebzig Kronleuchter und eine Unzahl an den Wänden angebrachter Lampen verbreiteten Tageshelle in dem ungeheuern Saale, in welchem zwischen drei- und viertausend Personen herumwogten. Um neun Uhr wurde der Saal geöffnet, vor ein Uhr aber war an kein Tanzen zu denken, so groß war das Gedränge. Die Wände waren mit Blumengewinden, mit grünen Guirlanden und Festons sehr geschmackvoll decorirt, dazwischen waren leichte, aber mit Geist gemalte Wandgemälde angebracht, die meistens auf das diesjährige Maskenfest sich bezogen und also nur für diesen einzigen Abend berechnet sein konnten. Die beiden auf zwei Galerien vertheilten Musikchöre der alten und neuen Zeit ließen abwechselnd sich hören und wetteiferten mit einander, jedes auf seine ihm eigenthümliche Weise, um die Ehre des Tages. Der kölner Carnevalswalzer wurde aufgeführt, er ist mit einem Chor verbunden, in welchem auf eine merkwürdige Art gelacht, geniest, gepfiffen, gehustet, pst, pst gerufen wird, viele unter den Masken stimmten in den Chor mit ein zur allgemeinsten Lust.«

»Narrenkappen sah man unzählige, Dominos, Tabarros und Fledermäuse ebenfalls; der größte Theil der Gesellschaft aber zeigte sich unmaskirt, gewöhnlich und einfach gekleidet. Im Verhältniß zu der Anzahl der Anwesenden war die der eigentlichen Charaktermasken nicht groß, aber die meisten von diesen führten ihre Rolle mit vieler Lebendigkeit durch. Ich hörte in allen Ecken die Späße, die sie vorbrachten, laut belachen und lachte mit, obgleich ich wenig davon verstand, da sie größtentheils zu local waren, um einem Fremden recht begreiflich zu werden; auch wurde Vieles im kölnischen Volksdialekt vorgebracht, in welchem das an sich Komische noch komischer klingt, aber dem Fremden zugleich auch unverständlicher wird.«

»Dienstag, dem eigentlichen Fastnachtsabend, tanzt Alles vom Morgen bis in die Nacht, oder läuft maskirt in den Straßen umher. Kleine Maskenzüge zeigen sich, doch hat die Anzahl derselben gegen ehemals sehr abgenommen, seitdem der große feierliche Zug alle Welt beschäftigt. Dabei wird nach Möglichkeit viel gegessen und getrunken, besonders eine Art Backwerk, Mutzen genannt, das außer dieser festlichen Zeit nicht zu haben ist. Mutzen und Wein stehen in allen Familien zum Empfange der sich einstellenden, oft maskirten Gäste bereit; denn an diesem Tage gehen kleine maskirte Gesellschaften in die Häuser ihrer Bekannten, treiben dort allerlei Späße und ziehen oft unerkannt wieder ab, um in einem andern Hause auf die nämliche Weise ihr Wesen zu treiben.«

»Nachmittags fährt man Birutschen. Wie in Rom auf dem Corso zieht eine unendliche Reihe meist offner Wagen, mit maskirten und unmaskirten Damen und Herren angefüllt, durch gewisse dazu bestimmte Straßen. Aus allen Fenstern blicken Zuschauer und Zuschauerinnen auf den langsam durch die gaffende und jubelnde Volksmenge sich hinbewegenden Zug.

Wie in Rom sind auch in Köln Kutscher und Bedienten zuweilen auf groteske Weise maskirt, denn an diesem Tage hört aller Dienstzwang auf. Und doch entsteht keine die öffentliche Freude störende Unordnung, kein Zank, keine Schlägerei, und unerachtet des unglaublichen Gedränges in den Straßen hört man nie von durch Pferde oder Wagen veranlaßten Unglücksfällen. Das Volk übt hier selbst die Polizei und hütet sich für Unfall. Unsäglicher harmloser Muthwillen wird während dieser Fahrt sowol von den Fahrenden als von den Zuschauern getrieben, man drängt sich an die Wagen heran, Spottreden werden mit ähnlichen beantwortet, kleine Maskenpartien zu Pferde und Wagen mischen sich in die Reihe, überall regnet es Erbsen und gipserne Confetti zu den Wagen herein und wieder aus diesen heraus; je toller je besser, ist die allgemeine Losung.«

»So währt das fort, bis die tiefere Abenddämmerung eintritt, dann wird es in den Straßen eine Weile still, bald aber geht der Lärmen ärger als zuvor wieder los. Die Leute laufen mit Lichterchen umher, die sie einander auszublasen versuchen; das Schießen, Toben, Lachen, Jubeln, Pfeifen und Schwirren in allen Ecken der Stadt nimmt kein Ende, bis die Glocke die Mitternacht und zugleich das Ende des Festes der Thorheit verkündet.«

»Die ernste Aschermittwoche war nun hereingebrochen, die Leute liefen in die Kirchen, aber das, innere Zerknirschung und Bußfertigkeit andeutende Kreuz von geheiligter Asche wollte auf den Geckenstirnen nicht recht haften. Die Masken waren beseitigt, aber die Maskenspäße noch nicht. Den ganzen Vormittag wurde noch allerlei Kurzweil ziemlich öffentlich getrieben. Mit einem Mal verbreite sich das Gerücht, im Theater sei etwas zu sehen; lachend lief alle Welt hin, die schönste »beau monde« nahm auf der Galerie Platz; das ganze, nur mit zwei Lichtstümpfchen erleuchtete Haus war zum Erdrücken voll, Jeder lachte sich selbst wie seinen Nachbar recht herzlich aus, und zwischen dem Parterre und den hinter dem Theatervorhang anwesenden Schauspielerdilettanten entstand ein lustiges Hinüber- und Herüberreden. Der Vorhang wurde eine Elle hoch aufgezogen; auf der Bühne wurden viele Beine sichtbar, dann fiel er wieder; der erste Akt war aus.«

»Endlich wurde der Vorhang ganz aufgezogen, einige junge Männer aus der Stadt improvisirten ein auf die zu erwartende Darstellung vorbereitendes Vorspiel, in welches die Zuschauer mit allerlei lustigen und witzigen Zwischenreden sich mischten. Nun folgten sehr belustigende Parodien einiger während der Faschingszeit in Köln gegebner Schaustellungen fremder Künstler. Ein Seiltänzer tanzte mit der Balancierstange auf einem auf dem Fußboden gezogenen Kreidestrich und geberdete sich dabei vollkommen, als ob er auf dem Seile stände; ein Bauchredner machte seine Künste; drei Sänger sangen im lächerlichsten übertriebensten Wechsel des Piano und Forte ein Terzett auf das Wort Zippel-Zippel-Zippelpelz und gaben damit eine treffende Caricatur der drei wiener Studenten, die eben in Köln sich aufhielten und sogar dieses Mal im Theater die Bestrebungen ihrer Doppelgänger mit ansahen. Diese drei jungen Leute führen ein unsrer Zeit ganz angemessenes Leben; bald fortissimo, bald pianissimo singend, ziehn sie gleich den alten Minnesängern durch die Welt, leben wie große Herren, geben Concerte, wo es nur irgend sich thun lassen will, und haben in Köln deren schon drei zu Stande gebracht. Der sehr mittelmäßige Bauchredner, der bei dieser Gelegenheit mit parodirt wurde, gehört ebenfalls zu ihrer Gesellschaft.«

»Diesen Parodien folgte endlich das eigentliche Stück. Ein Kapellmeister sucht taugliche Subjecte, Presto, Allegro und Adagio heißen seine Gehülfen, Dissonanz sein erster Tenorist. Es war eine für den Augenblick wohlberechnete Posse; über alle diese theatralischen Excesse kam endlich die Stunde des Mittagsessens herbei, und alle Welt ging lachend und wohlbefriedigt nach Hause.«

»Nachmittags zog Alles zu der berühmten Kaffeevisite, welche alljährlich dem Schlusse der Faschingsfreuden gleichsam das Siegel aufdrückt. In einem hiesigen Gasthofe versammelt sich nämlich alle Sonntage Nachmittag eine sehr zahlreiche Gesellschaft zum Kaffeetrinken, auch Damen sind dabei, obgleich Wolken von Tabaksrauch die Luft verfinstern. Die eigentliche elegante Welt aber nimmt nur an diesem einzigen Tage im ganzen Jahre an diesem bescheidnen Vergnügen Theil, dann aber werden die Räume auch so überfüllt, daß Niemand sich regen kann; doch je größer das Gedränge, je größer ist die Lust.«

»Zu guter Letzt erschien noch als Nachzügler ein Blatt der Carnevalszeitung voll witziger und scherzhafter Anzeigen, die aber größtentheils nur den eigentlichen Einwohnern von Köln ganz verständlich sein können, indem sie größtentheils auf Stadtanekdoten sich beziehen, von denen ein Fremder wenig erfährt. Hier ein Paar der verständlichsten davon zur Probe:

»»Ich habe mich endlich heute Morgens in meinem Bette wiedergefunden, welches ich meinen bekümmerten Verwandten, Freunden und Bekannten zur Beruhigung anzuzeigen mich beeile.

Köln den 21. Febr. 1826. *Menekens.*««

»Und nun folgt eine Reihe fingirter Namen und Titel mit dem Beisatz »ich auch.« »Ich aber noch nicht,« setzt ganz unten der Capellmeister Radicati hinzu.«

»»Zehn Möpse Belohnung.««

»»Vor elf Monaten ist in No. 11 ein Thalerschein, No. 1100011, verloren gegangen. Wer dessen Aufenthalt nachweist, erhält zehn Möpse Belohnung.««

»Es waren nämlich vor Kurzem in einer Zeitung ungefähr mit den nämlichen Worten für einen verlorengegangenen Mops zehn Thaler geboten worden.«

Das tobet und toset so lange,
Verschwindet zuletzt im Gesange.

Zum ersten Mal seit ihrer Wiederbelebung, erlitt in diesem jetzt laufenden Jahre achtzehnhundertunddreißig die kölner Carnevalsfreude eine durch eine unangenehme Reihenfolge von Zufälligkeiten und Misverständnissen herbeigeführte, hoffentlich nur temporaire Unterbrechung. Kein großer sinnreicher Maskenzug zog durch die Stadt; schweigend und undecorirt trauerte der Gürzenich in unerfreulichem Dunkel, und nur ein Paar kleinere, wenngleich sehr elegante und reiche Maskenzüge erschienen auf kurze Zeit, in den verhältnißmäßig gegen sonst verödeten und einsamen Straßen. Die ungewöhnliche Dauer des früh eingetretenen harten Winters, das für diese Jahreszeit außerordentlich schlechte und naßkalte Wetter, welches die Straßen ganz unwegsam machte, mehr als dieses noch die drückende Noth der für eine Bevölkerung von nur sechzigtausend Einwohnern unverhältnißmäßig großen Anzahl der Armen, der abzuhelfen, die edelsten und reichsten Bürger von Köln sich mit thätigem Eifer vereint hatten, dazu auch von außen eindringende, aus gegenseitigem Misverstehen entspringende Hindernisse, welche eine wechselseitige Verstimmung der Gemüther herbeiführten, veranlaßten diese einstweilige Stockung der allgemeinen Faschingslust, welche aber hoffentlich nicht bis in das nächste Jahr hinüberreichen wird.

Diese kurze Pause kann im Gegenteil dem eigentlichen Volksfeste zum wahren Gewinn ausschlagen, indem sie es zu seiner früheren, weit einfacheren, aber nicht minder ergötzlichen Gestaltung zurückführt. Der großen glänzenden, aber für die Theilnehmer daran immer kostbarer werdenden Maskenzüge bedarf es nicht mehr; denn der alte Geist der Freude und der allgemeinen Volkslust ist jetzt in Köln schon zu lebendig wieder erwacht, um sobald in Schlummer und Apathie versinken zu können. Ueberdem möchte es schwer, ja mit der Zeit sogar unmöglich werden, alljährlich neue geistreiche und zugleich Allen verständliche und interessante Motive aufzufinden, um sie diesen immer wiederkehrenden Zügen zum Grunde zu legen. Wie selbst die regsamste, erfindungsreichste und lebendigste Phantasie am Ende doch zuletzt ermüdet und stumpf wird, wenn sie einem und demselben Gegenstande in immer sich erneuernder Folge eine bis dahin unbenutzte und dabei interessante Seite abgewinnen soll, weiß ein Jeder; denn wer hätte bei Hochzeit- und Geburtstagsfeiern und ähnlichen mit jedem Jahre wiederkehrenden Festen nicht an sich selbst, wie an Andern mitunter auf das Allerlangweiligste dieses erfahren.

Ein ganz eigenthümlicher Hang zur heitersten Durchführung eines wohlersonnenen Scherzes ist in Köln eben so einheimisch als das oft seltne Talent, Scherz zu verstehen und ihn ohne alle Bitterkeit, ohne die entfernteste Spur der alle Geselligkeit zerstörenden kleinstädtischen Uebelnehmerei bei nächster Gelegenheit auf die nämliche Weise zu erwiedern. Dieser freundliche Charakterzug der Kölner wird die kurze, alljährlich wiederkehrende Volkslust gewiß nie untergehen lassen. Ich kann es mir nicht versagen, hier noch zum Schlusse eine Anekdote anzuführen, deren Wahrheit mir verbürgt wurde, und durch welche der heitre gutmüthige Sinn dieses Völkchens, mit aller seiner Lust an einer ihm eignen Art gutmüthiger Mystification, im hellsten Lichte sich zeigt. Freilich sind beinahe hundert Jahre verflossen, seit der Schwank, den ich vortragen will, ausgeführt wurde, aber der ganze Vorgang ist der Art, daß er unter den nämlichen Umständen noch heutzutage in Köln sich zutragen könnte, ohne dem Sinn und Charakter der jetzigen Generation im Mindesten entgegenzustreben.

Gegen das Ende der dreißiger Jahre des vorigen Jahrhunderts lebte in Köln ein Domherr, ein heitrer, freundlicher, allgeachteter Mann, der, ohne die Armen dabei zu vergessen, sein reiches Einkommen auf das Allergastreichste mit seinen Freunden theilte; denn damals waren den geistlichen Herren die Flügel noch nicht so beschnitten wie in unsern Tagen. Alle, die ihn kannten, befanden sich gern in seiner Nähe, denn er galt allgemein für einen ebenso witzigen als unterrichteten und gutmüthigen Gesellschafter. Nur eine einzige üble Angewohnheit, durch die er, besonders seinen näheren Freunden, oft über die Gebühr lästig wurde, verdunkelte seine übrigen guten Eigenschaften; er sprach gar zu gern, zu oft und zu lange von frühern vornehmen Bekanntschaften, von Reichsgrafen, Fürsten sogar, mit denen er in ganz vertrauten Verhältnissen gelebt haben wollte. Es war ein Thema, über welches auf das Weitschweifigste sich zu verbreiten er nie aufhören konnte, wenn er einmal darauf gekommen war, und dieses geschah leider nur zu oft für seine, durch diese ewige Wiederholung des oft Gehörten auf das Höchste gelangweilten Freunde.

Vor Allem pflegte er oft des Barons von Neuhof und der zwischen ihm und diesem berühmten Manne, der damals die Augen von ganz Europa auf sich zog, bestehenden Jugendfreundschaft zu erwähnen, nicht minder der lustigen Streiche, die Beide miteinander ausgeführt, als sie noch im Jesuitergymnasium, erst in Münster und später in Köln zusammen studirten; als nun vollends um das Jahr siebzehnhundertsechsunddreißig Baron Neuhof unter dem Namen Theodor zum Könige von Corsica erwählt wurde, war mit dem guten Domherrn gar kein Auskommen mehr.

König Theodor war von nun an sein einziger Gedanke, er sprach fast von nichts Anderm mehr; seine Freunde wollten vor Langerweile darüber verzweifeln, aber ärger noch wurde es, als im nächstfolgenden Jahre der neue König eine Reise antrat, die nach Holland ihn brachte.

Daß der königliche Freund seines Jugendgenossen sich noch mit aller Wärme erinnere, daran ließ der Domherr keinen Zweifel weder in sich noch in Andern aufkommen; aber ob er jetzt, da er ihm so nahe sei, nicht auf den Gedanken kommen würde, ihn zu besuchen, und ob es von Seiten des Domherrn nicht schicklich, ja sogar gewissermaßen Pflicht wäre, Se. Majestät durch eine förmliche Einladung zu diesem Besuche zu bewegen: das waren Fragen, mit deren Entscheidung die Freunde täglich von neuem geplagt wurden, ohne dieselbe endlich bewirken zu können.

Ein sehr huldvoller Brief des Königs Theodor, der mit der Post von Amsterdam an den Domherrn anlangte, machte endlich den Zweifeln desselben ein Ende und verwandelte sie in fröhlichen Jubel; der königliche Freunde meldete wirklich zum Besuche bei ihm sich an, ohne indessen gleich vor der Hand den

Tag seiner Ankunft bestimmen zu können. Alle Freunde wurden auf der Stelle herbeigerufen, um diese große Nachricht ihnen mitzutheilen und zugleich ihren Rath bei den zum Empfange eines so hohen Gastes zu treffenden Anstalten in Anspruch zu nehmen.

Auf der ganzen Welt gab es in diesen Tagen kein geschäftigeres, aber auch kein glücklicheres Wesen als den Domherrn. Die Besuchzimmer seines Hauses wurden in möglichster Eile auf das kostbarste meublirt; die Bedienten erhielten neue Staatslivreen; ein ganzes Heer von Köchen wurde in Beschlag genommen; die köstlichsten Weine, die ausgesuchtesten Seltenheiten für die Tafel wurden aus der Nähe und Ferne durch Eilboten herbeigeschafft. Der gute Domherr kam vor freudiger Geschäftigkeit vom Morgen bis zum Abend nicht zu sich selbst.

Ein zweiter Brief seines königlichen Freundes, der den Tag der Ankunft desselben ihm mit Gewißheit bestimmte, versetzte ihn vollends in einen wahren Taumel des Entzückens und verdoppelte seinen Eifer, Alles auf das Herrlichste vorzubereiten. Es war, als ob er keinen andern Gedanken mehr fassen könne, und es kostete ihm wirklich einige Mühe, für einen seiner ältesten und treusten Freunde sich auf eine halbe Stunde von seiner frohen Geschäftigkeit loszureißen, um diesem seine dringende Bitte um eine Unterredung unter vier Augen zu gewähren.

»Mach' es nur kurz,« rief er ihm zu, »und sieh' nur nicht so trübselig aus, kann ich etwas für Dich thun, so sage es ohne Umschweife gerade heraus, Du kennst mich ja, und ich habe noch tausenderlei zu thun; denn wenn ich nicht selbst bei Allem bin, geht doch Alles die Quere.«

Zögernd, stotternd, mit allen Zeichen der drükkendsten Verlegenheit brachte jetzt der Freund ein Bekenntniß hervor, das den Domherrn wie ein Donnerschlag aus heiterer Luft treffen mußte. König Theodor dachte mit keinem Gedanken daran, den erwarteten Besuch bei seinem Jugendfreunde abzulegen; die Briefe, welche dieser von ihm erhalten, waren erdichtet; ein Anderer, ein Fremder, sollte bei dem Feste die Rolle des erwarteten Königs spielen; das Ganze war ein von des Domherrn Freunden ersonnenes Complott, theils, um für die Langeweile, die sie bei ihm erlitten, sich zu rächen, theils, um ihn wo möglich von der einzigen Schwäche zu heilen, die seinen sonst liebenswürdigen Charakter entstellte.

»Ich selbst gehöre unter die gegen Dich Verschwornen,« sprach der Reuevolle, »die komische Seite des mir vorgelegten Planes hat mich anfangs verlockt, doch nun, da er zur Ausführung kommen soll, sinkt mir der Muth. Meine treue Liebe zu Dir zwingt mich, Dich vor den muthwilligen Plänen unsrer gemeinschaftlichen Freunde zu warnen, so lange es noch Zeit ist, die völlige Ausführung desselben zu verhindern.«

Des Domherrn Stirne hatte bei diesem Bekenntniß seines Freundes sich anfänglich freilich etwas umdüstert; ohne eine Sylbe darauf zu erwiedern, ging er einige Male sinnend und in sich gekehrt im Zimmer auf und ab, dann aber wandte er plötzlich, völlig erheitert, sich dem Freunde wieder zu, der ihn mit unverhehltem Erstaunen betrachtete. Der Domherr suchte auf die freundlichste Weise ihn zuerst über die Folgen seines Bekenntnisses zu beruhigen, beschwor ihn dann, zu schweigen, ruhig zu sein und ihn nur gewähren zu lassen, vor allen Dingen aber bei der Ankunft des Königs und dem diesem zu gebenden Feste unter keinerlei Art von Vorwande zu fehlen.

Der außer aller Fassung gebrachte Freund wußte gar nicht, woran er eigentlich sei. Hatte der Domherr ihm Glauben geschenkt oder nicht? Leider schien ihm letzteres der Fall zu sein, denn die Anstalten zum Empfange des königlichen Besuches wurden jetzt noch eifriger betrieben als zuvor; Eilboten wurden auf geheimnißvolle Weise abgesendet, Kisten und Kasten kamen an, von deren Inhalt Niemand etwas erfuhr; jemehr der Tag des Festes sich näherte, je fröhlicher zeigte sich der Domherr. Der Gedanke, den königlichen Jugendfreund in seinem Hause zu empfangen, schien bei ihm zur fixen Idee geworden zu sein, um der um ihn immer besorgter werdende Freund fing an, von diesem allzukecken Scherz die traurigsten Folgen für die künftige Geistes- und Gemüthsstimmung des braven Mannes zu befürchten.

Der lange erwartete Tag kam herbei, schon vom frühen Morgen an prangte das Haus im festlichsten

Glanze; der Domherr war überall gegenwärtig und überschaute seine wohlgelungnen Anstalten mit triumphirenden Blicken. Festlich gekleidet versammelte er seine nicht weniger geschmückten Freunde um sich her, um in seinem besten Putzimmer die Ankunft des Königs in ihrer Gesellschaft abzuwarten. Um die Mittagsstunde fuhr der Reisewagen vor, König Theodor, mit dem von ihm selbst gestifteten Orden der Erlösung geschmückt, stieg in Begleitung zweier seiner, ebenfalls mit Band und Stern prunkenden Kammerherren, aus demselben heraus, wurde unten an der Treppe mit aller seinem hohen Range gebührenden Ehrfurcht von dem Herrn des Hauses empfangen und dann in den Saal zu der in ganz eigner Spannung seiner harrenden Gesellschaft eingeführt. Die ersten Begrüßungsformeln waren kaum vorüber, als auf einen Wink des Domherrn die Flügelthüren des Speisesaals sich öffneten; die Majestät wurde an den ihr gebührenden Ehrenplatz begleitet; auf ihr huldreiches Verlangen mußte der Jugendfreund, der erst Miene machte, sie bei Tafel selbst bedienen zu wollen, sich neben ihr setzen; die übrigen Gäste ordneten selbst nach Rang und Alter sich um die überreich besetzte Tafel her, die, auf die lockendste Weise zubereitet, dem Auge Alles bot, was Luft, Erde und Meer Auserlesens für die Befriedigung des erprobtesten Feinschmeckers darbringen können. Diese überreiche Pracht hatten die Gäste dennoch nicht erwartet; lüsterne Blicke schweiften bewundernd durch die langen Reihen der auf das zierlichste aufgeputzten Schüsseln und über den großen, mit den seltensten und köstlichsten Früchten ferner Zonen prangenden Tafelaufsatz in der Mitte des Tisches, die nur mit unendlichem Aufwande aus den Treibhäusern benachbarter Städte herbeigeschafft sein konnten. Heimliches schadenfrohes Lächeln zuckte über die Gesichter der Gäste, nur einer derselben saß trübe und in sich gekehrt da; der Hausherr aber überschaute zufrieden lächelnd die Tafel und seine Gäste mit einem ganz eignen vielsagenden Blick, dann erhob er sich wieder von seinem Platz neben dem Könige mit einer um geneigtes Gehör bittenden Bewegung. Alle wandten mit gebührender Aufmerksamkeit sich ihm zu, heimlich wünschend, daß die Anrede an den König, die sie von ihm zu vernehmen erwarteten, nicht so lang ausfallen möge, daß die Speisen darüber in Gefahr geriethen zu erkalten.

»Geehrte Herren und Freunde,« sprach der Domherr ernst, aber nicht unfreundlich, würdevoll in Haltung und Ton: »geehrte Herren und Freunde, Ihr habt für gut gefunden, mich an dem heutigen Tage durch die Gegenwart eines Scheinkönigs überraschen zu wollen; und ich, weit davon entfernt, diesen Einfall Euch zu misdeuten, habe meinerseits mich ebenfalls bemüht, in den Sinn desselben einzugehen und die Majestät auf die ihr angemessenste Weise zu bewirthen. Sowie der König mir zur Seite, so ist auch Alles, was Ihr auf der Tafel vor Euch erblickt, eitler gehaltloser Schein, dem das Wesen fehlt; der blinkende Wein gefärbtes Wasser, die köstlichen Früchte gemaltes Wachs, die Gerichte ungenießbare hohle Schauessen, wer Lust dazu hat, mag sich davon selbst überzeugen; ich hoffe, Ihr werdet mir Euern Beifall nicht versagen und eingestehen, daß ich den rechten Weg eingeschlagen habe, um einen so hohen Gast nach Würden aufzunehmen.«

Der Domherr schwieg, alle Anwesenden ebenfalls, kein Laut wurde hörbar, der König sah aus, als wünsche er sich hundert Meilen weit davon, keiner der übrigen Gäste wagte sich zu reden, in tödtlicher Verlegenheit saßen Alle wie festgebannt und mochten nur heimliche Blicke miteinander wechseln. Der Domherr, um sie aus dieser peinlichen Lage zu erlösen, gab endlich selbst das Zeichen zum Aufstehen von der Tafel, das von Allen mit ängstlicher Eile befolgt wurde. Jeder suchte seinen Hut, um sich eilends zu entfernen; aber der Hausherr wußte dieses zu verhindern.

Herzlich lachend stellte er sich in die Thüre: »Nein, meine werthen Freunde,« rief er mit voller fröhlicher Stimme, »so war es nicht gemeint! Kein von mir geladner Gast darf auf diese Weise mein Haus verlassen, der hohle Scherz ist vorüber, die substanziellere Wirklichkeit führe der Vergessenheit ihn zu.«

Die Thüre eines zweiten Speisesaals öffnete sich, aus welchem von einer, der ersten ganz ähnlichen Tafel alle Genüsse, deren Scheinbild sie dort getäuscht, den Gästen aufs köstlichste entgegendufteten und dampften. Auf das Freundlichste dazu eingeladen, nahmen Alle, auch der König und sein Gefolge an derselben ihre Plätze wieder ein. Die Gläser erklangen dem heitern Wirthe zu Ehren, die beruhigten Gemüther erlangten ihr gewohntes Gleichgewicht wieder, und das unter mancherlei wunderlichen Andeutungen begonnene Fest endete erst spät in der Nacht auf die fröhlichste Weise.

»Hab' ich es recht gemacht?« fragte leise der Domherr seinen treuen Warner beim Abschiede. »Ich habe Dich nicht verrathen und werde es auch nicht, aber schweige auch Du, wenn Du mich wirklich liebst,« setzte er hinzu.

Anmerkungen

Seite 2

reichbewegten Lebens (Erfurt): Erfurt, an der alten Via Regia – von Leipzig nach Krakau – gelegen, war im Mittelalter eine blühende Hansestadt.

ruhende Schmach: gemeint ist die französische Besatzungszeit ab 1807, beendet durch die Niederlage Napoleons bei Leipzig 1812.

jenes Wunderbaren: Napoleon Bonaparte (1769–1821), Kaiser der Franzosen 1804–1814/15, berief zum sog. ›Erfurter Fürstentag‹ 4 Könige, 18 regierende Fürsten u. a. zusammen. Zar Alexander und Napoleon erneuerten hier das im Frieden von Tilsit geschlossene Bündnis.

Seite 4

Talma: Francois-Joseph (1763–1826), berühmter Schauspieler des 19. Jahrhunderts. Gründete in Paris mit anderen ein Theater, das durch realistisches Spiel und monumentale Tragödienentfaltung Berühmtheit erlangte.

Mars: Bühnenname der französischen Schauspielerin Anne Francoise Salvetat-Monvel (1779–1847), 1795–1841 eines der bedeutendsten Mitglieder des Theátre Francais.

George, Bourgoing: berühmte Schauspielerinnen, genaue Lebensdaten sind nicht zu ermitteln.

Seite 5

Großherzog von Weimar: Carl August (1758–1828), Herzog von Sachsen-Weimar seit 1815.

Herrn von Champagny: Jean Baptiste de Nompère (1756–1834), Marineoffizier, Gesandter, Minister und Abgeordeter der Generalstände, unter Napoleon seit 1800 Staatsrat, 1809 Herzog von Cadore.

Trauerspieles Oedipe: von Pièrre Corneille, 1659.

berühmte Raucourt: berühmte Schauspielerin, genaue Lebensdaten sind nicht zu ermitteln.

Seite 6

Louisdor: frz. Goldmünze seit 1640, benannt nach dem Bildnis Königs Louis XIII.

Seite 7

»comment, trois . . .«: »Wie, drei Frauen auf drei Sesseln? es ist ja gut Platz für sechs,«

Seite 8

Fauteuils: Grundtyp des frz. gepolsterten Armlehnstuhls des 17. und 18. Jh's.

beiden Kaiser: außer Napoleon, Alexander I. (1777–1825) seit 1801 Zar von Rußland, Bewunderer Napoleons, starb im Alter von nur 47 Jahren. In seiner Bündnispolitik schwankend, in seiner Innenpolitik inkonsequent.

Berthier: Alexandre (1753–1815), frz. Marschall, Freund Napoleons I., Kriegsminister und seit 1805 Fürst von Wagram.

Soult: Nicolas-Jean (1769–1851), frz. Marschall, einer der fähigsten Offiziere Napoleons I.; nach 1830 mehrfach Minister und wegen seiner Habgier berüchtigt.

Caulincourt: Caulaincourt, Armand Graf von (1773–1827), Herzog von Vicenza, Gesandter am russ. Hof, 1813 von Napoleon zum Außenminister ernannt.

Savary: Anne Jean Marie René (1774–1833), seit 1808 Herzog von Rovigo, General Napoleons I. und 1810–14 Polizeiminister; wegen seiner Brutalität verhaßt.

Lannes: Jean (1769–1809), frz. Marschall und seit 1808 Herzog von Montebello.

Duroc: Michel (1772–1813), frz. Marschall, Herzog von Friaul, Adjutant Napoleons I. im italienischen und ägyptischen Feldzug und einer seiner wenigen Freunde.

Seite 9

Wieland's: Christoph Martin (1733–1813), 1769 Professor in Erfurt, 1772–78 Prinzenerzieher in Weimar; als Dichter Vorläufer der Klassik und Romantik, Publizist und Übersetzer.

Herzog von Gotha: August, Herzog von Sachsen-Gotha 1804–1822.

»Bêtes que vous . . .«: »Ihr Dummköpfe, was macht ihr, es ist nur ein König.«

Könige von Sachsen: Friedrich August I. (1763–1827), der Gerechte, König seit 1806.

von Bayern: Max I. Joseph (1756–1825), aus dem Hause Pfalz-Zweibrücken, Kurfürst von Pfalz-Bayern 1799, König seit 1806.

von Württemberg: Friedrich I. (1754–1816), Herzog 1797, Kurfürst 1803, König seit 1806.

König von Westfalen: Jerome Bonaparte (1784–1860), jüngster Bruder Napoleon Bonapartes, 1807 König des neugeschaffenen Königreiches Westfalen. Nach 1815 Fürst von Montfort, unter Napoleon II. Marschall und Senatspräsident.

Königin von Westfalen: Katharina von Württemberg (1783–1835), 1807 verheiratet mit Jerome, bei dem sie nach Napoleons Sturz entgegen dem Wunsch ihres Vaters blieb.

Großherzogin von Baden: Stephanie Beauharnais (1789–1860), Gemahlin des Großherzog Karl Ludwig Friedrich seit 1806, Tochter des Vicomte Claude de Bauharnaise, Nichte zweiten Grades der Josephine B., Adoptivtochter Napoleons I. und Kaiserliche Prinzessin.

Seite 10

Talleyrand: Charles Maurice de Talleyrand-Perigord (1754–1838), berühmter französischer Staatsmann und Diplomat. 1788–91 Bischof von Autun, 1797–1807 Außenminister; seit 1813 auf Seiten der Bourbonen, vertrat er Frankreich auf dem Wiener Kongreß.

Seite 11

Baron Grimm: Friedrich Melchior Baron von (1723–1807); Schriftsteller und russ. Staatsrat. Seit 1776 gothaischer Minister in Paris.

»foibles appas«: »zarte weibliche Reize.«

»a bas la lorgnette, . . .«: »Legen sie die Operngläser nieder, der Kaiser duldet das nicht!«

tenez vous droîte . . .: »bleiben sie wo sie sind, machen sie nicht so einen langen Hals, der Kaiser mag das nicht.«

Seite 13

Er schläft am meeresumbrausten Felsen . . .: Das Grab Napoleons auf St. Helena wurde erst 1840 aufgehoben und der Kaiser nach Paris überführt.

ihr entrissener Gemahl: Großherzog Karl (Ludwig Friedrich) von Baden starb 1818 im Alter von nur 32 Jahren.

Seite 15

echt reichsstädtischen Geistes: Frankfurt war seit 1147 Wahl- und seit 1562 Krönungsort der deutschen Könige; Freie Reichsstadt bis 1806, 1815–1866 »Freie Stadt«.

Seite 18

par ordre de mufti: auf Befehl des Mufti (= Theoretiker und Interpret des muselmanischen Rechtes, der auch religiöse, juristische und zivile Aufgaben übernimmt); gezwungen, ohne daß Widerstand gestattet ist.

Arbre de cocagne: Aus dem Italienischen »Kuchenbaum«, ursprünglich neapolitanische Faschingslustbarkeit mit einer Art Stangenklettern um den Preis von Eßwaren, die an der Spitze befestigt waren.

Seite 21

Cyder: frz. Cidre, von gr. Gikera, Obst; Apfelwein, hier: der berühmte hessische »Äppelwoi«.

Seite 22

Wilhelmsbad: hess. Luftkurort 2 km von Hanau, benannt nach dem späteren Kurfürsten Wilhelm I., der 1773–83 ein Kurhaus etc. errichtete. Heute besterhaltenes Beispiel einer Kurbadeanlage des 18. Jh. in Deutschland.

Die weitläufigen Anlagen des schönen Parks: Der englische Park ist einer der ältesten und entwicklungsgeschichtlich bedeutendsten in Deutschland mit Einbauten von Franz Ludwig Cancrin.

Seite 23

das Theater: Komödienhaus 1780/81 erbaut von Cancrin.

Seite 26

Städelsches Kunstinstitut: Johann Friedrich Städel (1728–1816), Bankier und Kunstsammler, vermachte seine umfangreiche Sammlung und sein Vermögen einem zu gründenen »Städelschen Kunstinstitut«. Seit 1817 in Städels Haus auf dem Roßmarkt zugänglich, seit 1819 in der Neuen Mainzer Straße, wird die Sammlung seit 1878 im Hause am Schaumainkai gezeigt.

Seite 28

Herrn Senator Brentano: Peter Anton Brentano, aus Oberitalien eingewanderter Frankfurter Kaufherr; Vater des Dichters Clemens Brentano und der Bettina von Arnim; das Gemälde seit 1852 als Stiftung im Frankfurter Dom.

Seite 29

zur Zeit der Belagerung von Mainz: Beschießung und Rückeroberung von französischer Besatzung durch die Reichsarmee 1793.

Seite 31

Fam. von Holzhausen: Kammerherr von Holzhausen war ein bekannter Gemäldesammler aus ritterbürtigem Frankfurter Patriziat.

Portraiten ihrer Ahnen: Portraits des Gilbrecht und der Anna von Holzhausen, 1535, Doppelbildnis des Justinian und der Anna von Holzhausen 1536, Bildnis des Hamman von Holzhausen 1529; Arbeiten des Frankfurter Bildnismalers Conrad Faber von Creuznach (um 1500–1552).

Lukas von Kranach: ›Christus segnet die Kinder‹, eines der häufigsten Kirchenbildthemen der Cranach-Werkstatt; Variante des Prototyps (Naumburg, St. Wenzel) heute im Städelschen Kunstinstitut.

Seite 34

brüsseler Kunsthändler: L. C. Nieuwenhuys.

Fedra Inghirami: Tommaso, gen. Fedra Inghirami (1470–1516), seit 1505 Präfekt der vatikanischen Bibliothek.

Ein Porträt der von J. S. beschriebenen Art wird von der heutigen Raffael-Forschung nicht mehr anerkannt.

»Emilia Galotti«: Trauerspiel von Gotthold Ephraim Lessing (1729–1781) von 1772.

Seite 35

Leo X.: Giovanni de' Medici (1475–1521), 1513 zum Papst gewählt, großer Förderer von Kunst und Wissenschaft.

Seite 36

Inghirami's Portrait: Raffael malte das Porträt Inghiramis 1514 (heute Palazzo Pitti, Florenz).

zwölf Jahre später von Raffael . . .: Das angesprochene Bild befindet sich heute in den Uffizien in Florenz und stellt die Kardinäle Giulio de' Medici und Luigi de Rossi dar.

Madonna della Seggiola: 1514, heute Florenz, Palazzo Pitti; seit der ersten Hälfte des 16. Jh. im Besitz der Medici.

jetzige König von Bayern: Ludwig I. (1786–1868), König 1825–1848.

Perugino: gemeint sind ›Taufe und Auferstehung Christi‹ aus dem Palazzo Inghirami; Urheberschaft strittig zwischen Raffael Perugino und dessen Schule.

Rubens jüngstes Kind . . .: gemeint ist ein 1627 dat. Gemälde des Cornelis de Voss, erworben 1828.

Seite 37

der wichtige Proceß . . .: Entfernte Verwandte Städels erhoben am 11. 9. 1817 Klage in der Erbschaftssache; erst 1828 wurde der Prozeß durch Vergleich beschlossen.

Seite 38

Kronprinzen der Niederlande: Wilhlem II. (1792–1849), König der Niederlande seit 1840.

Peter de Hooghe: Pieter de Hooch, 1629–1683.

Seite 40

Friedrich Wilmans: Gerhard Friedrich (1764–1830), Buch- und Kunstsammler in Frankfurt a. M. Mit ihm stand J. S. im Briefwechsel.

Taschenbuchs für Liebe und Freundschaft: Taschenbuch auf das Jahr . . . der Liebe und Freundschaft gewidmet. Frankfurt am Mayn: Wilmans 1800–1841 (ab 1816 hrsg. von St. Schütze).

Herrn Wendelstedt: C. F. Wendelstedt besaß z. B. den »Hiob« aus Dürers Jabach'schem Altar (heute in Frankfurt).

Solly'sche Sammlung: Solly, englischer Kaufmann zu Berlin, dessen an die 3000 Bilder umfassende Sammlung 1821 veräußert wurde; wichtige Bilder konnten für die Staatlichen Museen gesichert werden.

Enkaustik: gr., antikes Malverfahren, die durch Wachs gebundenen Farben werden heiß aufgetragen oder kalt mittels eines heißen Spachtel untereinander und mit dem Malgrund verschmolzen.

Seite 41

griechischen Patriarchen, der Tod der heiligen Jungfrau: vermutlich byzantinische oder byzantinisierende, frühe italienische Gemälde.

Fra Giovanni da Fiesole: gen. Fra Angelico (um 1401/02–1455), Meister und Dominikanermönch; ein Bild dieses Themas begegnet nicht in den einschlägigen Werkverzeichnissen.

Seite 42

Bellino: Giovanni Bellini (um 1430–1516), Sohn des Jacopo Bellini, Begründer der venezianischen Malerei der Hochrenaissance.

Seite 43

Königin der Himmel...: Bellinis Madonna von 1510, heute Baltimore, Walters Art Gallery. Dargestellt sind die drei Prokuratoren Tommaso Mocenigo, Luca Zeno und Domenico Trevisan.

Seite 44

Wasserdiligence von Mainz: Personen- und Postschiff auf dem Rhein vom 18. bis zur Mitte des 19. Jahrhunderts. Der Name bedeutet, daß die Schiffe für den planmäßigen Reiseverkehr bestimmt waren. Sie hatten auf dem Mittelschiff die große Kajüte mit Aussichtsdeck, heizbare Aufenthaltsräume, Schlafkabine und Küche.

Seite 45

Mauth: Bayerisch »Zoll«.

Seite 48

der Friedrich Wilhelm: 1826/27 in Holland erbautes Glattdeckschiff aus Holz, am 27. 5. 1827 in Dienst gestellt; Länge 42,70 m, Breite 4,88 m, Tragfähigkeit 800 Ztr. Am 10. 8. 1828 wurde die F. W. mit 7 Reisewagen, 2 Pferden und 150 Fahrgästen an Bord vom Gewittersturm an das linke Rheinufer geworfen und freigeschleppt.

Seite 52

Schloß von Biebrich: heute Vorort von Wiesbaden, 1744–1840 Residenz der Fürsten von Nassau-Usingen und der Herzöge von Nassau. Schloß zwischen 1700 u. 1720 in mehreren Etappen ausgebaut.

Walluf: alte Rheinüberfahrt.

Eltville mit seinem ehrwürdigen alten Turme: Fränkischer Königshof, bis zum 19. Jh. einzige Stadt des Rheingaues. Mit dem Turm ist vermutlich der Hauptturm der bischöflich-mainzischen Burg aus der Mitte des 14. Jh.'s gemeint.

Seite 54

Parasols: frz. Sonnenschirm.

Seite 55

Johannisberg: im Rheingau-Kreis, dort das ehemalige Schloß der Fuldaer Fürstäbte, seit 1816 im Besitz der Freiherren von Metternich, und das Haus von Mumm. Das ›flüssige Gold‹ fließt aus den Wein- und Sektkellereien beider Familien.

Seite 56

Epithet: Beiwort.

Seite 57

Schreiber's Handbuch: ›Handbuch für Reisende am Rhein von Schafhausen bis Holland, in die schönsten anliegenden Gegenden und die dortigen Heilquellen.‹ von Aloys Schreiber, Großherzogl.-Bad. Hofrath u. Historiograph, 2. Aufl. Heidelberg 1822.

Seite 58

Repositorien: lat. Aufbewahrungsort, Gestell für Bücher, Akten etc.

Seite 62

Charons Nachen: in der gr. Mythologie der Fährmann, der die Schatten der Verstorbenen über den Unterweltsfluß setzt.

Seite 64

Residenzschloß: Koblenz, eine römische Gründung, war seit 1253 fest im Besitz der Trierer Kurfürsten. Das neue Schloß, 1777 bis 1793 von den Architekten Michel d'Ixnard, Johann Seiz und Anton Francois Peyre d. J. als erster Bau des Frühklassizismus im Rheinland für Kurfürst-Erzbischof Clemens Wenzeslaus von Sachsen erbaut, wurde innen nicht vollendet. Seit 1815 diente es als preußische Kaserne.

Seite 72

Apollinarisberg: Ehemalige Propstei der Benediktinerabtei Siegburg, 1162 durch den Kölner Erzbischof Rainald von Dassel mit Reliquien des Hl. Apollinaris beschenkt und in der Folgezeit vielbesuchter Wallfahrtsort.

Sulpiz Boisserée: (1783–1854) und sein Bruder Melchior (1786–1851) waren Kunstgelehrte und bedeutende Sammler; die von den Brüdern geretteten Gemälde vor allem der Kölner Malerschule wurden 1827 von Ludwig I. von Bayern angekauft und sind seit 1836 in der Alten Pinakothek in München ausgestellt.

Seite 73

Nonnenwerth: 1122 als Benediktinerinnen-Kloster gegründet, 1773–75 von Nikolaus Lauxem neu gebaut, seit 1854 Franziskanerinnenkloster.

Seite 74

Ruinen seines uralten Schlosses . . .: Ruine einer kölnischen Feste des frühen 12. Jh.'s, wohl 1633 zerstört. Der einzige aufrechtstehende Bogen stürzte 1839 ein, wurde aber wieder aufgebaut.

Seite 76

Schlosses von Godesberg: s. S. 93.

Jan van Mehlem: von Boisserée als Urheber von Werken des Barthel Bruyn d. Ä. und des Meisters des Aachener Altares identifiziert.

Seite 77

Godesberg: seit dem 18. Jh. Entwicklung zum Kurort durch Mineralquellen.

grünen Tisch: Spieltisch, grün bezogen, im Kurhaus Redoute, 1780–1820 von Martin und Adam Leydel errichtet, gab es einen großen Spielsaal.

Seite 81

»far niente«: ital. ›Nichtstun‹.

Seite 82

Eleganz liebenden Kurfürsten: Kurfürst Maximilian Franz, Erzherzog von Österreich, reg. 1784–1794.

Seite 83

ein kleines Theater: 1790–92 errichtet, ursprünglich mit der Redoute durch einen gedeckten Gang verbunden.

Seite 89

altrömischer Ruinen in Kork: Im 18. Jahrhundert waren Nachbildungen antiker Bauten in Kork sehr beliebt; die weitaus größte Sammlung solcher Modelle des Antonoi Chichi (1743–1816) besitzt die Bauakademie in Kassel.

Seite 90

Dorf Godesberg: erst 1935 wurde Godesberg zur Stadt erhoben.

Seite 91

die kleine Kapelle: Michaelskapelle, Apsis des frühen 13. Jh.'s, Chorturm und Schiff 1697–1699.

Seite 92

Kloster Heisterbach: 1189 gegründetes Cisterzienserkloster, dessen 1212–37 errichtete Kirche 1805 auf Abbruch verkauft und bis auf die Chorapsis abgebrochen wurde.

Cesarius von Heisterbach: um 1170 bis um 1240 Schriftsteller und Cisterziensermönch in Heisterbach. Durch Ausgrabungen seit 1790 sind eine römische Anlage und ein spätkarolingischer Friedhof nachgewiesen.

Mons Jovis: Berg des Jupiter, des höchsten römischen Gottes.

Aeskulap geweihter Votivstein: schon um 1600 wurde ein Inschriftstein gefunden, den der Legat Q. Venidius Rufus dem Aeskulap und der ›Hygia‹ geweiht hatte. Der Stein ist in das Rheinische Landesmuseum, Bonn gelangt, das bereits 1820 als ›Museum vaterländischer Altertümer‹ gegründet wurde.

Theodorich: eigentlich Dietrich von Berg, Erzbischof von Köln, reg. 1208–1212.

Seite 93

kölner Chronik: Die ›Cronica van der hilliger Stat vā Coellē.‹ Johann Koelhoff d. J., Köln 1499, Bl. CLXXXIIII.

Ruinen des Schlosses: Die Burg wurde 1244 ausgebaut und um die Mitte des 14. Jh.s um die Vorburg erweitert. Seit Sprengung im Truchsessischen Krieg 1583 Ruine.

Gebhard: Truchseß von Waldburg (reg. 1567–1583) ehelichte die Gerresheimer Stiftsdame Agnes von Mansfeld, trat zur Reformation über und versuchte das Erzstift Köln in ein weltliches Fürstentum umzuwandeln. Vom Papst abgesetzt, wurde er von seinem Nachfolger Ernst von Bayern und dessen Alliierten im Truchsessischen Krieg vertrieben.

Herzog Ferdinand: richtig: Ernst von Bayern, Kurfürst und Erzbischof von Köln 1583–1612.

Seite 94

Via Aurelia: gemeint ist die Köln-Mainzer Heerstraße. Die Viae Militares gehen auf die Okkupationszeit kurz vor Christi Geburt zurück; diese folgte von Mainz dem linken Rheinufer und verband das Mittelrheingebiet mit dem äußersten Nordwesten der Provinz zwischen Nijmegen und Katwijk an der niederländischen Nordseeküste.

Karl Theodor: Carl Theodor (1724–1799), Kurfürst von der Pfalz, Herzog von Jülich-Berg 1742, Kurfürst von Bayern 1777. – Der Ausbau der Straße war erst 1801 abgeschlossen.

Marc Aurel: Marcus Annius Verus (121–180), regierte als Kaiser Marcus Aurelius Antonius 161–180.

Lucius Verus: Lucius Aurelius Verus, Adoptivbruder des Marcus Aurelius Antonius, Mitkaiser von 161–169.

Graf Gollstein: Johann Ludwig Franz Graf von Goltstein (1720–1776), Statthalter des Kurfürsten von Jülich und Berg 1768–1774. Tüchtiger, der Aufklärung zuneigender Verwaltungsbeamter.

Seite 95

die alte Weltherrscherin: das Römische Imperium.

nach Bonn in das Museum: heute, soweit erhalten, im Rheinischen Landesmuseum Bonn.

Seite 96

Isisbilder: Isis, ägyptische Mutter- und Fruchtbarkeitsgöttin.

Hrabanus Maurus: um 776–856, Benediktinermönch, Abt zu Fulda 822–842, Erzbischof von Mainz 847.

diesem kostbaren Werke: Es handelt sich um ›De laudibus sanctis crucis‹. Das dem Kaiser 840 gewidmete Exemplar ging verloren. Abschriften sind im Vatikan und der Wiener Hofbibliothek erhalten.

Kaiser Luwig dem Deutschen: Ludwig der Fromme, Sohn Karls d. Gr., Kaiser 816–840.

Seite 97

Ottfried: Otfrid, Dichter, später in St. Gallen, um 865 Benediktiner in Weißenburg an der Lauter; verfaßte hier in deutscher Sprache den ›Liber evangeliorum‹, eine Art Evangelien-Kommentar, zum Gesang bestimmt. Die zuverlässigste Handschrift befindet sich in Wien.

Kalligraphie: Schönschreibekunst.

Seite 100

Herr Aders: C. Aders, London, besaß u. a. eine Madonna von P. Christus, heute in Frankfurt.

König von England: vermutlich Wilhelm IV., regierte 1830–37, Onkel der Königin Viktoria.

Copie van Eyck's: gemeint ist der ›Genter Altar‹, gemalt 1432 Gent, St. Bavo.

Michael Coxie: 1557–1559 hat Michael Coxie Maria, Johannes und Gott Vater kopiert. Johannes und Maria heute in München, das Bild Gott Vaters in Berlin.

König von Spanien: Philipp II. (1527–1598), König von Spanien seit 155, Sammler altniederländischer Gemälde.

englische Guineen: englische Goldmünze, deren Metall anfänglich von der Guinea-Küste kam, von 1662–1816 geprägt, dann Rechnungsmünze = 21 Schilling.

Seite 101

Hemmling: Hans Memling, um 1440–1494, deutschstämmiger Maler in Brügge.

Schoreel: Jan von Scorel (1495–1562), niederländischer Maler geistlichen Standes.

Künstlerin Margareth: Margaretha van Eyck, Schwester Jan van Eycks und Malerin, 1559 von Lucas d'Heere in seiner ›Ode‹ genannt.

Lazaroni-Knaben: ital. Lazzaroni, Beschäftigungs- und Obdachlose, im Neapolitanischen ›Gesindel‹.

Boracino da Cremona: nicht nachweisbare Künstlerpersönlichkeit.

Callot: Jacques (1592–1635), frz. Kupferstecher und Radierer; Ölgemälde von seiner Hand sind nicht bekannt.

Seite 106

table d'hôte: frz. Wirtstafel, gemeinsamer Gasttisch.

Seite 109

deliberirt: beraten.

Debarquement: frz. Ausschiffung.

Seite 114

hohe Kreuz: Hochkreuz, von der Kölner Dombauhütte ausgeführtes Wegekreuz, gestiftet von Erzbischof Walram von Jülich (reg. 1332–1349).

Seite 115

fliegende Brücke: Schwenkfähre, die in der Strommitte verankert war.

kurfürstliche Residenzschloß: 1697–1703 nach Plänen von Enrico Zuccali erbaut und 1715–23 nach Plänen von Robert de Cotte erweitert; 1777 verheerender Brand; 1818 der Rheinischen Friedrich-Wilhelms-Universität überlassen.

ehrwürdigen Münsters: ehemalige Stiftskirche St. Cassius und Florentius; 691 erstmals erwähnt. Neubau um 1060–70, erweitert um 1150, Neubau des Langhauses um 1220/30.

Kreuzberg mit ... Kirche: 1627–28 unter Kurfürst Ferdinand von Bayern errichtete Wallfahrtskirche, die seit 1637 bis zur Säkularisation von Servitenmönchen betreut wurde.

Schloß Poppelsdorf: Schloß Clemensruhe, Neubau nach Plänen von Robert de Cotte und Guillaume Hauberat 1715–23 im Auftrag des Kurfürsten Joseph Clemens von Bayern; ausgebaut 1744–56 durch Balthasar Neumann. Seit 1818 Botanisches Institut der Universität.

Seite 116

Englischen Gartens: Anstelle des südlichen Gartenparterres (von Robert de Cotte 1721 angelegt).

alten Zoll: Bollwerk der Festungsbauten des 17. Jahrhunderts.

Seite 118

al fresco: von ital. ›a fresco intonaco‹, auf frischem Bewurf; Wandmalerei auf den frischen Putz.

Aula: Ausmalung der Universitäts-Aula mit Darstellungen der Fakultäten durch die Cornelius Schüler Jakob Gotzenberger und Karl Hermann 1824–1833; im zweiten Weltkrieg zerstört.

Seite 124

Beienthurm: Bayenturm, südliche Eckbastion der Stadtbestigung. Untergeschosse des 13. Jahrhunderts mit gotischen Obergeschossen.

Seite 126

harrt diese ursprüngliche große Ruine der Vollendung: 1248 legte Erzbischof Conrad von Hochstaden den Grundstein zum Neubau des ottonischen Domes. 1322 wurde der vollendete Chor geweiht. Querschiff und Südturm blieben unvollendet liegen, als 1560 die Bautätigkeit völlig eingestellt wurde. 1842–80 wurde nach Plänen von Ernst Friedrich Zwirner und Richard Voigtel der Dombau historisierend vollendet. Der vollendete Dom wurde ein Symbol deutscher Einheit und der religiösen Erneuerungsbewegung.

Seite 128

Gärten: Die um 1200 errichtete äußere große Stadtmauer umschloß auch landwirtschaftlich genutzte Flächen von beträchtlicher Ausdehnung; darüber hinaus verfügten die Stifts- und Klosterkirchen z. T. über stattliche, nicht durchgängig bebaute Bezirke. Diese Situation ist bei St. Pantaleon am besten erhalten.

Seite 129

Grienkopf: Grinkopf, steinerne Fratzen mit geöffnetem Maul oberhalb der Kellertüren an Kölner Wohnhäusern; gegen die Grinköpfe (vgl. greinen, grinsen) wurden die Balken gestemmt, über die man mittels eines Seiles Waren in die Keller herabließ.

Seite 131

langen Oberherrschaft der Franzosen: Besetzung Kölns durch die französischen Revolutionstruppen 1794–1801, Eingliederung in das französische Staatswesen bis 1814.

Seite 137

bald verwitternden Steinart: Trachyt, poröses, als Baustein wenig haltbares vulkanisches Gestein.

obenstehende Krahnen: Den 59 Meter hohen südlichen Turmstumpf krönte bis zum Jahre 1869 der hölzerne Domkran.

Seite 139

einzigen Meisters: 1814 und 1816 fand Georg Moller in Darmstadt und Paris die beiden Teile des Originalabrisses zur Fassade. Als Baumeister sind bezeugt die Meister Gerhard, Arnold und Johannes zwischen 1257 und 1330.

Seite 141

am Geburtstage des Königs: Friedrich Wilhelm III. (3. Aug. 1770–1840), 1797 König von Preußen.

Seite 142

Erzbischof von Köln: Ferdinand August von Spiegel (1764–1835), 1821 zum Erzbischof ernannt, 1824 vom Papst bestätigt.

Laubgewölbe der alten Druidenhaine: Schon 1510 wurde in einer Denkschrift an Papst Julius II. die Entstehung der Gotik aus dem Naturhaften, aus der aus Bäumen errichteten Urhütte, behauptet.

Seite 143

Hochaltar: 1767 hatte Etienne Fayn aus Lüttich einen neuen Hochaltar mit zentralem Tempietto und seitlich auf Voluten sitzenden Holzstatuen der Dompatrone entworfen, der zusammen mit den ebenfalls auf Fayn zurückgehenden Seitenaltären 1894 abgebrochen wurde.

Ein alter . . . Hoch-Altar: Der Hochaltar des gotischen Domes bestand von Anfang an nur aus einer Mensa aus schwarzem Marmor mit Arkaden und Figuren aus weißem Marmor. 1768 wurde nicht ein hoher Altaraufbau, sondern das seitlich stehende Sakramentshaus von 1508 abgebrochen. Durch die Barockisierung wurden Seiten und Rückseite der Altarmensa zerstört, die orginalen Figuren gelangten großenteils in das Schnütgen-Museum. Die Statuen Kaiser Konstantins und des Papstes Silvester am östlichen Ende des Chorgestühls fielen 1770 der Barockisierung zum Opfer.

Seite 144

reichgeschmückten Kapelle: das Dreikönigsmausoleum von 1668–83 in der Dreikönigenkapelle, wurde 1889–90 abgebaut. Die westliche Schaufront wurde 1920 im nördlichen Querschiff wieder aufgebaut, die östliche befindet sich in der Steinkammer des Domes.

das berühmte Reliquienbehältnis: Der Schrein der Hl. Dreikönige birgt die 1164 von Erzbischof Rainald von Dassel in Mailand erworbenen Reliquien. Es ist zwischen 1181 und 1230 nach Entwurf des Nicolaus von Verdun gearbeitet worden.

seiner Abwesenheit von Köln: 1794 war der Schrein zusammen mit dem übrigen Domschatz vor den anrückenden Franzosen nach der Prämonstratenser-Abtei Wedinghausen bei Arnsberg geflüchtet worden (Hauptstadt des Kölnischen Herzogtums Westfalen). Am 4. Januar 1804 erfolgte die Rückführung nach Köln. Der stark beschädigte Schrein wurde nach Entwurf von F. Wallraf bis 1808 restauriert und dabei um eine Achse verkürzt.

massivgoldenen Kronen: Die drei goldenen Dreikönigenkronen waren Geschenke König Ottos IV. anläßlich des Hoftages von 1200; sie sind zwischen 1794 und 1802 verloren gegangen.

Wallraf: s. S. 192.

Seite 145

ehrwürdige Palladium: großes Kultbild der Göttin Pallas Athene auf der Burg von Troja; übertragen: Schutzheiligtum, heilig zu haltende Sache.

Seite 146

Kölner Dombild: Stephan Lochners Altar der Kölner Stadtpatrone, um 1440 gemalt, befand sich ursprünglich in der Ratskapelle, 1810 wurde er in eine der südlichen Chorkapellen des Domes verbracht.

Seite 147

nicht in Öl gemalt: sondern in Tempera, von ital. ›temperare‹, verdünnen, mischen. Seit dem 14. Jahrhundert weitverbreitete, rasch trocknende Maltechnik. Dem Farbpulver sind Eiweiß oder Eigelb, Feigenmilch, Leim, Arabischer Gummi zugesetzt.

Kaiser Maximinian: Marcus Valerius Maximianus, reg. 286–305, gemeinsam mit Diokletian und Constantius Chlorus.

Seite 148

britische Prinzessin Ursula: historisch nicht greifbare Gestalt, deren Legende erst im 12. und 13. Jahrhundert infolge der Auffindung eines spätantiken Friedhofes voll entwickelt wurde. Nach der Legende eine britische Prinzessin, die zusammen mit ihren Begleiterinnen auf der Rückkehr von einer Pilgerfahrt nach Rom, in Köln von denen die Stadt belagernden Hunnen durch Pfeilschüsse getötet wurde.

im Jahre vierzehnhundertundzehn: Die Datierung 1410 beruht auf einer irrtümlichen Lesung von Steinmetzsignaturen (?) auf der Verkündigungstafel. Sie findet sich erstmals bei Sulpiz Boisserée in seinem Brief vom 11. 11. 1815 an Goethe, der die Überführung in den Dom veranlaßt hatte.

Seite 149

Wilhelm von Köln: Boisserée brachte das Dombild mit Meister Wilhelm in Verbindung.

Albrecht Dürer's Tagebuch: Das Tagebuch der Niederländischen Reise 1520/21, in der ersten Hälfte des 17. Jahrhunderts verschollen, ist in einer gewissenhaften Abschrift des Bamberger Malers Johann Hauer erhalten. Dürer nennt ›Maister Stephan zu Cöln‹ als Meister des Dombildes. J. F. Böhmer hat dies im ›Kunstblatt‹ Nr. 4, S. 31, Stuttgart und Tübingen 1823 veröffentlicht.

Seite 150

Annalen der altrheinischen Malerschule: 1852 veröffentlichte Johann Jakob Merlo in »Die Meister der Altkölnischen Malerschule« die auf Lochner bezüglichen Schriftquellen.

Seite 153

Styl des siebenten Jahrhunderts: Die bestehende Kirche des um 689 gegründeten adeligen Damenstiftes wurde 1065 geweiht. In staufischer Zeit wurden der Oberbau der drei Konchen und die Einwölbung des Chores erneuert. Der römische Staatstempel der Kapitolinischen Götter-Trias Jupiter, Juno und Minerva ist durch Ausgrabung im Bereich des Langhauses nachgewiesen.

Lichthof: Lichhof = Leich-Hof, Stiftsfriedhof östlich des Dreikonchen-Chores; hier verlief die östliche römische Stadtmauer.

Plectrudis von Heristal: Gemahlin des Pippin von Heristal des Mittleren, 687 Hausmeier des gesamten fränkischen Reiches, war nicht die Urgroßmutter Karls d. Gr.; dessen Großvater Karl Martell stammte aus einer Verbindung Pippins mit einer Nebenfrau.

Seite 154

Bischof von Lüttich, Lambertus: Lambertus, letzter Bischof von Maastricht (um 640–um 706) wurde von zwei fränkischen Edlen ermordet.

Seite 155

Bischofs Hubertus: Hubertus, Bischof von Tongern-Maastricht, verlegte 716 seinen Sitz nach Lüttich. Seine Legende stammt erst aus dem 11. und 15. Jahrhundert.

Herrn de Noel: Mathias Joseph de Noel (1782–1849), Kaufmann, Stadtrat, Maler, Schriftsteller, Antiquar und erster Konservator des städtischen Museums.

Seite 157

Basreliefs: 1524 wurde der nach einem Entwurf des Jan van Roome in Mecheln fertiggestellte Lettner, eine Stiftung der Familie Hackeney, zwischen den westlichen Vierungspfeilern der Kirche aufgestellt. 1767 wurden seine Schauseiten als Front einer Sängerempore mit Orgel in den Westteil des Mittelschiffs versetzt.

Seite 158

Tod der heiligen Jungfrau: Marientod, auf den Flügeln die Stifter Nicasius und Georg Hackeney, ihre Frauen und die heiligen Patrone. Ein Werk des Antwerpener Meister Joos van Cleve (Meister 1511, gest. 1540/41), heute in München, Alte Pinakothek. J. S. verwechselt die Hackeneys mit den Hardenraths.

Seite 159

im Jahre vierzehnhundertsechsundvierzig: Johann Hardenrath stiftete die *1466* geweihte und nach ihm benannte Kapelle am südöstlichen Ende des Chores.

Seite 160

Bild des ... Singlehrers: Die umfangreichen Wandmalerien – nach Clemen in Öl ausgeführt – sind im zweiten Weltkrieg untergegangen.

Kreuzgänge: wohl aus der 2. Hälfte des 12. Jh's, der östliche Flügel war bis zum zweiten Weltkrieg erhalten, die übrigen waren schon 1849–69 neu aufgebaut worden; von diesen ist der Westflügel erhalten.

Seite 161

Albrecht Dürer zugeschriebenes Altargemälde: Doppelseitig bemalter Altarflügel mit Marientod und Apostelabschied, 1521 aus der Schule des Hans Baldung Grien.

farbiger Gipsmosaik: Ein nicht erhaltener Mosaikgrabstein des 14. Jahrhunderts ist literarisch und durch eine Zeichnung überliefert.

Seite 162

St. Peter: Ehemalige Pfarrkirche des Damenstifts St. Cäcilien, spätgotische Gewölbebasilika um 1515–30 mit eingebautem romanischen Westturm.

Seite 163

Altargemälde von Rubens: Kreuzigung Petri, 1637 von Everhard Jabach bei Rubens in Auftrag gegeben.

von der Kunstgeschichte ... nicht allgemein zugestanden: Rubens ist nicht in Köln oder Antwerpen geboren, sondern am 28. 6. 1577 in Siegen, wo seine Familie seit 1573 wohnte.

noch das Haus bezeichnet: Wohnhaus der Familie Rubens in Köln war seit 1570–73 der Rinkenpfuhl, ein 1911 abgebrochenes Haus im Kirchspiel St. Mauritius, 1578–83 ein Haus in der Breitestraße, 1583–89 das Haus Sternengasse 10. Hier starb 1642 im Exil Maria von Medici, Königinmutter von Frankreich, nach neunmonatigem Aufenthalt.

Jabach: s. S. 179.

»belle horreur«: ›holder Schrecken‹.

Seite 164

besser erhaltene Glasmalerei: Farbenprächtige Glasgemälde von 1528 und 1530 mit spätgotisch aufgefaßten Figuren in Renaissance-Rahmen.

Die Kirche besteht in drei, . . . Abtheilungen: eine ehem. Stiftskirche ist eine einzigartige mittelaterliche Anlage: spätrömisches Dekagon, Ausbau und Vorhalle 1219–27, Langchor und Krypta von 1067/69, Chorquadrat mit Flankentürmen und Apsis um 1151/56.

Seite 165

Erzbischof von Köln: Erzbischof Anno ließ 1067/69 den Langchor und die Krypta ausführen; auf Arnold von Wied gehen Chorquadrum und Türme zurück.

Seite 166

uralter Taufstein: Der Taufstein mit achtseitigem Fuß ist ein Werk des 13. Jahrhunderts; die aus Ravenna und Rom stammenden Marmor-Säulen im Oktogon des Aachener Münsters sind seit der Franzosenzeit nur noch zum Teil erhalten.

St. Kunibert: Kirche eines Mitte des 7. Jahrhunderts vom Hl. Kunibert gegründeten Stifts; spätstaufische Gewölbebasilika von 1215/47, einheitlichster Bau dieser Epoche in Köln.

Seite 167

altes Portal: Das Portal ist gleichzeitig mit dem spätstaufischen Neubau.

Seite 168

modernen italienischen Styl: Corpus-Christi-Kirche des 1639 gegründeten Ursulinen-Klosters, 1709–12 vom kurpfälzischen Oberbaudirektor Matteo Alberti errichtet.

Seite 169

eigentliche Kirche St. Ursula: ehemalige Stiftskirche, Gründungsbau dreischiffige Basilia des 4. Jahrhunderts. Heutige Kirche dreischiffige romanische Emporenbasilika mit Westbau und östlichen Querarmen, Mitte des 12. Jahrhunderts, hochgotischer Langchor, 1287 (?) geweiht.

Namens Clematius: Die Inschrifttafel des Stifters, der senatorischen Rang hatte, ist erhalten.

Seite 170

Vincentius: gemeint ist wohl das Grabmal der Viventia, einer Tochter des Pippin von Landen (gest. 639).

Grabmal der heiligen Ursula: Ein Werk des Bildhauers T. W. Lentz, 1659; der Vorname des Stifters Crane war Johannes.

»Die goldene Kammer...«: 1643 errichteter Kapellenraum für den Reliquienbesitz und den Kirchenschatz. Sämtliche Wände sind von Reliquiennischen eingenommen, aus Gebeinen sind christliche Symbole und Inschriften gebildet.

Seite 171

Pastor Fochem: Gerhard Kunibert (1771–1847), Rektor der Grooteschen Familienkirche „Zum Elend«, Pfarrer von St. Ursula 1817–1831, Kunstsammler und Bilderhändler.

Seite 172

›ager Ursulanus‹: Ursulanischer (Toten-)Acker; bei Einbeziehung der Kirche in die erste Stadtbefestigung 1106 wurden unzählige Bestattungen aufgedeckt; die Legende von den 11 000 Begleiterinnen der Hl. Ursula geht aber schon auf die älteste Vita aus der Zeit um 970 zurück.

silberner lebensgroßer Büsten...: 122 Reliquienbüsten mit silberner und goldener Fassung, darunter Hauptwerke der Kölner Skulptur des 14. Jahrhunderts.

Seite 174

Haus Gürzenich: 1441–47 als städtisches Fest- und Tanzhaus errichtet; benannt nach dem Rittergeschlecht, das zuvor am selben Platze ansässig war. Zweigeschossiger gotischer Saalbau, nach Kriegszerstörung 1952–55 wieder aufgebaut.

Seite 177

berühmte Musikfest: Die Niederrheinischen Musikfeste fanden 1818–1958 abwechselnd in Düsseldorf, Köln und Aachen und seit 1832 auch in Elberfeld statt.

Seite 178

großer Thurm: Römerturm an der Ecke Zeughausstraße/St. Apernstraße, Nordwestecke der römischen Stadt; um 50 nach Chr. errichtet. Der Turm wurde auch St. Clarenturm genannt.

St. Claren: Franziskanerinnenkloster, das 1802 säkularisiert wurde, der Kirchenabriß erfolgte 1804. P. Clemen nennt in ›Die Kunstdenkmäler der Stadt Köln‹, 2. Bd. 3. Abt., Düsseldorf 1937, 58 Kirchen und 12 Kapellen, die untergegangen sind.

... neuen Schauspielhauses ...: 1827–29 wurde das Schauspielhaus in der Komödiensdraße durch Baumeister Matthaeus Biercher neugebaut.

Seite 179

Jabach'sche Familiengemälde: Everhard Jabach (1618–95) stammt aus Köln; er ließ sich 1640 in Paris als Bankier nieder, wurde 1647 Franzose. Er war einer der größten Kunstsammler des 17. Jahrhunderts. Das schon 1792 nach Holland verkaufte Gemälde ist verschollen; eine zweite Fassung, ehemals in Berlin, Kaiser Friedrich Museum, ist im Zweiten Weltkrieg verbrannt.

Herrn de Groot: Dr. Eberhard von Groote (1789–1864), Germanist, Stadtrat und Präsident der Armenverwaltung. Er war Schüler Wallrafs, Sammler und ein Nachfahre der Familie von Jabachs Frau Anna Maria.

Le Brun: Charles (1619–90), seit 1638 Hofmaler, Direktor der Gobelin-Manufaktur, 1661/2 erster Hofmaler; er galt als der bedeutenste französische Maler seiner Zeit.

Lavater: Johann Kaspar (1741–1801), protestantischer Theologe und Dichter, zu seiner Zeit bewunderter, aber umstrittener Physiognomiker.

Basedow: Johann Bernhard (1723–90), Pädagoge, Begründer des konfessionslosen Philantropismus.

Gebrüder Jakobi: Johann Georg (1740–1814). Lyriker, Philosoph und Herausgeber der ›Iris‹.
Friedrich Heinrich (1743–1819), Kaufmann und freier Schriftsteller, Hauptvertreter der Gefühlsphilosophie. Das Jakobische Haus in Düsseldorf-Pempelfort war der gesamten geistigen Welt als Zentrum vor allem des literarischen Lebens bekannt (»Musenhof in Pempelfort«).

Seite 183

Freund des Hauses: Als König Ludwig XIV. 1671 101 Gemälde und 5542 Zeichnungen von Jabach erwarb, unterzeichneten dieser, Du Metz und Le Brun die handschriftlichen Inventare.

Kanonikus Wallraf: s. S. 192.

Seite 184

Herrn Lieversberg: Jakob Johann Nepomuk L., (1761–1834) Tabakgroßhändler und bedeutender Sammler mittelalterlicher und barocker Meisterwerke, wohnhaft Heumarkt 10.

Seite 185

Schilderergasse: Schilderer = niederdeutsch und niederländisch ›Maler‹.

Gemälde von Lukas von Leyden: irrtümliche Zuschreibung; bis 1831 wurde der Maler Lukas von Leyden (1589 o. 1594–1533) mit dem Meister des Bartholomäus-Altares identifiziert, einem im letzten Viertel des 15. und im ersten Jahrzehnt des 16. Jahrhunderts in Köln tätigen Malers niederländischer Herkunft.

Seite 186

Acht auf Goldgrund . . . gemalte . . . Tafeln: von Boisserée in der Zeit von 1380–1410 angesetzt und mit dem Meister des Heisterbacher Altares bzw. Stefan Lochner identifiziert.

Seite 187

Danziger Gemälde: Hans Memlings Flügelaltar mit ›Jüngstem Gericht‹, Himmel und Hölle, Maria, Michael und Stiftern, um 1471, in der Danziger Marienkirche.

Engel Michael: von Colijn de Coter (um 1455–1538/9) – von einem Flügelaltar aus St. Alban, dessen Fragmente in das Wallraf-Richartz-Museum, Alte Pinakothek, München und in die Sammlung Virnich in Königswinter gelangten.

Seite 188

Banquier Oppenheim: Salomon O. (gest. 1829), Kommissionär und Spediteur.

Seite 189

Das bedeutend große Gemälde ...: Petrus Christus ›Der hl. Eligius wägt die Eheringe eines Brautpaares‹, heute New York, Robert Lehmann Collection.

Seite 190

Frau von Schaafhausen: Witwe des Abraham Johann Anton Schaaffhausen (1756–1828). Großkaufmann, Ratsherr und Handelsgerichtspräsident.

Sonnenaufgang von Vernet: Flußufer bei Sonnenaufgang von Claude Joseph Vernet (1714–1798), frz. Landschaftsmaler.

Consalez Coxies: Consalez Coques (1614–1684), Antwerpener Maler kleiner Bildnisse und Interieurs; das erwähnte Gemälde ist heute nicht mehr nachweisbar.

Bäckermädchen: gemeint ist die 1525 entstandene Hl. Magdalena, 1867 von Frau Schaafhausen dem Wallraf-Richartz-Museum geschenkt.

Seite 191

Mädchen von Orleans: Im Rubensnachlaß ist ein Gemälde dieses Gegenstandes genannt (heute nicht mehr nachweisbar).

Seite 192

Ferdinand Wallraf: Ferdinand Franz Wallraf (20. 7. 1748 – 18. 3. 1824), Kanonikus und Professor, Sammler von Kunst und Altertümern.

Seite 193

Montanergymnasium: ursprünglich »Bursa Montana«, Lehr-, Lern- und Wohngemeinschaft von Studenten und Magistern.

Seite 194

Gattin ... des Arztes Mendt: Dr. med. Johann Georg *Menn* (gest. 1781), kurfürstlicher Hof- und Medizinalrat, Professor an der Universität; seine Frau starb 1789.

Seite 196

in Köln gegründeten Universität: 1388 erste städtische Universität auf deutschem Boden, 1798 geschlossen, 1919 wiedereröffnet.

Seite 197

Präbende: Aus dem allgemeinen Kirchenvermögen geleisteter Unterhalt für einen Stiftsgeistlichen.

Seite 199

Frank: seit 1796 Einheit des französischen Münzwesens; 1 Franc hatte 20 Sous oder 100 Centimes.

Karolin: ursprünglich pfälzische, auf Kurfürst Carl Philipp (reg. 1716–1742) zurückgehende Goldmünze von 9,47 g.

Seite 203

Napoleon ... in Köln: 1804 weilte der Kaiser in Begleitung seiner ersten Gemahlin Josephine in der Domstadt.

conservateur des arts et des antiquités: Konservator der Kunst und Altertümer.

Seite 204

sogenannte Kunstfreunde: Für das 1793 vom französischen Nationalconvent als öffentliche Sammlung eröffnete Museum im Louvre, dem alten Königsschloß, wurden von den siegreichen Truppen der Revolutionsregierung und später Napoleons Kunstwerke requiriert.

Seite 207

Daß alle geistlichen Stiftungen ... aufgehoben werden: Einzug der Klöster- und Stiftervermögen durch den Reichsdeputationshauptschluß vom 25. 2. 1803.

Seite 209

achtundfünfzig Klöster: sind in Köln untergegangen, s. Anm. zu S. 178.

Seite 211

der Maler Fuchs: Maximilian Fuchs (1767–1846), Maler und Restaurator der altkölnischen Gemälde.

Seite 217

mit antik römischen Marmorbildern . . .: 1817 erwarb Wallraf 24 vermeintlich römische Marmorskulpturen, vorwiegend Fälschungen, von dem Italiener Gaetano Giorgino.

Seite 218

diese Meduse: Eine römische Arbeit aus hadrianischer Zeit, im zweiten Weltkrieg stark beschädigt. Das Bildwerk fand das starke Interesse Goethes und diente als Frontispiz von Johanna Schopenhausers ›Reise an den Niederrhein und nach Belgien‹. Kürzlich wiederhergestellt; im Römisch-germanischen Museum in Köln.

Seite 220

die verbündeten Monarchen: Friedrich Wilhelm III., König von Preußen reg. 1797–1840, Zar Alexander I., reg. 1801–1825, sowie Franz II. Kaiser von Österreich, reg. 1804–1835.

Brustwassersucht: Hydrothorax, Wasseransammlung zwischen Lungen- und Rippenblatt des Brustfells. Verursacht durch Druck auf die Lunge Atemnot und sogar Tod.

Seite 221

Sermon: lat. ›sermo‹, Rede, Unterhaltung.

Seite 222

Schlagfluß: Schlaganfall.

Exequien: Totenmesse.

neuen Local: ›Kölnischer Hof‹, Frankengasse, an der Stelle des heutigen Deichmannhauses.

Seite 224

Brutuskopf: vgl. S. 217.

Seite 226

Gorgone: Schreckgestalt der griechischen Sage, der Anblick des Hauptes der Gorgo Medusa führte zur Versteinerung.

fünf römische Palmen: römische Hand, Maßeinheit.

Seite 229

Herr Laurent: Anton Lorent aus Genf (gest. 1861), Maler, Restaurator und Händler, später wohnhaft in Köln.

Schoreel's sterbende Maria: Marientod des Joos van Cleve 1523, heute München, Alte Pinakothek.

Donatoren: Stifter.

Seite 231

Darstellung des jüngsten Gerichts: Weltgerichtsaltar des Stephan Lochner, Außenflügel heute in München Alte Pinakothek; Innenseiten mit Apostelmatyrien heute im Städelschen Kunstinstitut, Frankfurt.

Seite 232

Das Fegefeuer: heute nicht mehr im Bestand des Museums.

Seite 238

Comité: Das ›Festordnende Komitee‹ reformierte 1823 die fastnachtlichen Traditionen im Geiste der Romantik.

Seite 240

Jan von Werth: Johann von Werth (1591–1652), berühmter Reitergeneral des Dreißigjährigen Krieges und Gestalt des Kölner Brauchtums.

Abdera: altgriechische Kolonie an der thrakischen Küste; die Abderiten waren im Altertum als Schildbürger sprichwörtlich.

Adolf von Cleve: Klever Gecken-Orden, traditionsgemäß im November 1381 von Graf Adolf von der Mark gegründet, vielleicht als ritterliche Spottvereinigung.

Ulrich von Hutten: (1488–1523) Humanist aus fränkischem Rittergeschlecht.

Erasmus von Rotterdam: (1466–1536) bedeutender Humanist und Herausgeber des Neuen Testamentes in griechischer Sprache, Autor des ›Lob der Narrheit‹, 1515.

Seite 246

Dulken: Dülken, niederrheinische Karnevals-Hochburg, seit 1554 Sitz der »Narrenakademie, Erleuchteten Mondsuniversität und berittenen Akademie der Künste und Wissenschaften«.

Seite 248

die Schiffsbrücke: wurde am 16. 11. 1822 eingerichtet.

Seite 249

Reuter: Reiter.

Seite 250

ambulirenden Schule: ›wandernden‹, ›spazierengehenden‹.

hinkende Bote: ›Der Lahrer Hinkende Bote‹; Erscheinungsort des bekannten Kalenders war Lahr in Baden.

Seite 251

Wechselcomptoir: Wechselstube.

modernisierten Türken: Gewaltsame Auflösung und Vernichtung des Janitscharen-Corps 1826.

Seite 253

Dominos: ital. Maskenmantel oder damit bekleidete Person.

Tabarros: ital. Mantel oder damit bekleidete Person.

Seite 254

Birutschen: Birutsche = Barutsche, ital. Baroccio, frz. Birouche: zwei- bis vierrädriger, leichter Wagen.

Corso: römische Hauptstraße zwischen Piazza Venetia und Piazza del Popolo.

Seite 256

beau monde: ›schöne Welt‹, die elegante Gesellschaft.

Seite 262

Barons von Neuhof: Theodor, Baron von Neuhof (um 1686–1756), aus märkischem Adel, April–November 1736 König von Korsika.

Seite 263

Jesuitergymanisum: Gymnasium Tricoronatum oder Dreikönigengymnasium. 1544 hatten die Jesuiten in Köln ihre erste Niederlassung gegründet und später die 1552 gegründete »Bursa Tricoronata« übernommen.

Nachwort

Am 9. Juli des Jahres 1766 als älteste von vier Schwestern geboren, wuchs Johanna Schopenhauer in einer behüteten Umwelt auf, in einer noch nicht vom Krieg verunsicherten Zeit. Bereits ihre Vorfahren lebten in Danzig als wohlhabende Handelsbürger. Der Vater Christian Heinrich Troisiener war Mitglied des Rates der freien Reichsstadt. Seine Auslandsaufenthalte und Geschäftsbeziehungen förderten die weltoffene Haltung des Elternhauses, den »liberalen Geist«, den Johanna in ihren Lebenserinnerungen hervorhebt. (Johanna Schopenhauer: Im Wechsel der Zeiten, im Gedränge der Welt. Jugenderinnerungen, Tagebücher, Briefe. München (1986))

Die Voraussetzungen für Johanna Schopenhauers optimistische Lebensauffassung, ihr Interesse an Kultur und Kunst, ihre heiteren und liebenswürdigen Charakterzüge sind in der glücklich verbrachten Kindheit und Jugend zu finden, die von einem großbürgerlichen Elternhaus bestimmt wurde.

Den Nutzen von Sprachkenntnissen schätzte der Vater so hoch, daß er Johanna bereits in der Kinderstube die erste Fremdsprache von ihrer polnischen Kinderfrau lernen ließ, die, selbst Analphabetin, der ältesten Tochter diese schwer auszusprechende Sprache als Vorbereitung für weiteres Lernen näherbringen sollte.

Schon mit vier Jahren besuchte Johanna eine Schule, die unter der Leitung von Mutter und Schwestern des Kupferstechers Daniel Chodowiecki stand. Rückblickend sieht sie selbst ein Schlüsselerlebnis in einem Besuch des Künstlers, bei dem er die Schulstube mit den Kindern zeichnete und sie zum ersten Mal das Entstehen einer Zeichnung beobachten konnte. (Im Wechsel der Zeiten, S. 56)

Der Anspruch ihres zweijährigen Schulbesuches erschöpfte sich mit dem Nachmalen der Buchstaben und spielerischem Erlernen von französischen Phrasen. Dies schien wohl auch den Eltern für das aufgeweckte Kind zu wenig an geistiger Bildung zu sein, so daß ein Hauslehrer engagiert wurde. Der Kandidat der Theologie Kuschel verstand es u. a., die kleine Johanna für Alte Geschichte zu interessieren. Entsprechend der häuslichen Atmosphäre begeisterte sie sich besonders für die römischen Republikaner. Diesen stundenweisen Unterricht ergänzte ein Freund des Hauses, der schottische Theologe Richard Jameson, der als Nachbar Johanna von klein auf kannte und als ihr väterlicher Freund Zeit fand, ihr aus den verschiedensten Bereichen der Natur spielerisch Begriffe und Zusammenhänge zu erläutern. Aber auch die englische Sprache vermittelte er ihr soweit, daß sie nach einiger Zeit Klassiker der Weltliteratur mit ihm las.

Die Freude an diesem Unterricht veranlaßte ihn zu dem Angebot, ihr auch Griechischlektionen zu erteilen. Johanna lehnte das Anerbieten ab; zwar spricht sie von ihrem Interesse daran (Im Wechsel der Zeiten, S. 81); doch muß sie ihren Zeitgenossen schon mit englischen Sprachkenntnissen seltsam gebildet erschienen sein; auch noch Griechisch zu beherrschen, verbot der »gute Ton«, der für ihre gesellschaftlichen Kreise lediglich die französische Sprache als notwendig erachtete.

Mit neun Jahren erhielt Johanna diesen Unterricht, verbunden mit der Unterweisung im gesellschaftlichen Auftreten, was sowohl Handarbeiten als auch z. B. das richtige Betreten eines Raumes einschloß. In ihren Erinnerungen beschreibt sie sehr amüsant, wie diese Erziehung zum »konventionellen Anstand« vonstatten ging. (Im Wechsel der Zeiten, S. 106 ff)

Da zu ihren Jugendtagen die meisten Gouvernanten aus der französischen Kolonie in Berlin kamen, fiel es den Eltern erst schwer, eine geeignete Dame zu finden, denn die Abneigung gegen den preußischen Despotismus ging in Danzig, speziell in ihrem Elternhaus, so weit, eine Lehrerin aus dieser Stadt generell abzulehnen. Schon im Kindesalter wurde ihr bereits auf diesem Wege die Ablehnung des nüchternen, wenig glanzvollen aber kriegerischen preußischen Hofes und Staates vermittelt. Letzteren erlebte sie als Kind noch durch die erste Teilung Polens 1772 und die damit verbundenen Auswirkungen auf den Handel in ihrer Heimatstadt mit. Dagegen stand ihr der französische Hof in ganz anderen Bildern vor Augen. Er galt nicht nur als vorbildlich für feines gesellschaftliches Benehmen, sondern auch politisch, selbst während der ersten Wirren der Revolution. Die »liberale« Grundeinstellung, die eine bürgerlich konstitutionelle Monarchie befürwortete und eine solche als Ergebnis der fernen Ereignisse erwartete, ließ lange Zeit hoffnungsfroh auf das Geschehen in Frankreich schauen.

Beste Erinnerungen hegte Johanna Schopenhauer noch im Alter an das bunte Treiben in der regen Handelsstadt Danzig, deren Geschäfte zwischen Ost und West sich nicht nur durch die Größe der Lagerhäuser und regen Schiffsverkehr, sondern sich auch in einem buntgemischten Menschenbild ausdrückte. Die spätere Reiselust mag hier schon geweckt worden sein.

Durch Johannas freundliches Wesen sah sich ihr Hauslehrer ermutigt, einen Heiratsantrag auszusprechen. Folgen hatte dieses, wie sie selbst im Alter urteilt, »alberne Ereignis« (Im Wechsel der Zeiten, S. 131) – der Kandidat war arm und häßlich – nur insofern, daß sie vorzeitig zur Konfirmation ging und somit im Alter von 15 Jahren in die Gesellschaft eingeführt wurde.

Damit bestand ihre Aufgabe nun nicht mehr in schulisch geleiteter Weiterbildung, sondern darin, auf den üblichen gesellschaftlichen Anlässen einen geeigneten Ehemann zu finden. Mit 18 Jahren gab sie ihr Jawort dem 20 Jahre älteren, reichen Großkaufmann

Heinrich Floris Schopenhauer. Obschon sie in ihrem Bekanntenkreis eine »zu teuer erkaufte« (Im Wechsel der Zeiten, S. 151), reiche aber unglückliche Verbindung erlebt hatte, stimmte sie dieser Heirat ohne gefühlsmäßige Neigung zu, allerdings mit Aussicht auf ein »weit glänzenderes Los« (Im Wechsel der Zeiten, S. 176) als das Leben in ihrem Elternhaus.

Das ungleiche Paar teilte seine Abneigung gegenüber allem Preußischen, ebenso die Freude an Reisen, Vergnügungen und Geselligkeiten der besseren Kreise. Die Bequemlichkeiten des so gewonnenen Reichtums bemühte sich Johanna durch Anpassung an ihren Mann, der besonders im Alter eigensinnig und reizbar wurde, zu erhalten.

Das abgeschiedene Leben in ihrem großen Haus wurde zwei Jahre später (1787) durch eine Reise abgelöst, die das Ehepaar nach Berlin, Pyrmont, Paris und London führte. Auf dieser Reise bestätigte sich Johannas Weltbild: in Pyrmont lernte sie führende Köpfe der Aufklärung kennen, Berlin zeigte sich ihr als Stadt der Uniformierten, die sie ablehnte, dagegen erlebte sie in Paris den späten Glanz des Hofes. Die Rückreise wurde durch die bevorstehende Geburt des Sohnes Arthur bestimmt, der im Februar 1788 zu Hause zur Welt kam.

Ausgelöst durch die politischen Ereignisse – die zweite Teilung Polens – sah sich Heinrich Floris Schopenhauer veranlaßt, nach Hamburg umzuziehen, um dem Regiment des preußischen Staates zu entgehen. Hamburg bot Johanna Geselligkeiten im Kreise der großbürgerlichen Handelsfamilien und die Bekanntschaft einiger Persönlichkeiten aus Literatur und Kunst. 1797 wurde hier ihre Tochter Adele geboren.

Die größte Freude und Abwechslung dürfte sie jedoch an den Reisen gefunden haben, die das Ehepaar von Hamburg aus durch halb Europa führten. Die Notizen von diesen Unternehmungen bildeten den Grundstock für ihre spätere literarische Tätigkeit.

Nach der ausgedehntesten, zwei Jahre dauernden Reise endete Heinrich Floris Schopenhauer durch Selbstmord. Frühzeitige Senilität, altersbedingte Erkrankungen, aber auch geschäftliche Rückschläge des Handelshauses in Hamburg mögen die Ursache gewesen sein.

Johanna, mittlerweile vierzig Jahre alt, sah nun ihre Chance, wohlversorgt, das Leben nach eigenem Willen zu gestalten. Sie zog nach Weimar, dem kulturellen Zentrum, wo sie einen Salon mit den Größen der deutschen Literatur zu halten gedachte. Die ersten Wochen wurden jedoch zunächst durch die Kriegsereignisse 1806 – die Schlacht bei Jena – bestimmt: ohne Pferde, also ohne Fluchtmöglichkeit war sie gezwungen, die Geschehnisse unter Lebensangst abzuwarten und mitzuerleben. Umgangsformen, Sprachkenntnisse und Glück ließen sie die Kriegswirren unbeschadet an Hab und Gut überstehen. Sie half tätig den Verwundeten und Obdachlosen, wodurch sie sich die

Beachtung der Weimarer und deren Achtung sicherte.

Auch um ihre Wünsche nach einem anspruchsvollen geselligen Leben war es gut bestellt, denn noch in den ersten Kriegstagen konnte sie den von ihr hochbewunderten Goethe willkommen heißen. Dieser sah im Anschluß an seine Eheschließung mit der sozial nicht ebenbürtigen Christiane Vulpius in Johannas Haus eine Möglichkeit, seine bei Hofe gemiedene Frau in die Gesellschaft einzuführen. Auf diesen ihm erwiesenen Dienst gründete sich eine lange Freundschaft, die Johanna Schopenhauer Tür und Tor öffnete und ihren lang gehegten Wunsch, Persönlichkeiten des kulturellen Lebens in ihr Haus zu ziehen, Wirklichkeit werden ließ.

Ohne Zwang wurde Konversation getrieben, musiziert, gesungen und gezeichnet; der Mittelpunkt und taktvolle Leiter der Geselligkeiten war Johanna. Zwar blieb es ihr verwehrt, den begehrten Adelstitel zu erlangen bzw. den Zutritt bei Hofe, doch konnte sie in Anspruch nehmen, den ersten Salon in bürgerlichen Kreisen zu führen.

Schon seit ihrer Umsiedlung von Hamburg nach Weimar führte sie den ihrem Mann vom polnischen König verliehenen Hofratstitel. Die »liberale« Grundeinstellung ging denn doch nicht so weit, als nützlich erkannte Gunstbeweise eines Monarchen aus grundsätzlichen Erwägungen nicht ins Feld zu führen.

Mit ihr war ihre Tochter Adele nach Weimar gezogen; der Sohn absolvierte eine Handelslehre in Hamburg, der er völlig gegen seine Neigungen, aber noch auf des Vaters Wunsch hin nachging. Der Wechsel zum Studium, dem die Mutter stattgab, führte ihn kurzfristig nach Weimar. Im Zusammenleben zeigten sich jedoch die unterschiedlichen Charaktere von Mutter und Sohn. Nach Abschluß seines Studiums in Göttingen und Berlin wohnte Arthur im Hause seiner Mutter. Aber auch dieses mal verlief das Beisammensein unglücklich: der junge Schopenhauer konnte nicht die Freundschaft des bewunderten Goethe erlangen, dessen Sympathie seine Schwester genoß. Es gab mit der Mutter Streit um einen Hausfreund und um Geldangelegenheiten, so daß es zu einer endgültigen Trennung kam. Zwar nahmen sie den Briefkontakt nach Jahren wieder auf, doch trafen sie sich nie wieder.

1810 erschien bei Cotta Johanna Schopenhauers erste literarische Arbeit, die Biographie des befreundeten, zwei Jahre zuvor verstorbenen Ästhetikers Karl Ludwig Fernow. War der Anlaß hierzu noch der Freundschaftsdienst gegenüber Fernows unmündigen, mit Schulden belasteten Kindern gewesen – als Gegenleistung verzichtete der Verleger Cotta auf seine Ansprüche –, so kam die Anregung zu dem zweiten Buch aus dem Weimarer Salon.

Johanna Schopenhauer schrieb ihre »Erinnerungen von einer Reise in den Jahren 1803, 1804 und 1805« nieder. Der große Erfolg bewegte sie, diesen wesentlich England und Schottland gewidmeten Aufzeichnungen solche über Südfrankreich und den Niederrhein folgen zu lassen.

1818 erschien dann ihr erstes belletristisches Werk, eine Novellensammlung. Schon im folgenden Jahr trat ein Ereignis ein, das aus dieser Liebhaberei notwendigen Broterwerb werden ließ. Durch den Bankrott des Danziger Handelshauses, bei dem die gesamten Gelder der Familie angelegt waren, verlor Johanna ihr Vermögen. In den folgenden Jahren entstanden ihre von den Zeitgenossen hochgeschätzten Romane, weitere Reisebücher, Novellen, Aufsätze und eine kunsthistorische Abhandlung über Jan van Eyck. Johanna Schopenhauers Produktion aus 20 Lebensjahren gestaltete sich so umfang- und erfolgreich, daß Brockhaus in Leipzig 1830/31 ihre sämtlichen Schriften in 24 Bänden herausgeben konnte.

1832 erschien im selben Verlag der erste Teil von »Ausflug an den Niederrhein und nach Belgien«, den sie 1828 vor einer einschneidenden Veränderung, vielleicht auch zu deren Vorbereitung unternommen hatte. 1829 verließ Johanna Schopenhauer Weimar auf Dauer und zog mit ihrer Tochter an den Rhein, wo sie im Sommer in Unkel, im Winter in Bonn lebten. Von 1833 an wurde die alte Residenzstadt ihr ständiger Wohnsitz, bis eine Pension des Großherzogs Karl Friedrich ihr 1837 die Rückkehr nach Thüringen ermöglichte. Sie starb schon am 16. April des folgenden Jahres in der Universitätsstadt Jena.

Die Niederschrift der Erinnerungen an den »Ausflug an den Niederrhein und nach Belgien im Jahre 1828« erfolgte in Bonn und Unkel; die Erlebnisse und Beobachtungen, die Johanna Schopenhauer hier literarisch gestaltete, datieren in ein Jahr vor einer einschneidenden Veränderung ihrer Lebensführung. Das Buch setzt andererseits ein mit der Schilderung des Fürstentages von 1807, den sie im ersten Jahre nach der bedeutsamsten Veränderung ihrer Lebensumstände erlebt hatte, dem Umzug nach Weimar. Der Glanz der Erfurter Ereignisse war ihr sicherlich so lebhaft in Erinnerung, weil sie ihn im neugewonnenen Bewußtsein gesellschaftlichen Erfolges im Weimarer Goethe-Kreis genießen konnte. Aus der Beschreibung der Begleitumstände des politischen Gipfeltreffens spricht überdeutlich die frische Lebenskraft der von den ehelichen Fesseln befreiten und gesellschaftlich erfolgreichen Vierzigjährigen.

In einem Brief an Karl von Holtei, geschrieben in Weimar am 26. September 1828, hat Johanna Schopenhauer ihre zweite Rheinreise kurz und bündig zusammengefaßt:

»Mehr als halb krank reiste ich den 20. Mai mit meiner ›Griseldis‹ von hier ab, denn Adelens Sehnsucht nach mir ließ mir nicht Ruhe, um an mich selbst zu denken. Ich ertrug die Reise, freilich in einem sehr bequemen Wagen, weit besser, als ich es erwartet hatte, hielt mich in Frankfurt nur auf, um einige Geschäfte zu besorgen, und eilte dann nach Mainz, schiffte mich ein, flog auf dem Dampfschiff mit unaussprechlichem Entzücken durch die paradiesische Gegend und war um drei Uhr an Plittersdorf, wo Adele meiner harrte. Wie ich in das Boot gekommen bin, das mich ans Land bringen sollte, weiß ich nicht. Ich hatte nach jahrelanger Trennung meine Tochter wieder, noch immer bleich und abgefallen, aber doch gesünder, lebensfrischer, heiterer, als ich sie entlassen. Unter meiner Pflege hat sie seitdem sich fast wieder ganz erholt. Zwei Monate weilte ich mit ihr in Godesberg und lebte mit ihr ein schönes Leben, in ländlicher Stille – und im Geräusch der sehr gemischten Gesellschaft, die doch manche interessante Erscheinung mir bot; immer, wie es mir gerade am gemütlichsten war, von alten und neuen Freunden umgeben, von allen Seiten verhätschelt. Dann ging's den 1. August nach Köln, nach Aachen, von dort längs den Ufern der Maas über Lüttich, Namur, Dinant, über das Schlachtfeld von Belle-Alliance nach Brüssel, von dort nach Gent, Brügge, Antwerpen und sodann über Malines, Louvain, Maastricht, Aachen, Köln, Bonn zurück nach meinem Godesberg, wo ich noch vierzehn Tage verweilte und dann von Bonn aus per Dampf nach Koblenz, Mainz, Frankfurt in die Winterquartiere mit meiner Adele heimeilte.«

Aus diesem nicht für die Öffentlichkeit bestimmten Schriftstück erfahren wir auch, daß Johanna Schopenhauer die Reise, die sie über den Mittel- und Niederrhein hinaus bis in die Wallonie und nach Flandern und Brabant führte, von Plittersdorf an in Gesellschaft ihrer Tochter Adele machte, deren Begleitung in dem Reisebuch von 1831 mit keinem Worte Erwähnung findet. Im Brief an Holtei findet man auch die genaue Angabe, wie lange die Reise von Mainz bis nach Plittersdorf – vor Bonn – dauerte, die drei Jahre später mit 36 Druckseiten nur wenig mehr als ein Zehntel des Gesamtumfangs des »Ausflug an den Niederrhein und nach Belgien« einnehmen sollte: neun Stunden. Die in so kurzer Zeit ohne längere Zwischenaufenthalte zurückgelegte, landschaftlich reizvollste Strecke des gesamten Rheinlaufes steht keinesfalls im Mittelpunkt der Reiseerinnerungen, die in der entsprechenden Passage kaum dem zeitgenössischen Leser als Reiseführer dienen konnten; Frankfurt, Godesberg und Bonn, besonders aber Köln gilt das Interesse der Autorin.

Während die Schilderung der mittelrheinischen Landschaft mit ihren pittoresken Städtchen und Burgen recht konventionell geraten ist, verdanken wir Johanna Schopenhauers wohl angeborener Beobachtungsgabe und ihrem im Salon geschärften Blick für menschliches Verhalten und für menschliche Eigenarten köstliche und ganz eigenständige Schilderungen des Lebens und Treibens an Bord eines Dampfschiffes, das ja wenige Jahrzehnte nach seinem Erscheinen auf dem Rhein 1816 immer noch auf viele Reisende die sensationelle Attraktion eines Ungeheuers ausübte. Der schweigende Ernst des Steuermanns, die Beklommenheit einer jungen Auswanderin, die Blasiertheit englischer Touristen hat sich der Erinnerung unauslöschlich eingeprägt, die Bemerkungen zur Geschichte und zum Erscheinungsbild der alten Kulturlandschaft des Rheintales und seiner romantischen Szenerie sind dagegen nur unwesentlich persönlicher gehalten als die korrespondierenden Passagen in dem seinerzeit unentbehrlichen Reisebegleiter, »Schreibers Handbuch für Reisende am Rhein«, dessen zahlreiches Vorhandensein an Bord der »Friedrich Wilhelm« die Schopenhauer eigens erwähnt. Die berühmten Sehenswürdigkeiten, die von Schreiber und anderen ausführlich beschriebenen und in zahllosen Stahlstichen zur Erinnerung der Reisenden festgehalten sind, werden häufig nicht eines einzigen Wortes gewürdigt, bisweilen nur so nebenbei erwähnt: »Stünde nicht, gleich einem grauer Vorzeit angehörenden spukhaften Popanz, der alte immer mehr verfallende Mäusethurm noch an der gewohnten Stelle, wir wären, ohne es zu bemerken, durch das einst so berüchtigte Bingerloch hindurchgeglitten.« Kein Wort über die Historie des Baudenkmals, keines über die mit ihm verwobene, den Namen erklärende Legende.

Als Quelle zur Topographie, Kunst- und Baugeschichte des Rheintales zwischen Mainz und Bonn taugt Johanna Schopenhauers »Ausflug an den Niederrhein ...« wenig, am ehesten noch in den knappen Bemerkungen zum Zustand, in dem sich manchens ehrwürdige Monument zum Zeitpunkt ihrer Reise befand wie z. B. die Ruine Rolandseck: »Die beiden einzigen noch stehengebliebenen Pfeiler mit dem darauf ruhenden Querbalken sehen von unten eher einem verfallenen, etwas kolossalen Galgen ähnlich als den Überresten einer alten Ritterburg, ...«.

Die Werke der bildenden Kunst, vorzugsweise die Gemälde alter Meister, daneben provinzialrömische und andere Beispiele antiker Skulptur und Kunstindustrie stehen im Zentrum der Schilderung der größeren Städte, in oder nahe denen bedeutende Sammler ansässig sind: Frankfurt, Bonn, Köln. Die Schopenhauer steht hier in der langen literarischen Tradition von M. de Blainville (1705), Zacharias Uffenbach (1711) über Wilhelm Heinse (1776/77), Johann Gregor Lang (1790), Georg Forster (1791), Thomas Cogan (1794) bis zu Vogt und Schreiber (1805).

Knapp siebzig Seiten der Erstausgabe nehmen die Beschreibungen von Hauptwerken in den Sammlungen der Erben Eberhard Jabachs, des Herrn Lyversberg und des Kanonikus Wallraf ein. Doch nicht nur den zusammengetragenen Gemälden und Skulpturen, sondern auch ihren großen Sammlern gilt Johanna Schopenhauers starkes Interesse. Dem bedeutendsten aller Kölner Sammler und Mäzene, Franz Ferdinand Wallraf, widmet sie ein eigenes Kapitel, das an Umfang die Schilderung der Reise von Mainz nach Bonn weit übertrifft und den Rang einer Monographie erreicht.

Bemerkenswert sind weniger die anschaulichen

Bildbeschreibungen, die die Autorin immer wieder liefert, als ihre hervorragenden Kenntnisse auf neuestem Stande, die man aus den Texten erschließen kann.

Die frühen Sammler von mittelalterlichen Kölner Tafelbildern wußten anfangs noch nicht, daß sie Werke einheimischer Meister erwarben und daß die »Kölner Malerschule« über das 16. Jahrhundert zurückreichte. Von Friedrich Schlegel 1805 wiederentdeckt und gleichrangig neben die Werke altdeutscher Meister wie Holbein oder italienischer Großmeister wie Raffael gesetzt, blieb die spätmittelalterliche Malerei Kölns in ihrer Entwicklung doch noch eine geraume Zeit im Dunkeln. Die Meinung, daß in der älteren Malerei einschließlich der Werke des als Künstlerpersönlichkeit noch nicht wiederentdeckten Stefan Lochner »griechische« Kunstweise fortlebe, hatte Geltung; im Verkaufsverzeichnis der Sammlung von Melchior und Sulpiz Boisserée firmieren alle Werke bis zum Anfang des 15. Jahrhunderts noch 1827 als »Byzantinisch-Nieder-Rheinische Schule«, die späteren Bilder wurden mit dem Bocholter Kupferstecher Israel van Meckenem und bekannten niederländischen Meistern in Verbindung gebracht: der Meister des Marienlebens wurde mit dem Bocholter identifiziert, der jüngere Meister der hl. Sippe mit Quentin Massys, der Meister des Bartholomäus-Altares mit Lucas van Leyden, Barthel Bruyn d. Ä. mit Marten von Heemskerk. 1826 hatte de Noel die Werke um »Meister Wilhelm« – der Name war um 1810 der Limburger Chronik von

1380 entnommen worden – und um Meister Stephan gruppiert.

Am Beispiel Stefan Lochners läßt sich der aktuelle Wissensstand Johanna Schopenhauers deutlich ablesen: erst 1823, also nur fünf Jahre vor ihrer zweiten Rhein-Reise, hatte I. F. Böhmer die Identität des Meisters des sogenannten Dom-Bildes mit dem von Dürer im Tagebuch seiner niederländischen Reise von 1520/21 genannten Meister Stephan des Rathaus-Altares festgestellt und veröffentlicht. Johanna Schopenhauer konnte aufgrund ihrer Kenntnisse jüngster Veröffentlichungen den Meister des Dombildes statt als Philipp Kalf oder Wilhelm de Herle richtig, wenn auch noch nicht vollständig benennen.

Ihre kunstgeschichtliche Bildung bewegte sich auf der Höhe der Zeit, ihr Urteil über die spätmittelalterliche Malerei war weniger im klassizistischen Vorurteil befangen als das des von ihr bewunderten Goethe.

Die mehr als Sechzigjährige hatte sich zeitlebens einen ausgeprägten Sinn für alles Neue bewahrt, allerdings bei einer ausgesprochen großbürgerlichen Grundeinstellung, die durch ein auffallend geringes Interesse an den sozialen und wirtschaftlichen Verhältnissen der von ihr bereisten Gegenden gekennzeichnet ist. Dem widerspricht nicht das ausführliche Eingehen auf den Kölner Karneval und die Kölsche Mundart: in der Domstadt und in Düsseldorf setzte 1823 bzw. 1825 der organisierte Karneval ein, um »eine gewisse Ordnung in den Verlauf des Volksfestes zu bringen.«

Der praktische Sinn der Bürgersfrau findet seinen literarischen Niederschlag in etlichen Passagen ihrer Erinnerungen an den Ausflug von 1828, vor allem im Kapitel »Das Dampfschiff«. Johanna Schopenhauers Schilderung des morgendlichen Aufbruchs zur Schiffsreise und der Verhältnisse an Bord der »Friedrich Wilhelm« – von den vier Klassen über die zweckmäßige Einrichtung besonders der Küchen bis hin zu solchen Details wie den Spiegeln zwischen den Kajütenfenstern, die es erlauben, beim Mahle beide Flußufer gleichzeitig zu betrachten – bildet einen Höhepunkt in der zeitgenössischen Reiseliteratur.

Wie die Auswahl der beschriebenen Kölner Kirchen stark von der klassizistischen Antikenbewunderung bestimmt ist, so ist der Einblick in die Reiseerwartungen und -erlebnisse der Biedermeierzeit von Johanna Schopenhauers Zugehörigkeit zur geistigen Oberschicht der Goethe-Zeit, ja sogar zum engeren Goethe-Kreis geprägt: was jenseits des Interessen-Horizontes dieses Zirkels lag wie zum Beispiel die strenge Geschichtswissenschaft oder die Entwicklung moderner Technik und Industrie, wird höchstens am Rande gestreift, Kultur und Menschen des Rheinlandes werden in gleicher Weise sehr persönlich erlebt und nicht selten romantisch verklärt. Die Schopenhauer erfüllt mit ihren Reiseerinnerungen nicht ihren eigenen Anspruch an Memoiren – »Wahrheit ohne Dichtung«, die persönlich gefärbten und gewichteten Schilderungen jedoch heben dieses Werk aus der

Vielzahl rheinischer Reisebücher und -führer heraus und haben ihren Reiz bis in die Gegenwart bewahrt.

Annette Fimpeler und Karl Bernd Heppe